中等职业教育课程改革国家规划新教材
经全国中等职业教育教材审定委员会审定通过

数学

Mathematics

基础模块 下册

（第3版）

曹一鸣 程 旷/主 编

付 勇 黄 平 戴佳珉/分册主编

zjfs.bnup.com | www.bnupg.com

京师职教

北京师范大学出版集团
BEIJING NORMAL UNIVERSITY PUBLISHING GROUP
北京师范大学出版社

图书在版编目(CIP)数据

数学：基础模块：彩色版. 下册/付勇，黄平，戴佳珉主编. —3版. —北京：北京师范大学出版社，2019.8 （2021.8 重印）
（中等职业教育课程改革国家规划新教材/曹一鸣，程旷主编）
ISBN 978-7-303-24852-0

Ⅰ. ①数… Ⅱ. ①付… ②黄… ③戴… Ⅲ. ①数学课－中等专业学校－教材 Ⅳ. ①G634.601

中国版本图书馆 CIP 数据核字(2019)第 150186 号

营销中心电话 010-57654738 57654736
北师大出版社职业教育分社网 http://zjfs.bnup.com
电子信箱 zhijiao@bnupg.com

出版发行：北京师范大学出版社 www.bnup.com
北京市西城区新街口外大街 12－3 号
邮政编码：100088
印　　刷：北京玺诚印务有限公司
经　　销：全国新华书店
开　　本：787 mm×1092 mm 1/16
印　　张：15.75
字　　数：296 千字
版　　次：2019 年 8 月第 1 版
印　　次：2021 年 8 月第 6 次印刷
定　　价：26.00 元

策划编辑：庞海龙　　责任编辑：王玲玲
美术编辑：焦　丽　　装帧设计：焦　丽
责任校对：赵媛媛　　责任印制：陈　涛

编写委员会（第 3 版）

主　　编　曹一鸣　程　旷

分册主编　付　勇　黄　平　戴佳珉

参编人员　（按姓氏笔画排序）

王雪娇　石胜军　李　恒　李　敏　肖德友　何仁礼

何立特　张　敏　倪春梅　唐　静　廖雪刚

编写委员会（第2版）

编　　委　曹一鸣　程　旷　戴佳珉　郭玉峰　傅建军
王松浦　胡琴竹　尹　光

分册主编　戴佳珉　黄伟民

参编人员　黄龙如　康　宇　孙惠华　何泉清　黄　健
洪建明　罗　诚　许书华　喻秋生　胡琴竹
王松浦　严　剑　傅建军　张其宇　刘　兵
孙　霞　曾　梅　丁亚虹　姜连花　李新生

出版说明

为贯彻《国务院关于大力发展职业教育的决定》(国发〔2005〕35 号)的精神，落实《教育部关于进一步深化中等职业教育教学改革的若干意见》(教职成〔2008〕8 号)关于“加强中等职业教育教材建设，保证教学资源基本质量”的要求，确保新一轮中等职业教育教学改革顺利进行，全面提高教育教学质量，保证高质量教材进课堂，教育部对中等职业学校德育课程、文化基础课程等必修课程教材和部分大类专业基础课程教材进行了统一规划并组织编写，从 2009 年秋季学期起，国家规划的新教材将陆续提供给全国中等职业学校选用.

国家规划的新教材是根据教育部最新发布的德育课程、文化基础课程和部分大类专业基础课程的教学大纲编写，并经全国中等职业教育教材审定委员会审定通过的. 新教材紧紧围绕中等职业教育的培养目标，遵循职业教育教学规律，从满足经济社会发展对高素质劳动者和技能型人才的需要出发，在课程结构、教学内容、教学方法等方面进行了新的探索与改革创新，对于提高新时期中等职业学校学生的思想道德水平、科学文化素养和职业能力，深化中等职业教育教学改革，提高教育教学质量将起到积极的推动作用.

希望各地、各中等职业学校积极推广和选用国家规划的新教材，并在使用过程中，注意总结经验，及时提出修改意见和建议，使之不断完善.

教育部职业教育与成人教育司
2009 年 5 月

致同学们

亲爱的同学们：

当你圆满完成义务教育阶段的学习，迈步跨入中等职业学校的时候，出现在你面前的是一套全新的数学教材——中等职业教育课程改革国家规划的新教材《数学》(北师大版). 本套教材是专门为接受中等职业教育的同学们设计的.

本套教材由基础模块、职业模块和拓展模块三个部分构成.

基础模块 是各专业必修的基础性内容和应达到的基本要求，分为上、下两册. 上册包括集合、不等式、函数、指数函数与对数函数、三角函数，共五章内容，建议用 60 学时学完；下册包括数列、平面向量、直线和圆的方程、立体几何、概率与统计初步，共五章内容，建议用 68 学时学完.

职业模块 是适应学习相关专业需要的限定选修内容，分为Ⅰ、Ⅱ、Ⅲ分册. Ⅰ分册包括三角计算及其应用、坐标变换与参数方程、复数及其应用，共三章内容，供工程和加工制造类等相关专业的同学选学，建议用 38 学时学完；Ⅱ分册包括逻辑代数初步、算法与程序框图，共两章内容，供自动化、计算机等相关专业的同学选学，建议用 32 学时学完；Ⅲ分册包括数据表格信息处理、编制计划的原理与方法、线性规划初步，共三章内容，供服务类等相关专业的同学选学，建议用 38 学时学完.

拓展模块 是满足个性发展和继续学习需要的任意选修内容. 主要包括三角公式及应用、椭圆、双曲线、抛物线、概率与统计等内容，教师也可根据需要自行补充其他内容.

为了便于同学们更好地使用教材，以下对教材的编写做简要说明.

一、章节结构

1. 章首页

章前序语：用实例引出本章欲学习的主题. 素材的选取既反映了相应数学内容的本质，又紧密联系生活实际，具有基础性、时代性、典型性、多样性和可接受性. 配有相应问题的实景或实物照片，清晰优美，让同学们有学习的兴趣和探索的欲望.

学习向导：通过知识结构图，对全章的学习内容、学习路径有一个梗概了解，起学习导向的作用. 也可在学完全章后，根据这个图对全章知识进行梳理，建立知识间的逻辑关系，从而系统地掌握全章知识.

2. 小节体例

我们依据目标教学法的理念，以课程目标为核心和主线编排教学内容. 每一小节的内容，通常由若干个具体的知识、技能构成. 对每一个知识、技能的学习，基本由“学习新知—运用新知—同步练习”构成了一个相对独立的学习环节. 这种编排，有利于同学们把握课程目标，也有助于同学们及时参与课堂学习，在学中做，在做中学，学练结合.

3. 数学园地

数学园地的内容丰富多彩，紧扣教材，形式生动活泼. 有数学史介绍、数学家传记、数学小典故、新知识展示和探求、数学趣闻逸事等，供同学们课外阅读，欣赏数学的美，陶冶情操.

4. 复习小结与巩固提高

复习小结对全章的知识、方法进行了梳理、归纳，方便同学们系统复习、随时查阅；在巩固提高中安排了适当的综合性例题，通过对这些例题的学习，可提高综合运用全章知识解题的能力.

二、教材的主要特点

1. 注重科学性、严谨性，兼顾可读性、操作性

本教材的编写在遵循数学学科逻辑性、严谨性的前提下，力求使知识的呈现、方法的讲解通俗易懂、可读性强. 对例题的讲解注重分析、总结、归纳，希望同学们学习后能够模仿、迁移、举一反三.

2. 以实际问题引入新课，激发同学们的学习兴趣

本教材以同学们熟悉的现实生活问题入手来导入新课，通过抽象、归

纳建立数学概念，使同学们了解数学知识的背景，明确学习的意义，产生求知的欲望，投入新课学习.

3. 结合中等职业学校学生的实际基础，注重新旧知识的衔接

根据学习新知识的需要，通过恰当方式(如“复习准备”“知识回顾”“小贴士”“小词典”等)对相关初中知识进行补习，并将相关内容适时渗透到新知识的学习过程中，使新旧知识无缝衔接. 本套教材的一些附录中还罗列了学习教材需要用到的部分初中知识，方便学生查阅.

4. 根据中等职业学校学生的认知特点，采取小梯度的教学策略

对每一个知识、技能的学习，基本由“学习新知—运用新知—同步练习”构成了一个相对独立的学习环节，学习目标达成后，再进入下一个学习流程. 这种小梯度的教学策略符合中等职业学校学生的认知特点.

5. 注重公共基础，兼顾分层施教

中等职业教育中的数学课具有提升学生文化基础、为专业课学习服务、为进一步学习打基础的功能. 本教材注重突出内容的基础性，兼顾工具性和选择性，合理把握知识内容的深度和难度，精心选配例题与习题，注重例题与习题的匹配，注重编排的层次性. 教材中各小节的例题、对应的同步练习，以及 A 组题，起点低，注重基础，是所有同学应该掌握的内容；习题、复习题中的 B 组题、复习小结与巩固提高中的综合例题，以及配套练习册中的拓展训练等，为学有余力的同学和有继续升学愿望的同学提供了选择，体现了因材施教、分层教学的思想.

6. 材料的选择贴近同学们的生活，突出了职业教育特色，具有时代性

教材中包含丰富的素材，这些素材贴近同学们的生活实际、职业场景，具有时代性.

7. 版式设计简洁、明快、实用

本套教材以专色来突出栏目和重点内容，简洁、明快；留有适当宽幅的边页，有的书中还安排了一些辅助内容，如“小贴士”“小词典”“提示”“想一想”“辩一辩”等，既为主内容作了补充，又在版式上增添了活泼元素. 同学们还可以在边页上写批注、做笔记，添加教师课堂上的补充内容，使学习富有弹性. 版式设计注重了内容和形式的和谐统一，符合中等

职业学校学生的年龄特征.

三、配套资源

1. 多媒体辅助教学资源

教师用书配备的光盘按照教材章节的顺序来排列内容，既有为学习内容设计的课件、积件和工具，又有介绍科学家、科学史料的图片、视频和阅读材料. 本教材为同学们学习数学提供了多媒体辅助资源，让同学们可以感受现代科技和数学的完美结合，提高学习数学的兴趣、动手操作的能力和计算机的应用能力.

2. 配套练习册

本教材的配套练习册含有知识要点、基础训练、拓展训练、综合练习、检测题、期末测试题. 题型丰富，覆盖面全，层次分明，重点突出，并附有略解或答案，方便同学们自主练习.

本教材的编写人员由高校的专家教授和中等职业学校的一线教师组成，力求使教材的科学性和实践性相统一，学生易学，教师好教. 同学们通过本教材的学习，可以掌握相应的数学知识和技能，全面提升数学素养.

目录

第6章 数 列

第7章 平面向量

第8章 直线和圆的方程

第 6 章 · 数 列

章前序语

中国古建筑有着悠久的历史，它是我国劳动人民智慧与汗水的结晶. 为了把这些建筑瑰宝保留下来，古建筑维修队要定期对其进行维修或翻修.

现有一座古建筑屋顶的正面是呈等腰梯形的斜面，最上面一层铺了 51 块瓦片，每下一层都比上一层多铺 2 块瓦片，斜面上的瓦片共有 31 层. 那么，古建筑维修队进行屋顶正面的瓦片翻新时，应至少准备多少块瓦片?

本章我们将学习数列的有关知识，主要有数列的概念、等差数列、等比数列，以及它们的基本数量关系，包括其通项公式、前 n 项和公式等. 学习了这些知识后，我们就能够顺利地解决有关数列的问题了.

学习向导

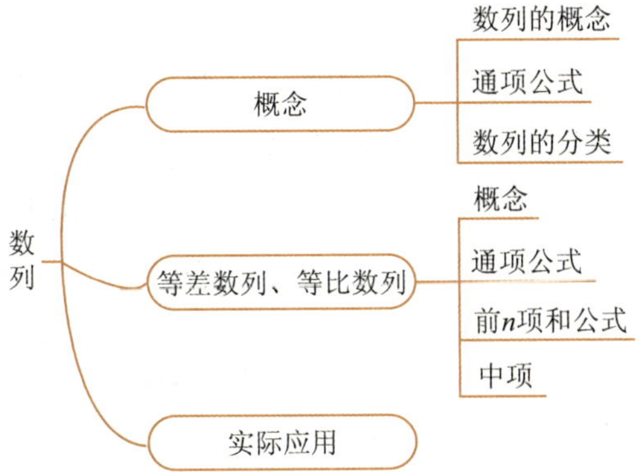

§6.1 数列的概念

6.1.1 数列的概念

一、数列的概念

学习新知

在生活中，我们常常会遇到许多与数的排列相关的事例.

某学校的新生军训结束后，要举行队列行进汇报. 为了区别于以往的各班成方阵汇报的传统形式，他们决定排成“正三角形”阵. (图 6-1)

图 6-1

其中第一阵只有一排，由 1 个人组成；第二阵有两排，第一排有 1 个人，第二排有 2 个人；依此类推，第十阵有十排，各排的人数分别为 1，2，3，4，5，6，…，10.

各阵人数分别为 1，3，6，10，15，21，28，36，45，55.

在这个例子中，我们得到了按照一定的顺序排列的数.

像这样，**我们把按一定顺序排成的一列数 a_1，a_2，a_3，…，a_n，…叫作数列.** 可将数列简记作$\{a_n\}$.

数列中的每一个数 a_n 叫作这个数列的一**项**，其中在第一个位置上的数 a_1 叫作第 1 项，也叫**首项**；在第二个位置上的数 a_2 叫作第 2 项……依此类推，在第 n 个位置上的数 a_n 叫作**第 n 项**，也叫作数列的**通项**. a_n 中的下标 n 叫作**项序号**或**项数**. 数列的最后一项叫作末项.

运用新知

例如，以下每一列数都是数列：

(1)2，4，6，8，10；

(2)1，$\frac{1}{2}$，$\frac{1}{3}$，$\frac{1}{4}$，…，$\frac{1}{n}$，…；

(3)1，−1，1，−1，…；

(4)5，5，5，5，….

数列(1)中，首项 $a_1=2$，第 2 项 $a_2=4$，第 3 项 $a_3=6$，第 4 项 $a_4=8$，第 5 项 $a_5=10$；

数列(2)中，首项 $a_1=1$，第 2 项 $a_2=\frac{1}{2}$……第 n 项(通项)$a_n=\frac{1}{n}$；

数列(3)中，首项 $a_1=1$，第 2 项 $a_2=-1$……第 n 项(通项)$a_n=(-1)^{n+1}$；

数列(4)中，首项 $a_1=5$，第 2 项 $a_2=5$……第 n 项(通项)$a_n=5$.

对于一个给定的数列，数列的项是指数列中某一个确定的数，而项数是指数列的项所在位置的序号. 也就是说，数列中的每一个数都对应于一个项数；反之，每个项数也都对应于数列中的一个数.

例如，上面提到的新生军训队列行进汇报中的各阵人数组成的数列，每一项与它的项数都有下面的对应关系：

项	1，	3，	6，	10，	15，	21，	28，	36，	45，	55.
	↑	↑	↑	↑	↑	↑	↑	↑	↑	↑
项数	1，	2，	3，	4，	5，	6，	7，	8，	9，	10.

即，$a_1=1$，$a_2=3$，$a_3=6$，$a_4=10$，$a_5=15$，$a_6=21$，$a_7=28$，$a_8=36$，$a_9=45$，$a_{10}=55$.

对比 数列与数的排列顺序有关，如数列−1，2，3，4，…与数列 4，−1，2，3，…是不同的数列. 而集合的元素具有无序性，集合与其中元素的排列顺序无关，如{−1，2，3，4}与{4，−1，2，3}是同一个集合.

同步练习

1. 观察下图，按各多边形从上到下的叠放顺序，写出各多边形边数构成的数列.

(第 1 题图)

2. 填空题.

(1)已知数列 $1, \frac{1}{4}, \frac{1}{9}, \frac{1}{16}, \cdots, \frac{1}{n^2}, \cdots$，则 $a_1=$________，$a_3=$________，$a_n=$________.

(2)已知数列 $-2, 4, -6, 8, -10, \cdots, (-1)^n 2n, \cdots$，则 $a_2=$________，$a_5=$________，$a_n=$________.

3. 判断下面的两个数列是否为相同的数列.

(1)数列 0，1，2，3，4 与数列 4，3，2，1，0；

(2)数列 1，-1，1，-1，…与数列 -1，1，-1，1，…；

(3)数列 1，2，3，4，…与数列 1，2，3，4；

(4)数列 $\tan\frac{\pi}{4}, \frac{1}{2}, \cos\frac{\pi}{4}, 0, \frac{\sqrt{3}}{2}$ 与数列 $1, \sin\frac{\pi}{6}, \frac{\sqrt{2}}{2}, \lg 1, \cos\frac{\pi}{6}$.

二、数列的分类

学习新知

如果数列$\{a_n\}$的项数是有限的，那么数列$\{a_n\}$叫作**有穷数列**；如果数列$\{a_n\}$的项数是无限的，那么数列$\{a_n\}$叫作**无穷数列**.

例如，前文队列行进汇报中各阵人数组成的数列

$$1, 3, 6, 10, 15, 21, 28, 36, 45, 55$$

就是有穷数列. 而正奇数从小到大排列构成的数列 1，3，5，7，…就是无穷数列.

同步练习

1. 数列根据其项数可分为____________和____________.

2. 下列数列中是无穷数列的是(　　).

A. 1，2，3，4，5，6　　B. 2，4，6，8，10，…

C. -2，2，-2，2，-2，2　　D. 100，99，98，97，…，3，2，1

6.1.2　数列的通项公式

学习新知

观察数列

(1)$1, \frac{1}{2}, \frac{1}{3}, \frac{1}{4}, \cdots, \frac{1}{n}, \cdots$；

(2)$\frac{1}{2^1}$，$\frac{1}{2^2}$，$\frac{1}{2^3}$，$\frac{1}{2^4}$，…，$\frac{1}{2^n}$，….

它们的项与项数有什么关系？

项	1，	$\frac{1}{2}$，	$\frac{1}{3}$，	$\frac{1}{4}$，	…，	$\frac{1}{n}$，	…
	↑	↑	↑	↑	…	↑	…
项数	1，	2，	3，	4，	…，	n，	…

可以看出：数列(1)的每一项的分母与对应的项数相等，而每一项的分子全都是 1，即第 n 项 a_n 与项数 n 之间的关系为

$$a_n=\frac{1}{n}\quad(n=1,\ 2,\ 3,\ \cdots).$$

项	$\frac{1}{2^1}$，	$\frac{1}{2^2}$，	$\frac{1}{2^3}$，	$\frac{1}{2^4}$，	…，	$\frac{1}{2^n}$，	…
	↑	↑	↑	↑	…	↑	…
项数	1，	2，	3，	4，	…，	n，	…

数列(2)的每一项的分母是 2 的正整数次幂，每一项中 2 的指数与项数相等，且分子全是 1，即第 n 项 a_n 与项数 n 之间的关系为

$$a_n=\frac{1}{2^n}\quad(n=1,\ 2,\ 3,\ \cdots).$$

一般地，若数列$\{a_n\}$的第 n 项 a_n 与项数 n 之间的关系可以用一个公式 $a_n=f(n)$来表示，则这个公式 $a_n=f(n)$就叫作数列$\{a_n\}$的通项公式.

以上，$a_n=\frac{1}{n}$就是数列(1)的通项公式；$a_n=\frac{1}{2^n}$就是数列(2)的通项公式.

实际上，数列的项与项数是函数关系，通项公式 $a_n=f(n)$就是这个函数的解析式，其中 $n\in\mathbf{N}^*$.

数列$\{a_n\}$为 a_1，a_2，a_3，…，a_n，…，它的前 n 项和记为 S_n，即

$$S_n=a_1+a_2+a_3+\cdots+a_n.$$

一般地，数列的前 n 项和 S_n 与其通项 a_n 的关系为：

$$a_n=\begin{cases}S_1, & n=1,\\ S_n-S_{n-1}, & n\geqslant 2.\end{cases}$$

运用新知

例 1　根据数列$\{a_n\}$的通项公式 $a_n=(-1)^n\frac{n+2}{n+1}$，写出它的前 4 项.

分析　在通项公式 $a_n=(-1)^n\frac{n+2}{n+1}$ 中，让 n 依次取 1，2，3，4，就可求出前 4 项. 这相当于以前的由函数解析式求函数值.

解 $a_1=(-1)^1\times\frac{1+2}{1+1}=-\frac{3}{2}$,

$a_2=(-1)^2\times\frac{2+2}{2+1}=\frac{4}{3}$,

$a_3=(-1)^3\times\frac{3+2}{3+1}=-\frac{5}{4}$,

$a_4=(-1)^4\times\frac{4+2}{4+1}=\frac{6}{5}$.

所以，该数列的前4项依次为$-\frac{3}{2}$，$\frac{4}{3}$，$-\frac{5}{4}$，$\frac{6}{5}$.

例2 观察下面各数列，写出它们的通项公式.

(1)1，3，5，7，…；

(2)$\frac{1}{2}$，$\frac{2}{3}$，$\frac{3}{4}$，$\frac{4}{5}$，…；

(3)-1，1，-1，1，…；

(4)5，-10，15，-20，….

分析 要整体观察各项的变化规律，找出项与项数的关系. 为此，有时需要将各项适当改写.

解 (1)这是正奇数从小到大排列构成的数列，其通项公式是

$$a_n=2n-1.$$

(2)数列可以改写成

$$\frac{1}{1+1},\ \frac{2}{2+1},\ \frac{3}{3+1},\ \frac{4}{4+1},\ \cdots,$$

因此它的通项公式是$a_n=\frac{n}{n+1}$.

(3)数列可以改写成

$$(-1)^1,\ (-1)^2,\ (-1)^3,\ (-1)^4,\ \cdots,$$

因此它的通项公式是$a_n=(-1)^n$.

(4)数列可以改写成

$(-1)^{1+1}\times5\times1$，$(-1)^{2+1}\times5\times2$，$(-1)^{3+1}\times5\times3$，$(-1)^{4+1}\times5\times4$，…，

因此它的通项公式是$a_n=(-1)^{n+1}5n$.

注： 一个数列的通项公式在形式上不一定是唯一的. 例如，-1，1，-1，1，…的通项公式也可以是$a_n=\cos n\pi(n\in\mathbf{N}^*)$.

例3 已知数列$\{a_n\}$的通项公式是$a_n=n(n+5)$. 问：150是不是这个数列中的项？若是，是第几项？

解 令$a_n=150$，则$150=n(n+5)$，

$$n^2+5n-150=0,$$

$$(n-10)(n+15)=0.$$

解得：$n=10$ 或 $n=-15$.

因为 $10\in\mathbf{N}^*$，而 $-15\notin\mathbf{N}^*$，

所以，150 是这个数列的第 10 项，即 $a_{10}=150$.

例 4*　数列 $\{a_n\}$ 的前 n 项和为 $S_n=n^2-2n$，求数列 $\{a_n\}$ 的通项公式.①

解　当 $n=1$ 时，$a_1=S_1=1^2-2\times1=-1$；

当 $n\geqslant2$ 时，
$$\begin{aligned}a_n&=S_n-S_{n-1}=n^2-2n-[(n-1)^2-2(n-1)]\\&=n^2-2n-(n^2-2n+1-2n+2)\\&=2n-3.\end{aligned}$$

验证可知 $a_n=2n-3$ 对 $n=1$ 也适合.

所以，数列 $\{a_n\}$ 的通项公式为 $a_n=2n-3$.

同步练习

1. 根据数列 $\{a_n\}$ 的通项公式 $a_n=4n-1$，写出它的前 4 项.

2. 观察下面数列的特点，用适当的数填空，并写出它们的通项公式.

(1) 2，-4，6，-8，10，(　　)，…，$a_n=$(　　).

(2) 2，$\frac{3}{2}$，$\frac{4}{3}$，$\frac{5}{4}$，(　　)，$\frac{7}{6}$，…，$a_n=$(　　).

3. 数列 $\{a_n\}$ 的通项公式为 $a_n=n^2+n-30$，

(1) 60 是不是数列 $\{a_n\}$ 中的项？若是，是第几项？

(2) 当 n 分别取何值时，$a_n=0$，$a_n>0$，$a_n<0$？

4*. 数列 $\{a_n\}$ 的前 n 项和为 $S_n=n^2+n$，求数列 $\{a_n\}$ 的通项公式.

习题 6.1

A 组

1. 填空题.

如果能够用关于________的一个式子来表示数列的第 n 项 a_n，那么这个式子叫作这个数列的________.

2. 选择题.

(1) 数列 0，2，4，6，8，…的一个通项公式是(　　).

A. $a_n=2n$　　B. $a_n=2n+1$　　C. $a_n=2n-1$　　D. $a_n=2n-2$

(2) 数列 $\{a_n\}$ 的通项公式是 $a_n=2^n+1$，下列数中是数列中的项的是(　　).

A. 14　　B. 15　　C. 16　　D. 17

① 书中带 * 的题难度略大一些.

3. 已知数列$\{a_n\}$的通项公式为$a_n=\dfrac{2n-1}{n+2}$，求a_5和a_{12}.

4. 写出下列数列的通项公式.

(1)2，4，8，16，32，…；

(2)1，$\dfrac{1}{4}$，$\dfrac{1}{9}$，$\dfrac{1}{16}$，$\dfrac{1}{25}$，…；

(3)$\dfrac{1}{1\times2}$，$\dfrac{1}{2\times3}$，$\dfrac{1}{3\times4}$，$\dfrac{1}{4\times5}$，$\dfrac{1}{5\times6}$，….

5. 已知数列$\{a_n\}$的通项公式为$a_n=\dfrac{2n-1}{3n+2}$，则$\dfrac{3}{5}$是不是这个数列中的项？若是，是第几项？

B组

1. 根据下面数列的前4项，写出它们的通项公式.

(1)$\dfrac{1}{5}$，$\dfrac{1}{10}$，$\dfrac{1}{15}$，$\dfrac{1}{20}$，…；　　(2)−1，2，−3，4，….

2. 若数列$\{a_n\}$由$a_1=2$，$a_{n+1}=a_n+2(n\in\mathbf{N}^*)$确定，试写出这个数列的前5项，并写出它的一个通项公式.

§6.2 等差数列

6.2.1 等差数列的概念及通项公式

一、等差数列的概念

学习新知

在本章开头的引例中我们看到，古建筑屋顶的正面是呈等腰梯形的斜面，最上面一层铺了51块瓦片，每下一层都比上一层多铺2块瓦片，斜面上的瓦片共有31层. 于是，我们可以得到从上到下各层的瓦片数构成的数列：

$$51，53，55，57，…，111.$$

这个数列从第2项起，每一项减它前一项得到的差都等于同一个常数2.

一般地，如果数列

$$a_1，a_2，a_3，…，a_n，…,$$

从第2项起，每一项与它前一项的差都等于同一个常数d，那么这个数列$\{a_n\}$叫作等差数列，常数d叫作公差.

例如，下列数列都是等差数列.

(1)2，4，6，8，10，…；

(2)5，2，−1，−4，−7，…；

(3) -7，-7，-7，-7，-7，….

数列(1)的公差 $d=4-2=2$，数列(2)的公差 $d=2-5=-3$，数列(3)的公差 $d=-7-(-7)=0$.

由定义可知，数列$\{a_n\}$为等差数列$\Leftrightarrow a_{n+1}-a_n=d \Leftrightarrow a_{n+1}=a_n+d$（$d$ 为常数）.

运用新知

例 1　本章开头引例中的古建筑屋顶正面每层瓦片数构成的等差数列为

$$51，53，55，57，…，111.$$

请写出第 5 层和第 6 层的瓦片数.

解　由等差数列的定义可知，该数列为等差数列，且公差 $d=2$.

所以　　$a_5=a_4+2=57+2=59.$

同理　　$a_6=a_5+2=59+2=61.$

因此，第 5 层和第 6 层的瓦片数分别为 59 块、61 块.

例 2　根据数列$\{a_n\}$的通项公式，判断该数列是否为等差数列，若是，求出公差.

(1) $a_n=-3n+2$；　　(2) $a_n=n^2-1$.

分析　数列$\{a_n\}$为等差数列$\Leftrightarrow a_{n+1}-a_n=d$（$d$ 为常数）.

解　(1)由 $a_n=-3n+2$ 得，$a_{n+1}=-3(n+1)+2=-3n-1$，

则 $a_{n+1}-a_n=-3n-1-(-3n+2)=-3$.

因为 -3 是常数.

所以数列$\{a_n\}$是等差数列，公差 $d=-3$.

(2)由 $a_n=n^2-1$，得 $a_{n+1}=(n+1)^2-1=n^2+2n$，

则 $a_{n+1}-a_n=n^2+2n-(n^2-1)$

$\qquad\qquad\quad=n^2+2n-n^2+1=2n+1$.

因为 $2n+1$ 不是常数，

所以数列$\{a_n\}$不是等差数列.

同步练习

1. 选择题.

(1)下面数列中为等差数列的是(　　).

A. -1，-3，-5，-6，-8，…

B. 1，2，4，8，16，32，…

C. π，π，π，π，π，…

D. 1，$\frac{1}{2}$，$\frac{1}{3}$，$\frac{1}{4}$，$\frac{1}{5}$，…

(2)等差数列$-\frac{1}{2}$，0，$\frac{1}{2}$，1，$\frac{3}{2}$，2，…的公差 d=(　　).

A. $-\frac{1}{2}$　　B. $\frac{1}{2}$　　C. 2　　D. 0

2. 填空题.

已知下列数列都是等差数列，试填出括号内的数，并求其公差.

(1)6，3，(　　)，(　　)，…，d=________.

(2)(　　)，(　　)，$\frac{1}{3}$，$\frac{1}{2}$，…，d=________.

(3)(　　)，-3，0，(　　)，…，d=________.

3. 根据数列$\{a_n\}$的通项公式，判断该数列是否为等差数列. 若是，求出公差.

(1)$a_n=\frac{1}{2}n-3$；　　(2)$a_n=n^2-2n$.

二、等差数列的通项公式

学习新知

回顾前面的例1，我们由 a_4 依次求出了 a_5，a_6. 如果按这种方法，要求 a_{20} 就需要依次求出 a_{20} 前面的项，这是很麻烦的. 因此，我们有必要来探求等差数列的通项公式.

若数列$\{a_n\}$是首项为 a_1，公差为 d 的等差数列，由等差数列的定义可知，

$$a_2-a_1=d，a_3-a_2=d，a_4-a_3=d，\cdots\cdots，a_n-a_{n-1}=d，\cdots\cdots，$$

所以

$$a_2=a_1+d，$$
$$a_3=a_2+d=(a_1+d)+d=a_1+2d，$$
$$a_4=a_3+d=(a_1+2d)+d=a_1+3d，$$
$$\cdots\cdots$$

依此类推，可得 $a_n=a_{n-1}+d=a_1+(n-1)d$.

于是得到等差数列$\{a_n\}$的通项公式为：

$$a_n=a_1+(n-1)d.$$

运用新知

例 3　求等差数列

$$51，53，55，57，\cdots，111$$

的第 20 项.

解　将 $a_1=51$，$d=53-51=2$，$n=20$ 代入等差数列的通项公式中，得

$$a_{20}=a_1+(20-1)d=51+19\times 2=89.$$

例 4　已知等差数列 $\{a_n\}$ 中，第 100 项是 401，公差 $d=4$，求该等差数列的首项.

分析　本题是在 $a_n=a_1+(n-1)d$ 中，已知 a_n，n，d，求 a_1，实际上就是解方程的问题.

解　由已知可得 $a_{100}=401$，$d=4$，$n=100$.

代入等差数列通项公式 $a_n=a_1+(n-1)d$ 中，得

$$401=a_1+(100-1)4,$$

$$401=a_1+396.$$

所以首项为 $a_1=5$.

例 5　已知等差数列

$$10,\ 6,\ 2,\ \cdots,$$

则 -186 是该数列中的一项吗？如果是，是第几项？

解　由已知数列，得 $a_1=10$，$d=a_2-a_1=6-10=-4$.

设 $a_n=-186$，代入等差数列通项公式 $a_n=a_1+(n-1)d$ 中，得

$$-186=10+(n-1)\times(-4).$$

解得 $$n=50.$$

因为 $50\in\mathbf{N}^*$.

所以 -186 是该数列中的第 50 项，即 $a_{50}=-186$.

注： $a_n=a_1+(n-1)d$ 中有 a_n，a_1，n，d 4 个量，只要知道了其中的任意 3 个量，通过解方程就可以求出第 4 个量. 同学们要善于用方程的思想理解和运用公式.

例 6　在等差数列 $\{a_n\}$ 中，已知第 4 项是 10，第 7 项是 19，求 a_1，d 和第 10 项.

解　由 $a_4=10$，$a_7=19$，得 $\begin{cases}a_4=a_1+(4-1)d=10,\\ a_7=a_1+(7-1)d=19.\end{cases}$

即 $\begin{cases}a_1+3d=10,\\ a_1+6d=19,\end{cases}$ 解得 $\begin{cases}a_1=1,\\ d=3.\end{cases}$

所以 $a_n=a_1+(n-1)d=1+3(n-1)=3n-2$.

从而 $a_{10}=3\times 10-2=28$.

所以首项 $a_1=1$，公差 $d=3$，第 10 项 $a_{10}=28$.

注： a_1，d 是等差数列的两个基本量，利用通项公式把已知条件转化为求 a_1，d 的方程组是解本题的关键.

同步练习

1. 填空题.

(1)等差数列$\{a_n\}$的首项是a_1，公差为d，则数列$\{a_n\}$的通项公式为________；

(2)等差数列5，5，5，5，…的公差$d=$________，通项公式$a_n=$________；

(3)等差数列0，$-\frac{7}{2}$，-7，… 的第________项是-21.

2. 求等差数列3，8，13，…的通项公式和第50项.

3. 在等差数列$\{a_n\}$中，已知第5项是-3，第9项是-15，判断-48是否为数列中的项，如果是，请指出是第几项？

4. 已知在等差数列$\{a_n\}$中，$a_4=3$，公差$d=2$，求a_1，a_6.

5. 已知在等差数列$\{a_n\}$中，$a_7=36$，$a_9=48$，求a_1，d和a_{11}.

三、等差中项

学习新知

若三个数a，A，b成等差数列，则中间的数A叫作a与b的**等差中项**.

若A是a与b的等差中项，由等差数列的定义，有$A-a=b-A$，所以$A=\frac{a+b}{2}$；反之，若三个数a，A，b满足等式$A=\frac{a+b}{2}$，则有$2A=a+b$，从而有$A-a=b-A$成立，由等差数列的定义知a，A，b成等差数列.

所以A是a与b的等差中项$\Leftrightarrow A=\frac{a+b}{2}$.

从等差中项的定义可知，一个等差数列从第二项起，每一项都是它的前一项与后一项的等差中项. 例如，等差数列$\{a_n\}$中，a_6是a_5与a_7的等差中项.

更一般的我们有，如果数列$\{a_n\}$为等差数列，则a_m是a_{m-i}与a_{m+i}的等差中项. 例如，a_5是a_2与a_8的等差中项.

请同学们验证或推证这个结论！今后，可运用这个结论解决相关问题.

运用新知

例7 已知等差数列$\{a_n\}$中，$a_5=-3$，$a_9=-15$，求a_7.

解 由于数列$\{a_n\}$是等差数列，因此a_5，a_7，a_9也是等差数列，所以

a_7 是 a_5 与 a_9 的等差中项，根据等差中项公式，得

$$a_7=\frac{a_5+a_9}{2}=\frac{-3-15}{2}=-9.$$

例 8　已知三个数成等差数列，它们的和为 9，它们的积为 −81，求这三个数.

解　设这三个数依次为 $a-d$，a，$a+d$，则由题意可知

$$\begin{cases}(a-d)+a+(a+d)=9,\\(a-d)a(a+d)=-81.\end{cases}$$

解此方程组，得 $\begin{cases}a=3,\\d=6,\end{cases}$ 或 $\begin{cases}a=3,\\d=-6.\end{cases}$

因此，所求的三个数依次为 −3，3，9 或 9，3，−3.

注： 若三个数成等差数列，通常设中间的数为 a，公差为 d，则这三个数依次为 $a-d$，a，$a+d$，这样设未知数，列出方程组容易求解.

同步练习

1. 填空题.

(1)等差中项：若 a，A，b 成等差数列，则 A 叫作 a 与 b 的________，$A=$________.

(2)13 与 −11 的等差中项是________.

(3)在 3 和 17 之间插入一个数，使它们成等差数列，插入的数是________.

(4)若 2，8，x 成等差数列，则 $x=$________.

(5)在 −7 和 13 之间插入 3 个数，使这 5 个数成等差数列，插入的 3 个数依次是________.

(6)已知在等差数列 $\{a_n\}$ 中，$a_2=2$，$a_8=6$，则 $a_5=$________.

(7)已知在等差数列 $\{a_n\}$ 中，$a_7=36$，$a_9=48$，则 $a_{11}=$________.

2. 已知三个数成等差数列，它们的和为 21，积为 168，求这三个数.

6.2.2　等差数列前 n 项和公式

学习新知

某学校酒店管理专业的学生到某葡萄酒厂见习，同学们看到葡萄酒在储藏格中被码放成了梯形，最底层有 15 瓶，从下向上，从第二层起，每层依次比下一层少一瓶，一共有 11 层，最上面一层是 5 瓶. 这些葡萄酒共有多少瓶？

实际上，从上到下各层葡萄酒的瓶数依次构成等差数列：

$$5, 6, 7, 8, 9, 10, 11, 12, 13, 14, 15.$$

设想在这些酒瓶的旁边又倒着放着同样数量的葡萄酒，与原码放的葡萄酒拼成了如图 6-2 所示的平行四边形.

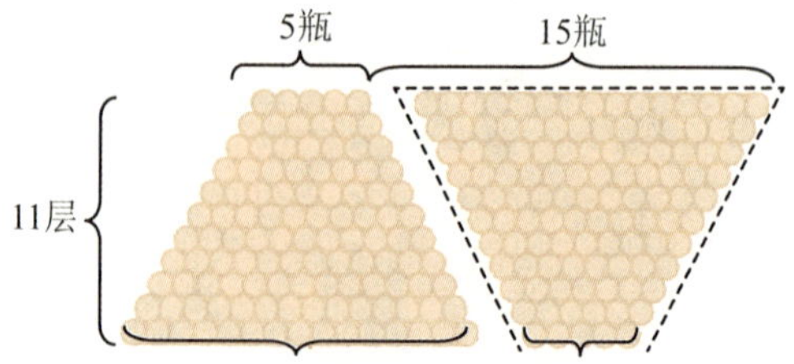

图 6-2

在图 6-2 中，共有 11 层葡萄酒，每层葡萄酒的瓶数都是

$$5+15=6+14=\cdots=15+5=20.$$

因此，图 6-2 中的葡萄酒的总瓶数是

$$(5+15)\times 11=220.$$

而所求葡萄酒的瓶数恰好是图 6-2 中葡萄酒总瓶数的一半，即

$$\frac{(5+15)\times 11}{2}=110.$$

这说明

$$5+6+7+\cdots+13+14+15=\frac{(5+15)\times 11}{2}.$$

以上计算葡萄酒瓶数的方法，可启发我们来探索求等差数列前 n 项和的公式.

一般地，设等差数列

$$a_1, a_2, a_3, \cdots, a_n, \cdots$$

的公差为 d，其前 n 项的和 $a_1+a_2+a_3+\cdots+a_n$ 记为 S_n，根据等差数列的定义，把等差数列的前 n 项以下面两种形式列出来(表 6-1).

表 6-1

从头到尾	从尾到头
$a_1=a_1$	$a_n=a_n$
$a_2=a_1+d$	$a_{n-1}=a_n-d$
$a_3=a_1+2d$	$a_{n-2}=a_n-2d$
……	……
$a_{n-1}=a_1+(n-2)d$	$a_2=a_n-(n-2)d$
$a_n=a_1+(n-1)d$	$a_1=a_n-(n-1)d$

把表 6-1 中每行的两个等式左右两端分别对应相加，得

$$a_1+a_n=a_1+a_n,$$

$$a_2+a_{n-1}=a_1+a_n,$$

$$a_3+a_{n-2}=a_1+a_n,$$

$$\cdots\cdots$$

$$a_{n-1}+a_2=a_1+a_n,$$

$$a_n+a_1=a_1+a_n.$$

将上面 n 个等式两端分别相加，得

$$2(a_1+a_2+\cdots+a_n)=\underbrace{(a_1+a_n)+(a_1+a_n)+\cdots+(a_1+a_n)}_{n\text{个}},$$

即

$$2S_n=(a_1+a_n)\cdot n.$$

于是，我们得到**等差数列前 n 项和公式**：

$$S_n=\frac{n(a_1+a_n)}{2}. \qquad ①$$

也就是说，等差数列的前 n 项和等于其首项与末项的平均数的 n 倍.

若将等差数列通项公式 $a_n=a_1+(n-1)d$ 代入上述公式中，则可得到等差数列前 n 项和公式的另外一种形式：

$$S_n=na_1+\frac{n(n-1)}{2}d. \qquad ②$$

在求一个等差数列的前 n 项和时，若已知 a_1 和 a_n，则可用公式①；若已知 a_1 和 d，则可用公式②.

运用新知

现在我们利用等差数列前 n 项和公式，来解决章前序语中提到的问题.

例 1 一座古建筑屋顶的正面是呈等腰梯形的斜面，最上面一层铺了 51 块瓦片，每下一层都比上一层多铺 2 块瓦片，斜面上的瓦片共有 31 层，那么，古建筑维修队进行屋顶正面的瓦片翻新时，应至少准备多少块瓦片？(图 6-3为示意参考图)

图 6-3

解 实际上，31 层瓦片数总和的计算就是求等差数列

$$51, 53, 55, 57, \cdots, 111,$$

前 31 项的和.

由已知可得 $a_1=51$，$a_{31}=111$，$n=31$.

代入等差数列前 n 项和公式 $S_n=\frac{n(a_1+a_n)}{2}$ 中，得

$$S_{31}=\frac{31\times(a_1+a_{31})}{2}=\frac{31\times(51+111)}{2}=2\ 511.$$

因此，古建筑维修队进行屋顶正面的瓦片翻新时，应至少准备 2 511 块瓦片.

注： 本题已知 $a_{31}=111$，因此选用公式①.

例 2 在等差数列 $\{a_n\}$ 中，已知 $a_1=-10$，$d=7$，$S_n=20$，求 n 及 a_5.

分析 已知公差 $d=7$，应选用公式②.

解 将 $a_1=-10$，$d=7$，$S_n=20$ 代入等差数列前 n 项和公式 $S_n=na_1+\frac{n(n-1)}{2}d$ 中，得

$$20=n\cdot(-10)+\frac{n(n-1)}{2}\times 7,$$

即

$$7n^2-27n-40=0,$$

$$(7n+8)(n-5)=0.$$

解得 $n=5$ 或 $n=-\frac{8}{7}$.

而 $-\frac{8}{7}\notin\mathbf{N}^*$，应舍去.

因此 $n=5$.

$$a_5=a_1+4d=-10+4\times 7=18.$$

注： 公式 $a_n=a_1+(n-1)d$ 和 $S_n=\frac{n(a_1+a_n)}{2}\left(S_n=na_1+\frac{n(n-1)}{2}d\right)$ 中有 a_n，a_1，n，d，S_n，共 5 个量，只要知道其中 3 个，通过解方程(组)就可求出其余两个量.

同步练习

1. 已知在等差数列 $\{a_n\}$ 中，$a_1=-5$，$a_{10}=13$，求 S_{10}.
2. 求和：$2+4+6+8+\cdots+50$.
3. 已知在等差数列 $\{a_n\}$ 中，$a_1=3$，$d=3$，求前多少项的和大于 84.
4. 已知在等差数列 $\{a_n\}$ 中，$d=2$，$a_{12}=17$，求 a_1 和 S_{12}.

习题 6.2

A 组

1. 填空题.

(1)已知等差数列 9，6，3，…，则 $a_1=$________，$d=$________，$a_4=$________，$a_n=$________.

(2)等差数列 1，3，5，7，… 的第 20 项 $a_{20}=$________，前 20 项的和 $S_{20}=$________.

2. 选择题.

(1)若在等差数列$\{a_n\}$中，$a_1=20$，$d=2$，则 $S_8=$(　　).

A. 200　　B. 210　　C. 214　　D. 216

(2)若 a，b，c 成等差数列，且 $a+c=2$，则 $a+b+c=$(　　).

A. 2　　B. 3　　C. 4　　D. 5

(3)若在等差数列$\{a_n\}$中，$a_3+a_{15}=24$，则 $a_6+a_{12}=$(　　).

A. 12　　B. 24　　C. 36　　D. 48

3. 解答题.

(1)求等差数列 12，8，4，…的公差 d、通项公式 a_n 和 a_7.

(2)已知在等差数列$\{a_n\}$中，$a_1=5$，$a_{49}=293$，求该等差数列的公差 d.

(3)已知在等差数列$\{a_n\}$中，$a_1=-7$，$a_8=-28$，求 S_8.

(4)在 2 与 14 之间插入三个数，使这五个数成等差数列，求这三个数.

(5)已知在等差数列$\{a_n\}$中，公差 $d=6$ 且 $a_n=22$，前 n 项和 $S_n=28$，求 a_1 和 n.

B 组

1. 已知在等差数列$\{a_n\}$中，$a_5=8$，$S_5=10$，求 S_{10}.

2. 已知三个数成等差数列，其和为 14，其积为 162，求这三个数.

3. 已知在等差数列$\{a_n\}$中，公差 $d=4$ 且 $a_6=28$，前 n 项和 $S_n=260$，求 a_1 和 n.

4. 已知等差数列$\{a_n\}$的前 n 项和为 S_n，且 $S_2=-12$，公差 $d=2$.

(1)求数列$\{a_n\}$的通项公式；　　(2)若 $S_k=20$，求 k 的值.

§6.3 等比数列

6.3.1 等比数列的概念及通项公式

一、等比数列的概念

学习新知

我国古代算书《孙子算经》上有个有趣的问题——“出门望九堤”：今有出门重九堤，堤有九木，木有九枝，枝有九巢，巢有九禽，禽有九雏，雏有九毛，毛有九色，问各几何？

依次把“堤、木、枝、巢、禽、雏、毛、色”的数量排列出来，就得到一个数列

$$9,\ 9^2,\ 9^3,\ 9^4,\ 9^5,\ 9^6,\ 9^7,\ 9^8.$$

容易看出，这个数列从第2项起，每一项与它的前一项的比都是9.

又如，

(1)5，25，125，625，…；

(2)1，$-\frac{1}{2}$，$\frac{1}{4}$，$-\frac{1}{8}$，$\frac{1}{16}$，…；

(3)7，7，7，7，7，….

这些数列都具有这样一个共同的特点：从第2项起，每一项与它的前一项的比都等于同一个常数.

一般地，**如果数列**

$$a_1,\ a_2,\ a_3,\ \cdots,\ a_n,\ \cdots$$

从第2项起，每一项与它前一项的比都等于同一个不为零的常数 q，那么这个数列$\{a_n\}$叫作等比数列，常数 q 叫作公比.

由等比数列的定义可知，数列(1)(2)(3)都是等比数列. 并且数列(1)的公比 $q=5$；数列(2)的公比 $q=-\frac{1}{2}$；数列(3)的公比 $q=1$.

数列$\{a_n\}$为等比数列$\Leftrightarrow\frac{a_{n+1}}{a_n}=q\Rightarrow a_{n+1}=a_nq$($q$ 为常数，且 $q\neq0$).

由等比数列的定义易知：①等比数列中的任意一项 $a_i\neq0$，公比 $q\neq0$；②等比数列中奇数项的性质符号相同，偶数项的性质符号相同.

运用新知

例1 在等比数列$\{a_n\}$中，$a_1=3$，$q=5$，求 a_2，a_3，a_4.

解　由等比数列的定义可知

$$a_2=a_1q=3\times5=15,$$
$$a_3=a_2q=15\times5=75,$$
$$a_4=a_3q=75\times5=375.$$

同步练习

1. 下列数列是等比数列的是(　　).

A. 2，4，6，8，…　　　　B. -3，9，-27，81，…

C. 1，0，1，0，…　　　　D. -2，-4，8，16，-32，-64，…

2. 写出等比数列 3，-6，12，-24，…的第 5 项与第 6 项.

二、等比数列的通项公式

学习新知

若数列$\{a_n\}$是首项为 a_1，公比为 q 的等比数列，由等比数列的定义可知

$$\frac{a_2}{a_1}=q,\ \frac{a_3}{a_2}=q,\ \frac{a_4}{a_3}=q,\ \cdots\cdots,\ \frac{a_n}{a_{n-1}}=q,\ \cdots\cdots.$$

所以

$$a_2=a_1q,$$
$$a_3=a_2q=(a_1q)q=a_1q^2,$$
$$a_4=a_3q=(a_1q^2)q=a_1q^3,$$
$$\cdots\cdots$$

依此类推，可得　　$a_n=a_{n-1}q=a_1q^{n-1}$.

由此得到等比数列$\{a_n\}$的通项公式为

$$\boldsymbol{a_n=a_1q^{n-1}\ (q\neq0)}.$$

比一比　请同学们将等比数列的通项公式 $a_n=a_1q^{n-1}$ 与等差数列的通项公式 $a_n=a_1+(n-1)d$ 进行对比记忆.

运用新知

例 2　求等比数列$\frac{2}{3}$，$-\frac{1}{2}$，$\frac{3}{8}$，…的第 6 项和第 7 项.

解　由已知得 $a_1=\frac{2}{3}$，$q=\frac{a_2}{a_1}=\frac{-\frac{1}{2}}{\frac{2}{3}}=-\frac{3}{4}$，$n=6$.

代入等比数列通项公式 $a_n=a_1q^{n-1}$ 中，得

$$a_6=a_1q^5=\frac{2}{3}\times\left(-\frac{3}{4}\right)^5=-\frac{81}{512},$$

$$a_7=a_1q^6=\frac{2}{3}\times\left(-\frac{3}{4}\right)^6=\frac{243}{2\ 048},$$

或

$$a_7=a_6q=\left(-\frac{81}{512}\right)\times\left(-\frac{3}{4}\right)=\frac{243}{2\ 048}.$$

例 3 已知在等比数列$\{a_n\}$中 $a_1=8$，$q=\frac{1}{2}$，$a_n=\frac{1}{8}$，求 n.

解 将 $a_1=8$，$q=\frac{1}{2}$，$a_n=\frac{1}{8}$代入等比数列通项公式 $a_n=a_1q^{n-1}$中，得

$$\frac{1}{8}=8\times\left(\frac{1}{2}\right)^{n-1},$$

$$\frac{1}{64}=\left(\frac{1}{2}\right)^{n-1},$$

$$\left(\frac{1}{2}\right)^{n-1}=\left(\frac{1}{2}\right)^6.$$

因此 $n-1=6$，$n=7$.

注： 等比数列的通项公式 $a_n=a_1q^{n-1}$ 中有 a_1，q，n，a_n 4 个量，只要知道其中 3 个量，通过解方程就可求出第 4 个量.

例 4 在 2 和 162 之间插入三个数，使它们和这三个数一起构成等比数列，求这三个数.

解 设这个等比数列为 a_1，a_2，a_3，a_4，a_5，其中 $a_1=2$，$a_5=162$，由等比数列的通项公式得

$$a_5=a_1q^4,$$

$$162=2q^4,$$

$$q^4=81,$$

因此

$$q=\pm3.$$

当 $q=3$ 时，$a_2=a_1q=2\times3=6$，$a_3=a_2q=6\times3=18$，$a_4=a_3q=18\times3=54$.

当 $q=-3$ 时，$a_2=a_1q=2\times(-3)=-6$，$a_3=a_2q=-6\times(-3)=18$，$a_4=a_3q=18\times(-3)=-54$.

所以，这三个数分别为 6，18，54 或 -6，18，-54.

同步练习

1. 填空题.

(1) 已知在等比数列$\{a_n\}$中，$a_1=1$，$a_2=-\frac{3}{2}$，则 $a_3=$________，$a_n=$________；

(2)等比数列$\sqrt{2}$，2，$2\sqrt{2}$，…的通项公式 $a_n=$________；

(3)已知在等比数列$\{a_n\}$中，$a_1=2$，$a_4=\frac{27}{4}$，则公比 $q=$________.

2. 已知在等比数列$\{a_n\}$中，$a_1=-36$，$a_n=\frac{32}{3}$，$q=-\frac{2}{3}$，求项数 n.

3. 等比数列$\frac{1}{2}$，$\frac{1}{4}$，$\frac{1}{8}$，…的第几项是$\frac{1}{128}$?

4. 在 3 和 81 之间插入两个数，使它们和这两个数一起构成等比数列，求插入的这两个数的积.

5. 在 1 与 15 之间插入两个数，使前三个数成等比数列，后三个数成等差数列，求这两个数.

三、等比中项

学习新知

若三个非零数 a，G，b 成等比数列，则中间的数 G 叫作 a 与 b 的**等比中项**.

若 G 是 a 与 b 的等比中项，由等比数列的定义可知，$\frac{G}{a}=\frac{b}{G}$，则 $G^2=ab$.

所以，**G 是 a 与 b 的等比中项$\Rightarrow G^2=ab$，即 $G=\pm\sqrt{ab}$.**

由等比中项的定义可知，一个等比数列从第 2 项起，每一项都是它的前一项与后一项的等比中项. 例如，在等比数列$\{a_n\}$中，a_3 是 a_2 和 a_4 的等比中项.

更一般地，在等比数列$\{a_n\}$中，a_m 是 a_{m-i} 与 a_{m+i} 的等比中项. 例如，a_5 是 a_2 与 a_8 的等比中项.

请同学们验证或推证这个结论！今后，可运用这个结论解决相关问题.

运用新知

例 5　求 $7+3\sqrt{5}$与 $7-3\sqrt{5}$的等比中项.

解　设 $7+3\sqrt{5}$与 $7-3\sqrt{5}$的等比中项为 G，则

$$G^2=(7+3\sqrt{5})\times(7-3\sqrt{5})=7^2-3^2\times5=4,$$

$$G=\pm2.$$

所以 $7+3\sqrt{5}$与 $7-3\sqrt{5}$的等比中项是 2 和 -2.

例 6 已知三个数成等比数列，它们的和为 7，积为 8. 求这三个数.

解 根据等比数列的定义，可设这三个数分别为$\frac{a}{q}$，a，$aq(q\neq0)$，q 是它们的公比. 由题意可得方程组

$$\begin{cases}\frac{a}{q}+a+aq=7, & ①\\ \frac{a}{q}\cdot a\cdot aq=8. & ②\end{cases}$$

解此方程组，由②得 $a^3=8$，$a=2$.

将 $a=2$ 代入①，得$\frac{2}{q}+2+2q=7$，整理得

$$2q^2-5q+2=0.$$

解得 $$q=\frac{1}{2}\text{或 }q=2.$$

当 $a=2$，$q=\frac{1}{2}$时，$\frac{a}{q}=\frac{2}{\frac{1}{2}}=4$，$a=2$，$aq=2\times\frac{1}{2}=1$.

当 $a=2$，$q=2$ 时，$\frac{a}{q}=\frac{2}{2}=1$，$a=2$，$aq=2\times2=4$.

所以，这三个数依次为 4，2，1 或 1，2，4.

注： 若三个数成等比数列，通常可设这三个数分别为$\frac{a}{q}$，a，$aq(q\neq0)$. 这样设未知数，列出的方程组容易求解.

同步练习

1. 8 与 27 的等比中项是________.

2. 已知三个数成等比数列，它们的和为 21，它们的积为 216，求这三个数.

6.3.2 等比数列前 n 项和公式

学习新知

数学史上有一个著名的故事：古印度舍罕王准备奖赏国际象棋的发明者——达伊尔宰相，并问达伊尔想要什么奖赏(图 6-4). 达伊尔对国王说："请您在棋盘的第 1 个小格里赏我 1 粒麦子，在第 2 个小格里放 2 粒，在第 3 个小格里放 4 粒，以后每一个小格里的麦粒数都比前一个小格里的麦粒数多一倍. 请您

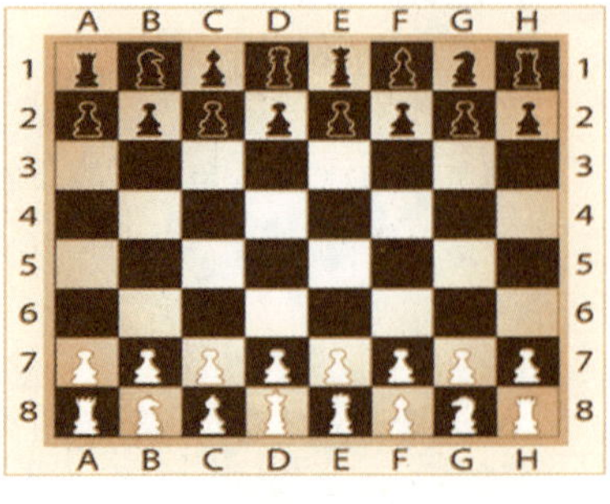

图 6-4

把棋盘上64格的麦粒都赏给您的仆人吧!”国王凭感觉认为这个要求太容易满足了，就轻易地答应了给他这些麦粒.

达伊尔宰相究竟向国王要了多少麦粒呢？国王能兑现承诺吗？我们来计算一下就知道了.

首先把每一格里的麦粒数排列出来，就得到如下数列：

$$1，2，4，8，\cdots，2^{63}.$$

这是一个公比 $q=2$ 的等比数列.

求麦粒的总数就是求这个数列的前64项的和：

$$S_{64}=2^0+2^1+2^2+2^3+\cdots+2^{63}, \quad ①$$

在①式两端分别乘公比2，得

$$2S_{64}=2^1+2^2+2^3+\cdots+2^{63}+2^{64}. \quad ②$$

很显然，①式右端中第2项到第64项与②式右端的第1项到第63项是相同的. 因此，用②式的左右两端对应减去①式的左右两端，可得

$$2S_{64}-S_{64}=2^{64}-2^0，即 S_{64}=2^{64}-2^0，$$

从而 $S_{64}=2^{64}-1=18\ 446\ 744\ 073\ 709\ 551\ 615.$

25 000粒麦粒大约重1 kg，于是我们可以大致算一下这些麦粒的质量：

18 446 744 073 709 551 615÷25 000=737 869 762 948 382.064 6(kg)，

737 869 762 948 382.064 6 kg=7 378.697 629 483 820 646亿吨.

这是一个可怕的天文数字，达伊尔宰相要求的麦粒数量相当于当今全世界一千年的小麦产量. 显然，国王兑现不了他的承诺，达伊尔宰相用智慧和国王开了一个天大的玩笑，用知识的力量挑战了国王的权威.

言归正传，现在我们仿照上面的计算麦粒数的方法，来探索等比数列前 n 项和的计算方法.

设公比为 $q(q\neq 1)$ 的等比数列

$$a_1，a_2，a_3，\cdots，a_n，\cdots$$

的前 n 项的和是

$$S_n=a_1+a_2+a_3+\cdots+a_n. \quad ③$$

在③式两端分别乘公比 q，得 $qS_n=a_1q+a_2q+a_3q+\cdots+a_nq$.

由等比数列的定义得

$$a_2=a_1q，a_3=a_2q，\cdots，a_{n+1}=a_nq.$$

因此 $qS_n=a_2+a_3+\cdots+a_n+a_nq. \quad ④$

将③式与④式左右两端对应相减，得

$$(1-q)S_n=a_1-a_nq，$$

两边除以 $(1-q)$，得到**等比数列前 n 项和公式**

$$S_n=\frac{a_1-a_nq}{1-q}\quad(q\neq1).$$

若将通项公式 $a_n=a_1q^{n-1}$ 代入上述公式，就可以得到等比数列前 n 项和公式的另外一种形式：

$$S_n=\frac{a_1(1-q^n)}{1-q}\quad(q\neq1).$$

特别地，当等比数列的公比 $q=1$ 时，等比数列为常数列

$$a_1,\ a_1,\ a_1,\ a_1,\ \cdots,\ a_1,\ \cdots,$$

它的前 n 项和为

$$S_n=na_1\quad(a_1\neq0,\ q=1).$$

运用新知

观察等比数列前 n 项和公式不难看出，对于 $q\neq1$ 的等比数列，只要知道了首项 a_1、公比 q、项数 n，就可以求得前 n 项和 S_n. 当 n 较大时，求 S_n 可借助计算器进行计算.

例 1 求等比数列 $\frac{1}{2}$，$\frac{1}{4}$，$\frac{1}{8}$，…的前 8 项和.

解 把 $a_1=\frac{1}{2}$，$q=\frac{a_2}{a_1}=\frac{\frac{1}{4}}{\frac{1}{2}}=\frac{1}{2}$，$n=8$ 代入等比数列的前 n 项和公式 $S_n=\frac{a_1(1-q^n)}{1-q}$ 中，得

$$S_8=\frac{\frac{1}{2}\times\left[1-\left(\frac{1}{2}\right)^8\right]}{1-\frac{1}{2}}=\frac{255}{256}.$$

所以此数列的前 8 项和为 $\frac{255}{256}$.

例 2 已知一个等比数列 $\{a_n\}$ 的前 7 项的和为 $15\frac{7}{8}$，公比 $q=\frac{1}{2}$，求此数列的前 5 项.

解 将 $S_7=15\frac{7}{8}$，$q=\frac{1}{2}$，$n=7$，代入等比数列前 n 项和公式 $S_n=\frac{a_1(1-q^n)}{1-q}$ 中，得

$$15\frac{7}{8}=\frac{a_1\left[1-\left(\frac{1}{2}\right)^7\right]}{1-\frac{1}{2}},$$

解得 $a_1=8$.

由等比数列的定义可得

$$a_2=a_1q=8\times\frac{1}{2}=4,\ a_3=a_2q=4\times\frac{1}{2}=2,$$

$$a_4=a_3q=2\times\frac{1}{2}=1,\ a_5=a_4q=1\times\frac{1}{2}=\frac{1}{2}.$$

所以，此数列的前 5 项为 8，4，2，1，$\frac{1}{2}$.

注： 公式 $a_n=a_1q^{n-1}$，$S_n=\frac{a_1(1-q^n)}{1-q}(q\neq1)\left[\text{或 } S_n=\frac{a_1-a_nq}{1-q}(q\neq1)\right]$中有 a_1，a_n，n，q，S_n，共 5 个量，只要知道其中 3 个量，通过解方程(组)，就可求出其余两个量.

同步练习

1. 求等比数列$\frac{1}{3}$，$\frac{1}{9}$，$\frac{1}{27}$，…的前 5 项的和.

2. 在等比数列$\{a_n\}$中，$a_5=\frac{3}{4}$，$q=-\frac{1}{2}$，求 S_7.

3. 已知数列$\{a_n\}$的前 n 项和 $S_n=3(2^n-1)$，求 S_6 和 a_6.

习题 6.3

A 组

1. 填空题.

(1)若在等比数列中，$a_1=1$，$q=3$，则 $a_5=$________，$S_5=$________.

(2)等比数列 1，$-\frac{3}{2}$，$\frac{9}{4}$，…的前 5 项和 $S_5=$________.

2. 写出等比数列$\frac{8}{3}$，4，6，9，…的通项公式，并写出它的第 5 项到第 8 项.

3. 在 9 与 243 中间插入两个正数，使这四个数成等比数列，求这两个数.

4. 在等比数列$\{a_n\}$中，已知 $a_8=\frac{1}{16}$，$q=\frac{1}{2}$. 求 a_1 与 S_4.

5. 在等比数列$\{a_n\}$中，已知 $a_3=2\frac{1}{2}$，$S_3=6\frac{1}{10}$，求 a_1 和 q.

B 组

1. 已知三个正数成等差数列，和为 18. 若将这三个数依次分别加上 1，2，7 后，得到的三个数成等比数列，求原来的这三个数.

2. 在等比数列$\{a_n\}$中，$a_1+a_3=10$，$a_4+a_6=\frac{5}{4}$，求S_5.

3. 在等比数列$\{a_n\}$中，$a_3=9$，$9a_2+a_4=54$，求：

(1)数列$\{a_n\}$的通项公式；　　(2)数列$\{a_n\}$的前n项和S_n.

§6.4　数列实际应用举例

实际生活中的银行利率、产品利润、人口增长、工作效率等问题常常都可以用等差数列或等比数列的知识来加以解决.

例1　技工小刘欲与某企业签订一份劳动合同(图6-5)．在合同期限的约定上，企业提出要分为两期：第一期为3年，第二期为6年．在第一期到期后，根据双方意愿决定是否续签下一期．在报酬方面，合同中提出除了基本工资、岗位工资等基础性工资外，在每月考核合格的前提下，绩效奖金的发放有两种方案.

图6-5

方案一：每年年底发放一次奖金，第一年奖金标准为3 000元，以后每年奖金标准比前一年多1 000元.

方案二：每半年发放一次奖金，第一个半年奖金标准为1 200元，以后每半年的奖金标准比前一个半年多300元.

两种方案只能选择一种，且在第一期到期后，双方若续签第二期合同，则奖金按第一期奖金方案自动延续.

请你结合他的情况和想法，帮小刘计算一下，选择哪种奖金方案收入更高?

解　方案一：各年的奖金依次构成等差数列，其中首项$a_1=3\ 000$，公差$d=1\ 000$.

第一期合同期满时，$n=3$，奖金总额为

$$S_3=3\times3\ 000+\frac{3\times2}{2}\times1\ 000=12\ 000(\text{元}).$$

第二期合同期满时，$n=9$，奖金总额为

$$S_9=9\times3\ 000+\frac{9\times8}{2}\times1\ 000=63\ 000(\text{元}).$$

方案二：每半年的奖金依次构成一个等差数列，其中首项$a_1=1\ 200$，公差$d=300$.

第一期合同期满时，$n=6$，奖金总额为

$$S_6=6\times1\ 200+\frac{6\times5}{2}\times300=11\ 700(\text{元}).$$

第二期合同期满时，$n=18$，奖金总额为

$$S_{18}=18\times1\ 200+\frac{18\times17}{2}\times300=67\ 500(\text{元}).$$

通过以上计算，比较两种方案各期的奖金收入，容易做出选择：若小刘想为自己的职业生涯多留一些选择机会，不打算三年后在该企业续签第二期合同，他可以选择方案一；若小刘看好这家企业，打算在这家企业长期工作，则应选择方案二.

例 2　一企业为进行一个项目建设，某月 1 日向银行贷款 1 200 万元，月利率为 0.5%，贷款期限为一年. 从贷款当月起，每月末还本金 100 万元和本月所欠贷款产生的利息. 则一年后企业实付全部本息共多少万元？（图 6-6）

图 6-6

分析　还本金 1 200 万是固定的，关键是算清应付多少利息. 因为所欠贷款在逐月减少，每月产生的利息也在逐月减少，所以需逐月分析应还多少利息.

解　各月末应还利息如下.

第一月末还利息：$1\ 200\times0.5\%=6$（万元）.

第二月末还利息：$(1\ 200-100)\times0.5\%=5.5$（万元）.

第三月末还利息：$(1\ 200-2\times100)\times0.5\%=5$（万元）.

……

第 n 月末还利息：$[1\ 200-(n-1)\times100]\times0.5\%=6+(n-1)\times(-0.5)$（万元）.

容易看出，每月末还的利息款依次构成一个等差数列，且首项 $a_1=6$，公差 $d=-0.5$.

所以，一年还的利息总金额为

$$S_{12}=12\times6+\frac{12\times11}{2}\times(-0.5)=72-33=39(\text{万元}).$$

实付全部本息和为 $1\ 200+39=1\ 239$（万元）.

答：该企业实付全部本息共 1 239 万元.

例 3　某企业本年度手机配件生产的利润为 50 万元，计划采用新技术、新工艺，使利润保持平均每年增长 10%. 求该企业在手机配件生产这个项目上，从第 2 年开始，后 5 年的预期总利润.（图 6-7）

图 6-7

解　由题意可得，本年度的利润为

50万元.

第2年的预期利润为

$$50+50\times\frac{10}{100}=50\left(1+\frac{10}{100}\right)(万元).$$

第3年的预期利润为

$$50\left(1+\frac{10}{100}\right)+50\left(1+\frac{10}{100}\right)\times\frac{10}{100}=50\left(1+\frac{10}{100}\right)\left(1+\frac{10}{100}\right)$$

$$=50\left(1+\frac{10}{100}\right)^2(万元).$$

第4年的预期利润为

$$50\left(1+\frac{10}{100}\right)^2+50\left(1+\frac{10}{100}\right)^2\times\frac{10}{100}=50\left(1+\frac{10}{100}\right)^2\left(1+\frac{10}{100}\right)$$

$$=50\left(1+\frac{10}{100}\right)^3(万元).$$

第5年的预期利润为

$$50\left(1+\frac{10}{100}\right)^3+50\left(1+\frac{10}{100}\right)^3\times\frac{10}{100}=50\left(1+\frac{10}{100}\right)^3\left(1+\frac{10}{100}\right)$$

$$=50\left(1+\frac{10}{100}\right)^4(万元).$$

第6年的预期利润为

$$50\left(1+\frac{10}{100}\right)^4+50\left(1+\frac{10}{100}\right)^4\times\frac{10}{100}=50\left(1+\frac{10}{100}\right)^4\left(1+\frac{10}{100}\right)$$

$$=50\left(1+\frac{10}{100}\right)^5(万元).$$

易知各年预期利润构成等比数列，其中

$$a_1=50\left(1+\frac{10}{100}\right)=55，\ q=1+\frac{10}{100}=1.1.$$

则 $S_5=\frac{a_1(1-q^5)}{1-q}=\frac{55[1-(1.1)^5]}{1-1.1}\approx335.78$(万元).

所以，该企业在手机配件生产这个项目上，后5年的预期总利润约为335.78万元.

注： 由上例中求第2年到第6年预期利润的过程，我们可以得到一个数学应用模型：

设原始量为 a，逐次增长的百分率为 x，经过 n 次增长后的量为 $a(1+x)^n$.

设原始量为 a，逐次降低的百分率为 x，经过 n 次降低后的量为 $a(1-x)^n$.

此模型可广泛地应用于类似的提高效益、降低成本等实际问题中.

同步练习

1. 汽油价格由每升 6.6 元经过连续 3 次，每次涨价 5%后，每升的价格是________元，汽油价格由每升 7.6 元经过连续 4 次，每次降价 3%后，每升的价格是________元.（精确到 0.01 元，提倡使用计算器）

2. 某养鸡专业户今年向农贸市场出售鸡蛋 8 吨，计划从明年开始，以后每年比上一年增加 0.5 吨，那么从今年起计算，第 6 年他能向农贸市场出售多少吨鸡蛋？并求这 6 年他总共可以向农贸市场出售多少吨鸡蛋.

3. 有人购房，某月 1 日向银行贷款 24 万元，月利率为 0.5%，贷款期限为 2 年. 贷款当月起，每月末还本金 1 万元和当月欠款产生的利息. 则 2 年后此人共还银行本息多少万元？

4. 某林场第一年造林 60 公顷，以后每年比上一年多造林 20%，那么第 5 年造林多少公顷？5 年共造林多少公顷？（精确到 0.01 公顷）

习题 6.4

A 组

1. 某企业利用银行无息贷款投资 400 万元引进一条高科技生产流水线，预计每年可获产品利润 100 万元. 但还有一些花费用于此流水线的保养、维修，第一年花费 10 万元，以后每年递增 5 万元，则至少几年可收回该项投资？

2. 一对夫妇为了 5 年后能购买一辆车，准备每年到银行去存一笔钱. 假设银行储蓄年利率为 5%，按复利计算，为了使 5 年后本利和共有 10 万元，则他们每年约需存多少钱？（精确到 1 元）

B 组

小王毕业后想自主创业开办小企业，但苦于资金不足. 他在当地政府网站上看到了有关政策：有创业愿望和具备创业条件的大中专毕业生，若想自主创业、自谋职业，可向户口或经营所在地的社区或街道（乡镇）劳动保障工作机构提出书面申请，在从事微利项目（指国家限制行业以外的商贸、服务、生产加工、种养殖等各类经营项目）时，由中央财政据实全额贴息，银行提供小额担保贷款，贷款期限一般为 2 年，贷款额度一般不超过 5 万元. 这相当于符合政策的人可享受 2 年 5 万元的无息贷款. 于是小王马上提出 5 万元 2 年期的贷款申请，并很快得到劳动保障部门的审核推荐，银行审核后放贷. 小王与银行约定的还款方式是到期一次性还款.

小词典

复利是指在每经过一个计息期后，都要将所生利息加入本金中，以计算下期的利息. 这样，在每一个计息期，上一个计息期的利息都将成为生息的本金，即以利生利，也就是俗称的“利滚利”.

小词典

所谓等额零存整取的存款方式，就是每月按期存入相同数量的金额，到期一次性支取本金和利息.

为了能够在2年后积攒出足够的还款额，小王决定按月以等额零存整取的方式进行存款. 已知银行1年期的零存整取月利率为0.237 5%，且按单利计息. 那么小王每月至少要存多少元，才能在2年后做到本息不少于5万元呢?

数学园地

几何级数增加

我国古代数学著作《九章算术》中有等差级数和等比级数问题：“今有女子善织，日自倍，五日织五尺，问日织几何?”另《庄子》“天下篇”中也有“一尺之棰，日取其半，万世不竭”的论述．这些都是有关数列的例子．(图 6-8)

图 6-8

“2000 年以后来我国的外国游客数量呈几何级数增加”“钻石越大，价格越高，一般会呈几何级数增长”，人们在阅读这样的新闻时，都经常会遇到表示快速增加的“几何级数”这个词．“几何级数”和我们所学的数列有什么关系呢?

我们知道，谈到人口的话题时，人们经常会说：“粮食产量呈等差级数(1，2，3，4，5，…)增长，而人口数量却呈几何级数(1，2，4，8，16，…)增长”．前文中提到的“国际象棋的褒奖”，此外还有一些“折纸游戏”等都是等比数列问题．试问：一张报纸折叠 100 次到底有多厚?有人用等比数列的知识计算过，如果一张纸的厚度按 0.1 mm 计算，一张纸对折 100 次共有 2^{100} 层，那么，2^{100} 层纸到底有多厚呢?

$$2^{100}\times 0.1(\mathrm{mm})=2^{100}\times 10^{-7}(\mathrm{km}).$$

这个数究竟有多大呢?我们用对数来计算一下．

设 $x=2^{100}\times 10^{-7}(\mathrm{km})$.

两边取以 10 为底的对数，得

$$\lg x=\lg(2^{100}\times 10^{-7})=\lg 2^{100}+\lg 10^{-7}=100\times\lg 2-7$$

$$\approx 100\times 0.3010-7=30.1-7\approx 23,$$

从而　$x\approx 10^{23}(\mathrm{km})$.

你可以轻松地在网上查到地球到太阳的距离约为 149 597 870 km，大约为 1.5×10^{8} km，现在你能想象 2^{100} 层纸到底有多厚了吧！这就是几何级数的魅力．

复习小结与巩固提高

复习小结

1. 数列

(1)数列的概念.

我们把按一定顺序排成的一列数 a_1，a_2，a_3，…，a_n，…叫作**数列**. 可将数列简记作$\{a_n\}$.

(2)数列的通项公式.

若数列$\{a_n\}$的第 n 项 a_n 与项数 n 之间的关系可以用一个公式 $a_n=f(n)$ 来表示，则这个公式 $a_n=f(n)$就叫作数列$\{a_n\}$的**通项公式**.

2. 等差数列

(1)等差数列的概念.

如果数列 a_1，a_2，a_3，…，a_n，…，从第 2 项起，每一项与它前一项的差都等于同一个常数 d，那么这个数列$\{a_n\}$叫作**等差数列**，常数 d 叫作**公差**.

数列$\{a_n\}$为**等差数列**$\Leftrightarrow a_{n+1}-a_n=d\Leftrightarrow a_{n+1}=a_n+d$($d$ 是常数).

(2)等差数列的通项公式.

等差数列$\{a_n\}$的通项公式为：$\boldsymbol{a_n=a_1+(n-1)d}$.

(3)等差中项.

若三个数 a，A，b 成等差数列，则 A 叫作 a 与 b 的**等差中项**.

$$A\text{ 是 }a\text{ 与 }b\text{ 的}\textbf{等差中项}\Leftrightarrow A=\frac{a+b}{2}.$$

(4)等差数列$\{a_n\}$的前 n 项和公式.

$$\boldsymbol{S_n=\frac{n(a_1+a_n)}{2},\qquad S_n=na_1+\frac{n(n-1)}{2}d.}$$

3. 等比数列

(1)等比数列的概念.

如果数列 a_1，a_2，a_3，…，a_n，…，从第 2 项起，每一项与它前一项的比都等于同一个不为零的常数 q，那么这个数列$\{a_n\}$叫作**等比数列**，常数 q 叫作**公比**.

$$\text{数列}\{a_n\}\text{为}\textbf{等比数列}\Leftrightarrow\frac{a_{n+1}}{a_n}=q\Rightarrow a_{n+1}=a_nq\quad(q\text{ 是常数，且 }q\neq0).$$

由等比数列的定义易知：①等比数列中的任意一项 $a_i\neq0$，公比 $q\neq0$；②等比数列中奇数项的性质符号相同，偶数项的性质符号相同.

(2)**等比数列的通项公式.**

等比数列$\{a_n\}$的通项公式为：$\boldsymbol{a_n=a_1q^{n-1}(q\neq 0)}$.

(3)**等比中项.**

若三个非零数 a，G，b 成等比数列，则 G 叫作 a 与 b 的**等比中项**. 有

$$G^2=ab.$$

G 是 a 与 b 的等比中项$\Rightarrow \boldsymbol{G^2=ab}$，**即** $\boldsymbol{G=\pm\sqrt{ab}}$.

(4)**等比数列$\{a_n\}$的前 n 项和公式.**

当 $q\neq 1$ 时，$S_n=\dfrac{a_1-a_nq}{1-q}$和$S_n=\dfrac{a_1(1-q^n)}{1-q}$；

当 $q=1$ 时，$S_n=na_1(a_1\neq 0)$.

巩固提高

例 1 在等差数列$\{a_n\}$中，$a_1=-60$，$a_{17}=-12$，求 d，a_{20}，S_{20}.

解 由 $a_{17}=-12$，得

$$a_1+16d=-12.$$

把 $a_1=-60$ 代入上式，得$-60+16d=-12$，解得 $d=3$.

于是

$$a_{20}=a_1+19d=-60+19\times 3=-3,$$

$$S_{20}=\frac{20\times(a_1+a_{20})}{2}=10\times(-60-3)=-630.$$

$$\left(\text{或 } S_{20}=20\times a_1+\frac{20\times(20-1)}{2}d=-630\right)$$

例 2 在等差数列$\{a_n\}$中，$S_{10}=10$，$S_{20}=-180$. 求 $a_{21}+a_{22}+\cdots+a_{30}$ 的值.

解 由 $S_{10}=10$，$S_{20}=-180$，得$\begin{cases}10a_1+45d=10,\\20a_1+190d=-180,\end{cases}$解得 $a_1=10$，$d=-2$.

$$S_{30}=30\times 10+\frac{30\times 29}{2}\times(-2)=-570.$$

所以 $a_{21}+a_{22}+\cdots+a_{30}=S_{30}-S_{20}=-570-(-180)=-390$.

例 3 在等比数列$\{a_n\}$中，$a_5+a_6=48$，$a_7-a_5=48$，求 S_{10}.

解 由 $a_5+a_6=48$，$a_7-a_5=48$，得

$$\begin{cases}a_1q^4+a_1q^5=48,\\a_1q^6-a_1q^4=48.\end{cases}$$

提取公因式得

$$\begin{cases}a_1q^4(1+q)=48, & ①\\a_1q^4(q+1)(q-1)=48. & ②\end{cases}$$

②÷①，得 $q-1=1$，$q=2$.

将 $q=2$ 代入①中，得 $a_1=1$，

$$S_{10}=\frac{a_1(1-q^{10})}{1-q}=\frac{1\times(1-2^{10})}{1-2}=1\ 023.$$

归纳 a_1，q 是等比数列的两个基本量，可以把已知条件转化成求 a_1，q 的方程组. 解方程组时，可通过分解、相除，达到消元的目的.

例 4 某小型企业原计划三年的产值逐年增长且构成等差数列，其总产值为 300 万元. 在实际生产中，由于技术革新，第一年、第二年、第三年的产值分别比原计划多 10 万元、10 万元、11 万元，且三年产值成等比数列. 求原计划中每一年的产值.

解 设原计划中三年的产值分别为 $a-d$ 万元、a 万元、$a+d$ 万元.

由题意得 $(a-d)+a+(a+d)=300$，解得 $a=100$.

由题意可知 $a-d+10$，$a+10$，$a+d+11$ 成等比数列.

即 $110-d$，110，$111+d$ 成等比数列.

所以 $110^2=(110-d)(111+d)$，解得 $d=10$ 或 $d=-11$(不合题意，舍去).

由 $a=100$，$d=10$，得 $a-d=90$，$a+d=110$.

答：原计划中三年的产值分别为 90 万元、100 万元、110 万元.

复习题六

A组

1. 选择题.

(1)已知三个数3，x，21成等差数列，则$x=$(　　).

A. 10　　B. 11　　C. 12　　D. 13

(2)在等差数列$\{a_n\}$中，$S_{10}=60$，那么$a_1+a_{10}=$(　　).

A. 12　　B. 24　　C. 36　　D. 48

(3)在等比数列$\{a_n\}$中，若$a_3=4$，公比$q=2$，则$a_1=$(　　).

A. 3　　B. 2　　C. 1　　D. -1

(4)等比数列1，2，4，8，…的前8项和为(　　).

A. 256　　B. 255　　C. 512　　D. 513

2. 填空题.

(1)观察数列的特点，用适当的数填空.

①1，$\frac{1}{2}$，$\frac{1}{3}$，$\frac{1}{4}$，(　　)，$\frac{1}{6}$，$\frac{1}{7}$，…；

②2，4，8，(　　)，32，64，….

(2)写出下列数列的通项公式.

①3，4，5，6，7，8，9，…，$a_n=$________；

②1，$\frac{1}{3}$，$\frac{1}{9}$，$\frac{1}{27}$，$\frac{1}{81}$，…，$a_n=$________.

(3)已知下列数列的通项公式，求数列的前3项.

①数列的通项公式为$a_n=3n-1$，$a_1=$________，$a_2=$________，$a_3=$________；

②数列的通项公式为$a_n=(-1)^n\frac{1}{n}$，$a_1=$________，$a_2=$________，$a_3=$________.

(4)数-25和33的等差中项为________；数5和125的等比中项为________.

(5)等比数列8，4，2，1，$\frac{1}{2}$，$\frac{1}{4}$，…的公比$q=$________，通项公式$a_n=$________.

(6)在等差数列$\{a_n\}$中，$a_1=1$，$a_{20}=20$，则$S_{20}=$________.

(7)在等比数列$\{a_n\}$中，$a_1=4$，$q=-2$，则$S_{10}=$________.

3. 一个等差数列的第3项是6，第6项是3，求这个数列的第9项.

4. 在等差数列$\{a_n\}$中，$d=4$，$a_{20}=39$，求S_{20}.

5. 在等比数列$\{a_n\}$中，$a_1=1$，$a_n=256$，$q=4$，求n.

6. 在等比数列$\{a_n\}$中，$a_1=3$，$q=-2$，求S_5.

7. 三个数成等比数列，它们的和为7，积为8，求这三个数.

B组

1. 选择题.

(1)数列1，4，7，10，…的通项公式为(　　).

A. $a_n=n+3$　　B. $a_n=4n-3$　　C. $a_n=3n+1$　　D. $a_n=3n-2$

(2)若数列$\{a_n\}$的通项公式$a_n=3n-2$，则此数列是(　　).

A. 公差为3的等差数列　　B. 公差为2的等差数列

C. 首项为3的等差数列　　D. 公差为n的等差数列

(3)2 008是等差数列4，6，8，10，…的(　　).

A. 第1 000项　　B. 第1 001项

C. 第1 002项　　D. 第1 003项

(4)2和18这两个数的等比中项为(　　).

A. 6　　B. -6　　C. ± 6　　D. ± 9

(5)在等差数列$\{a_n\}$中，$S_{20}=240$，则$a_5+a_{16}=$(　　).

A. 24　　B. 12　　C. 48　　D. 36

2. 填空题.

(1)已知数列$\{a_n\}$的通项公式为$a_n=2n^2+n$，则第6项$a_6=$________.

(2)已知在等差数列$\{a_n\}$中，$d=-3$，$a_{15}=-39$，则$a_1=$________.

(3)等差数列$\{a_n\}$的第4项是6，第12项是24，则第9项是________.

(4)在3和48之间插入一个数x，使得3，x，48成等比数列，则$x=$________.

(5)-1，2，-4，8，-16，…为等比数列，则数列的前6项和$S_6=$________.

(6)$3\sqrt{3}+2$和$3\sqrt{3}-2$的等差中项为________，等比中项为________.

3. 在等差数列$\{a_n\}$中，$a_2+a_5=6$，$a_3+a_7=12$，求数列的通项公式a_n.

4. 在等比数列$\{a_n\}$中，已知$a_1=4$，$q=\frac{1}{2}$，$a_n=\frac{1}{8}$，求S_n.

5. 已知等比数列$\{a_n\}$的公比$q=2$，$S_4=8$，求S_8.

6. 已知数列$\{a_n\}$的前n项和$S_n=n^2+2n$，求数列的通项公式a_n.

7. 思考题.

话说猪八戒自西天取经回来后回到了高老庄，从高员外手里接下了高老庄集团，摇身变成了首席执行官. 可好景不长，集团因资金周转不灵而陷入了窘境，急需大量资金投入，于是猪八戒就找孙悟空帮忙.

孙悟空一口答应："行！从第一天开始每天给你1万，连续给你30天，但有一个条件. 作为回报，投资的第一天你必须返还给我1分，第二天返还2分，第三天返还4分……即后一天返还的金额为前一天的2倍. 同样也持续30天."八戒听了，心里打起了小算盘："第一天，支出1分，收入1万；第二天，支出2分，收入1万；第三天，支出4分，收入1万元……哇，发财了……"他心里越想越美……再看看孙悟空的表情，心里又嘀咕了："这猴子老是欺负我，会不会又在耍我？"

请大家帮忙算一算，孙悟空的生意是赚了，还是亏了？

第 7 章 · 平面向量

章前序语

当起重机吊起重物时（如下左图），作用在被吊物体 A 上的拉力 T 和重力 G 都是既有大小，又有方向的量；高铁运行的速度也是既有大小，又有方向的量（如下右图）. 类似这种既有大小，又有方向的量，在现实生活中大量存在. 这种量我们可以用数学中的向量（以下代指平面向量）来描述.

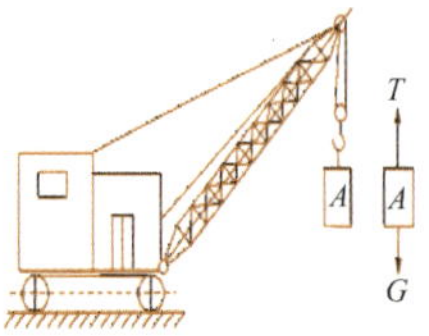

起吊重物受力图

向量不仅是数学的重要基础内容，也是物理等相关学科的重要工具，在机电工程、航空航天工程等众多领域中有着广泛的应用.

本章主要介绍向量的基本知识，包括向量的概念及表示、向量的运算及简单应用.

学习向导

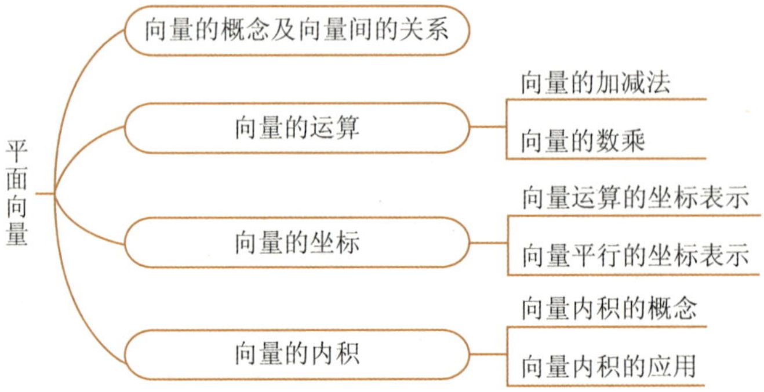

§ 7.1　向量的概念及向量间的关系

一、向量的概念

学习新知

在现实世界中，我们经常遇到一些量，如距离、时间、面积、质量、温度等，这些量只有大小，我们把这种只有大小的量称为**数量**.

观察：图 7-1(1)中拉小车的力 $\boldsymbol{F}$，图 7-1(2)中小船的位移 $\boldsymbol{s}$，它们有什么共同点？

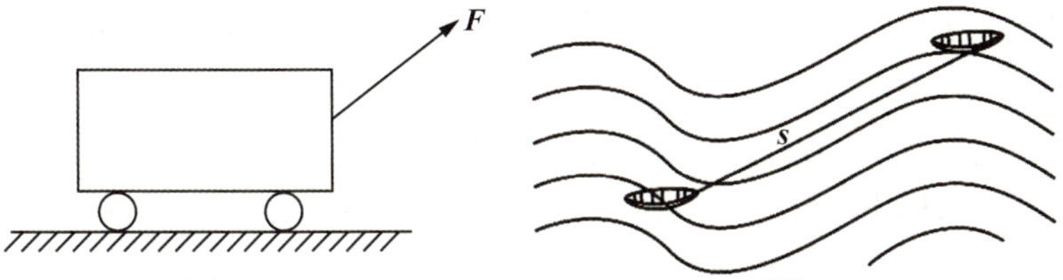

图 7-1

拉小车的力 $\boldsymbol{F}$ 和小船的位移 $\boldsymbol{s}$ 不仅有大小，而且有方向. 我们把既有大小又有方向的量称为**向量**.

那么向量怎样表示呢？

如图 7-2 所示，我们把规定了起点 A 和终点 B，并在终点处标上了箭头的线段叫作**有向线段**，记作$\overrightarrow{AB}$. 线段 AB 的长度也叫有向线段$\overrightarrow{AB}$的**长度**，记作$|\overrightarrow{AB}|$，有向线段包含三个要素：**起点、方向和长度**. 知道了有向线段的起点、方向和长度，它的终点也就唯一确定了.

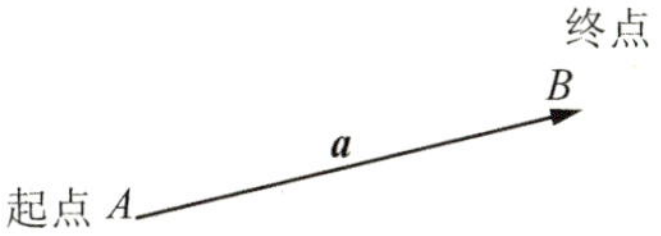

图 7-2

在几何上，我们可以用有向线段来表示向量：**用有向线段的长度表示向量的大小，用有向线段的方向表示向量的方向.**

向量用字母表示有两种方式：一种是直接用有向线段的符号表示向量，如$\overrightarrow{AB}$，$\overrightarrow{BC}$等；另一种是用一个小写的黑体字母表示，如 $\boldsymbol{a}$，$\boldsymbol{b}$，$\boldsymbol{c}$ 等. 手写时，一般写成带箭头的小写字母，如 $\vec{a}$，$\vec{b}$，$\vec{c}$ 等.

向量的大小，也叫作向量的**长度**(或**模**)，向量$\overrightarrow{AB}$的长度记作$|\overrightarrow{AB}|$.

向量 $\boldsymbol{a}$ 的长度，记作 $|\boldsymbol{a}|$. 向量的长度是一个数量，是非负数，长度为零的向量叫作**零向量**，记作 $\mathbf{0}$ 或 $\vec{0}$. 零向量没有确定的方向，长度为 1 个单位的向量叫作**单位向量**.

运用新知

例 1 下列说法正确的是(　　).

A. 数量可以比较大小，向量也可以比较大小

B. 方向不同的向量不能比较大小，但同向的可以比较大小

C. 向量的大小与方向有关

D. 向量的模可以比较大小

解 向量由大小和方向两个因素共同确定，不能比较大小. 而向量的模只表示向量的大小，不表示向量的方向，它是一个数量，可以比较大小，所以选 D.

同步练习

1. 填空题.

(1)生活中属于数量的有____________；属于向量的有____________. (举出几个例子)

(2)向量可以用有向线段来表示，用有向线段的________表示向量的大小，用有向线段的________表示向量的方向.

2. 关于零向量，下列说法中错误的是(　　).

A. 零向量没有方向　　B. 零向量的长度是 0

C. 零向量的方向是任意的　　D. 零向量都相等

二、向量间的关系

学习新知

图 7-3 中，有向线段 $\overrightarrow{AB}$ 经过平行移动得到 $\overrightarrow{CD}$，再经过平行移动得到 $\overrightarrow{EF}$，观察思考 $\overrightarrow{AB}$，$\overrightarrow{CD}$，$\overrightarrow{EF}$ 有什么关系？

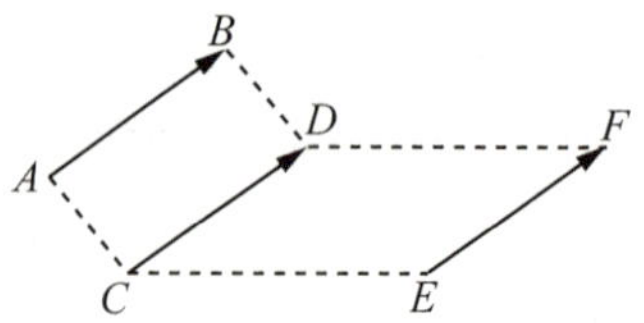

图 7-3

由于向量只有大小和方向两个因素，因此，把长度相等且方向相同的向量叫作**相等向量**. 向量 $\boldsymbol{a}$ 与 $\boldsymbol{b}$ 相等，记作 $\boldsymbol{a}=\boldsymbol{b}$. 零向量与零向量相等.

这样，平面上所有长度相等、方向相同的向量，都可以看作是一个与之长度相等、方向相同的向量经过平行移动而形成的. 于是，我们所说的向量也叫作**自由向量**. 就是说，仅与大小和方向有关，而与起点无关.

与非零向量 $\boldsymbol{a}$ 长度相等且方向相反的向量叫作 $\boldsymbol{a}$ 的**相反向量**(或 $\boldsymbol{a}$ 的**负向量**)，记作 $-\boldsymbol{a}$.

由相反向量的定义可知 $-(-\boldsymbol{a})=\boldsymbol{a}$，$\overrightarrow{AB}=-\overrightarrow{BA}$.

零向量($\boldsymbol{0}$)的相反向量仍为零向量($\boldsymbol{0}$).

方向相同或相反的非零向量叫作**平行向量**.

如图 7-4 所示，向量 $\boldsymbol{a}$ 与 $\boldsymbol{b}$ 与 $\boldsymbol{c}$ 都是平行向量，记作 $\boldsymbol{a}/\!/\boldsymbol{b}/\!/\boldsymbol{c}$.

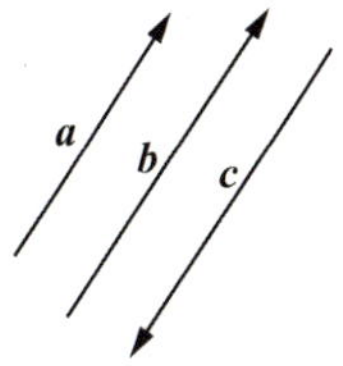

图 7-4

规定零向量与任意向量平行.

由于任何一组平行向量都可以平移到一条直线上，因此，平行向量也叫作**共线向量**.

向量 $\boldsymbol{a}$ 与向量 $\boldsymbol{b}$ 共线$\Leftrightarrow$$\boldsymbol{a}$ 与 $\boldsymbol{b}$ 的方向相同或方向相反，或者有一个是零向量.

运用新知

例 2　如图 7-5，在向量 $\overrightarrow{DA}$，$\overrightarrow{GE}$，$\overrightarrow{BC}$，$\overrightarrow{AB}$，$\overrightarrow{HF}$，$\overrightarrow{CD}$，$\overrightarrow{EH}$，$\overrightarrow{FG}$ 中，指出其中的相等向量、相反向量及平行的向量.

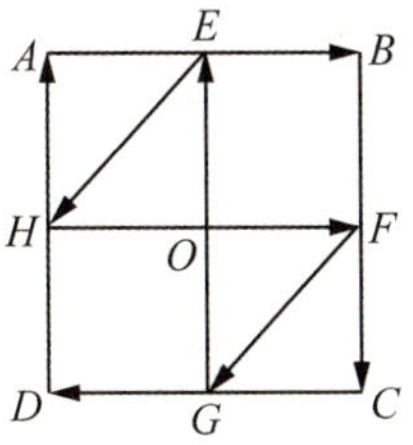

图 7-5

解　相等向量有：

$$\overrightarrow{DA}=\overrightarrow{GE},\ \overrightarrow{AB}=\overrightarrow{HF},\ \overrightarrow{EH}=\overrightarrow{FG}.$$

相反向量有：

$$\overrightarrow{DA}=-\overrightarrow{BC},\ \overrightarrow{GE}=-\overrightarrow{BC},\ \overrightarrow{AB}=-\overrightarrow{CD},\ \overrightarrow{HF}=-\overrightarrow{CD}.$$

平行的向量有：

$$\overrightarrow{DA}/\!/\overrightarrow{GE}/\!/\overrightarrow{BC},\quad \overrightarrow{AB}/\!/\overrightarrow{HF}/\!/\overrightarrow{CD},\ \overrightarrow{EH}/\!/\overrightarrow{FG}.$$

同步练习

1. 如图所示，在△ABC中，点D，E，F分别是边AB，BC，AC的中点，试写出：

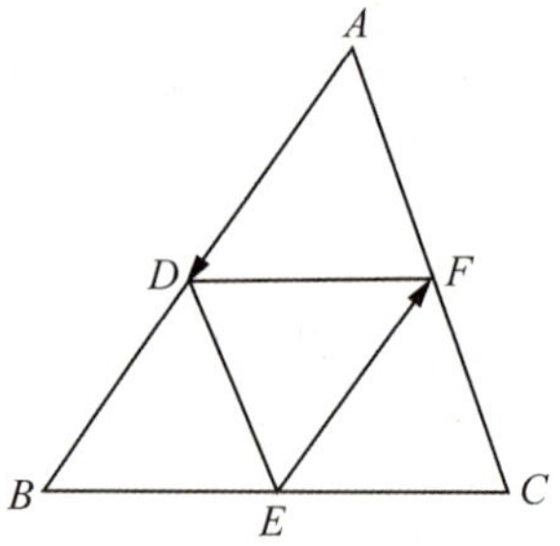

(第1题图)

(1)与$\overrightarrow{DF}$相等的向量，$\overrightarrow{DF}$=________=________=________.

(2)$\overrightarrow{EF}$的相反向量，$-\overrightarrow{EF}$=________=________=________.

(3)与$\overrightarrow{DE}$共线的非零向量有________，________，________.

2. 如图，在四边形$ABCD$中，已知$\overrightarrow{AB}=\overrightarrow{DC}$，试写出：

(1)与$\overrightarrow{OB}$相等的向量，$\overrightarrow{OB}$=________=________=________.

(2)$\overrightarrow{OC}$的相反向量，$-\overrightarrow{OC}$=________=________=________.

(3)与$\overrightarrow{AD}$共线的非零向量有________，________，________.

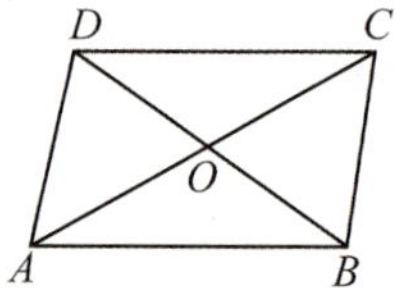

(第2题图)

习题7.1

A组

1. 填空题.

(1)既有________又有________的量叫作向量.

(2)以B为起点，A为终点的有向线段表示向量，记作________，它的模记作________.

(3)________________________叫相等向量；______________________________叫相反向量.

(4)______________________叫平行向量，也叫共线向量. 规定零向量与任意向量________.

2. 判断题.

(1)方向相同且长度相等的向量不一定是相等向量.　(　　)

(2)单位向量与单位向量一定是相等向量.　(　　)

(3)零向量与零向量是相等向量.　(　　)

(4)平行的向量不一定是共线向量.　(　　)

3. 选择题.

下面的量中不是向量的是(　　).

A. 位移　　B. 力　　C. 温度　　D. 速度

4. 如图，在四边形 $ABCD$ 中，如果$\overrightarrow{AB}=\overrightarrow{DC}$，则四边形 $ABCD$ 是平行四边形吗？如果是，那么$\overrightarrow{AD}$与$\overrightarrow{CB}$是相等向量吗？是平行向量吗？

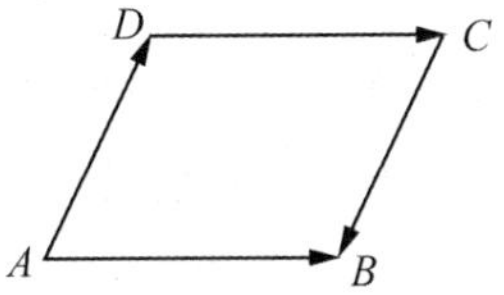

(第 4 题图)

B 组

如图，在正方体 $ABCD\text{-}A_1B_1C_1D_1$ 中，找出：

(1)与$\overrightarrow{AD}$相等的向量及相反的向量；(2)与$\overrightarrow{AB}$共线的向量；(3)与$\overrightarrow{A_1B}$相等的向量.

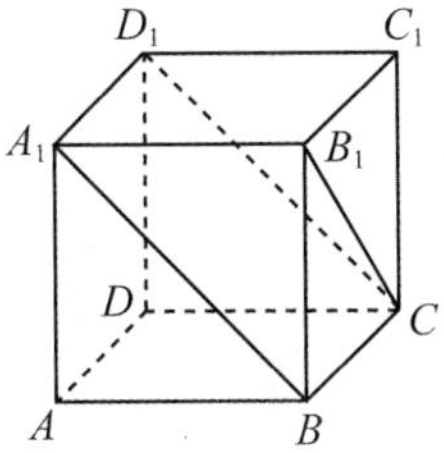

(B 组题图)

§7.2 向量的运算

7.2.1 向量的加法

学习新知

我们知道，数是可以进行加减运算的，同样，向量也可以进行加减运算.

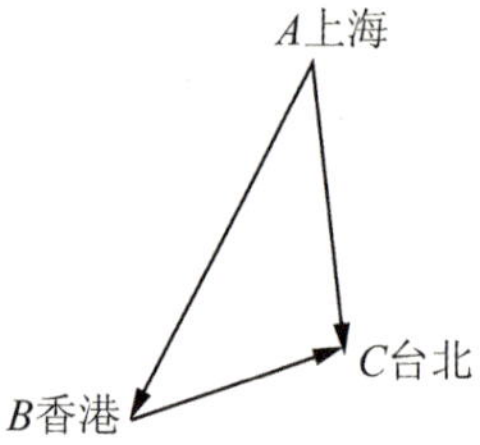

图 7-6

如图 7-6 所示，海峡两岸直航前，由上海飞台北，需先经香港，再飞台北，其位置是由 A 到 B，再由 B 到 C. 直航后可由上海直接飞台北，其位置是由 A 到 C.

海峡两岸直航前后，由上海飞台北虽然是两种不同的位移过程，但是，这两种位移的结果是相同的.

一般地，已知向量 $\boldsymbol{a}$ 与 $\boldsymbol{b}$，如图 7-7 所示，在平面内任取一点 A，作 $\overrightarrow{AB}=\boldsymbol{a}$，$\overrightarrow{BC}=\boldsymbol{b}$，则向量$\overrightarrow{AC}$叫作 $\boldsymbol{a}$ 与 $\boldsymbol{b}$ 的**和向量**，记作 $\boldsymbol{a}+\boldsymbol{b}$，即

$$\boldsymbol{a}+\boldsymbol{b}=\overrightarrow{AB}+\overrightarrow{BC}=\overrightarrow{AC}.$$

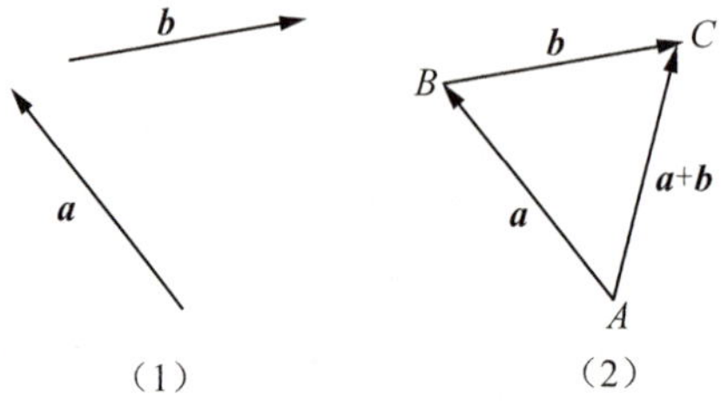

图 7-7

我们把求两个向量和的运算，叫作**向量的加法**. 而上述求两个向量和的方法又叫作**向量加法的三角形法则.**

向量加法的三角形法则，利用了向量可平移的特性，将两个向量平移，令其首尾相接，和向量的方向就是由起始向量的起点指向终止向量的终点.

对于零向量与任一向量 $\boldsymbol{a}$，有 $\boldsymbol{a}+\boldsymbol{0}=\boldsymbol{0}+\boldsymbol{a}=\boldsymbol{a}$.

向量的加法满足交换律与结合律，即

$$\boldsymbol{a}+\boldsymbol{b}=\boldsymbol{b}+\boldsymbol{a},$$

$$(\boldsymbol{a}+\boldsymbol{b})+\boldsymbol{c}=\boldsymbol{a}+(\boldsymbol{b}+\boldsymbol{c}).$$

我们来证明交换律.

如图 7-8，作平行四边形 $ABCD$，使得$\overrightarrow{AB}=\boldsymbol{a}$，$\overrightarrow{AD}=\boldsymbol{b}$，则$\overrightarrow{BC}=\boldsymbol{b}$，$\overrightarrow{DC}=\boldsymbol{a}$.

因为　$\overrightarrow{AC}=\overrightarrow{AB}+\overrightarrow{BC}=\boldsymbol{a}+\boldsymbol{b}$，

又　　$\overrightarrow{AC}=\overrightarrow{AD}+\overrightarrow{DC}=\boldsymbol{b}+\boldsymbol{a}$，

所以　$\boldsymbol{a}+\boldsymbol{b}=\boldsymbol{b}+\boldsymbol{a}$.

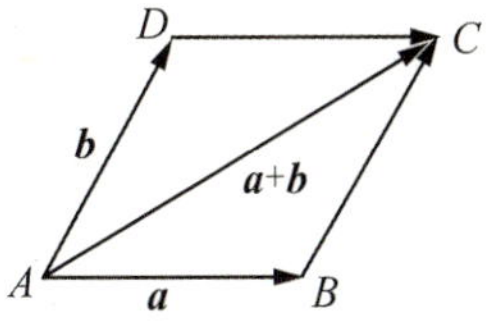

图 7-8

由图 7-8 可以看出，两个向量 $\boldsymbol{a}$，$\boldsymbol{b}$ 以同一点 A 为起点，以 $\boldsymbol{a}$，$\boldsymbol{b}$ 为邻边作平行四边形 $ABCD$，则以 A 为起点的对角线表示的向量$\overrightarrow{AC}$就是 $\boldsymbol{a}$ 与 $\boldsymbol{b}$ 的和向量，我们把这种求两个向量和向量的方法叫作**向量加法的平行四边形法则**.

注：平行四边形法则不适用于共线向量求和.

平行四边形法则在物理学中求合力时经常用到. 如图 7-9，一个拉紧的弹弓的弹子，受到两个方向的力，这两个力最终形成合力，使得弹子向正前方飞行，即$\overrightarrow{AB}+\overrightarrow{AD}=\overrightarrow{AC}$.

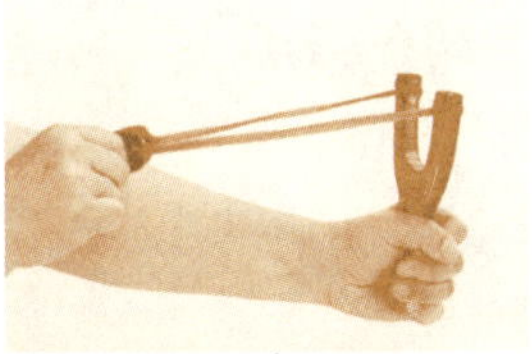

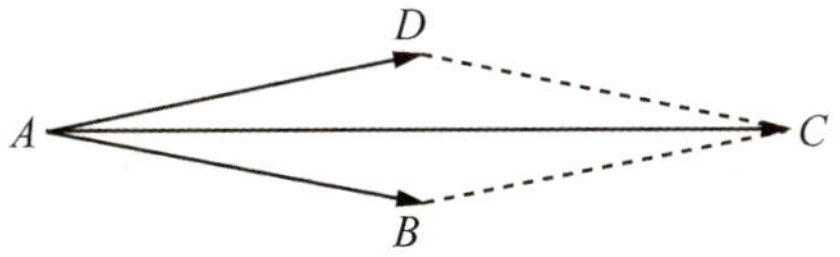

图 7-9

运用新知

例 1　已知两组向量如图 7-10 所示，用向量加法的三角形法则作出和向量.

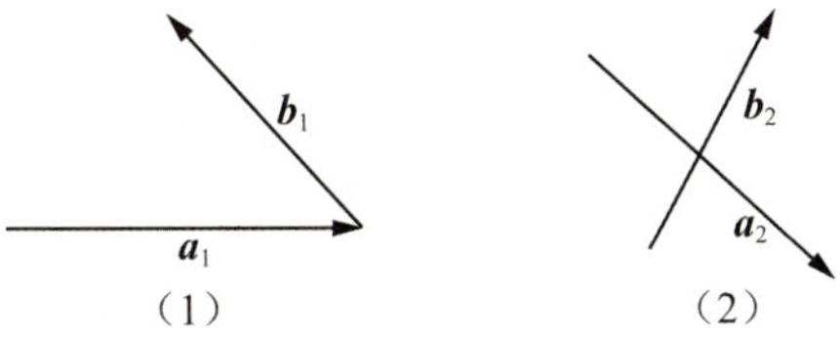

图 7-10

解　(1)当两个向量 $\boldsymbol{a}_1$，$\boldsymbol{b}_1$ 首尾相接时，其和向量 $\boldsymbol{a}_1+\boldsymbol{b}_1$ 是从向量 $\boldsymbol{a}_1$ 的起点指向向量 $\boldsymbol{b}_1$ 的终点的向量，如图 7-11 所示.

(2)先将 $\boldsymbol{b}_2$ 平行移动，使其起点与 $\boldsymbol{a}_2$ 的终点重合，让两个向量首尾相接，和向量 $\boldsymbol{a}_2+\boldsymbol{b}_2$ 就是从向量 $\boldsymbol{a}_2$ 的起点指向平移后的向量 $\boldsymbol{b}_2$ 的终点的向量，如图 7-12 所示.

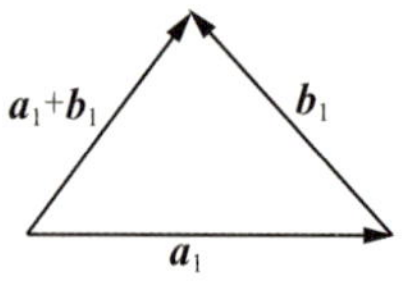

图 7-11

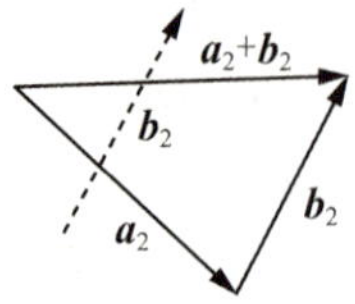

图 7-12

特别地，当两个相同方向的向量相加时，如图 7-13 所示，其和向量 $\boldsymbol{a}+\boldsymbol{b}$的方向与 $\boldsymbol{a}$，$\boldsymbol{b}$ 的方向相同，和向量 $\boldsymbol{a}+\boldsymbol{b}$ 的长度为两个向量长度之和.

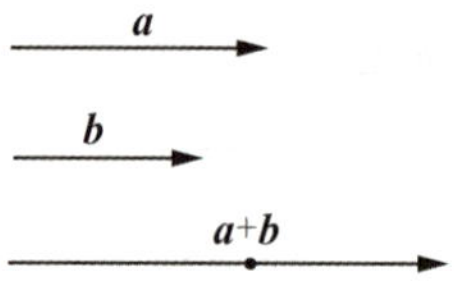

图 7-13

例 2 求下列各题的和向量.

(1)$(\overrightarrow{AO}+\overrightarrow{OB})+(\overrightarrow{BD}+\overrightarrow{DC})$；(2)$\overrightarrow{AB}+(-\overrightarrow{CB})+\overrightarrow{CD}$.

解 (1)$(\overrightarrow{AO}+\overrightarrow{OB})+(\overrightarrow{BD}+\overrightarrow{DC})=\overrightarrow{AB}+\overrightarrow{BC}=\overrightarrow{AC}$；

(2)$\overrightarrow{AB}+(-\overrightarrow{CB})+\overrightarrow{CD}=\overrightarrow{AB}+\overrightarrow{BC}+\overrightarrow{CD}=\overrightarrow{AC}+\overrightarrow{CD}=\overrightarrow{AD}$.

同步练习

1. 作图求向量的和.

(1)已知 $\boldsymbol{a}$，$\boldsymbol{b}$，求作 $\boldsymbol{a}+\boldsymbol{b}$；(2)已知 $\boldsymbol{c}$，$\boldsymbol{d}$，求作 $\boldsymbol{c}+\boldsymbol{d}$.（直接画在书上）

(第 1 题图)

2. 两人用绳子抬一桶水，力的方向、大小如图所示，请画出合力的大小与方向.（直接画在书上）

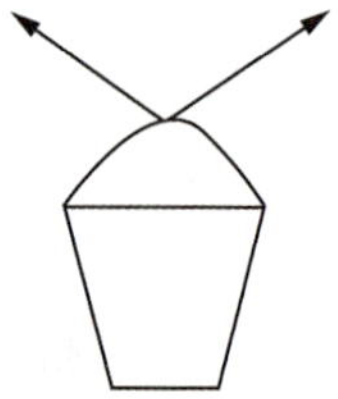

(第 2 题图)

3. 求下列各题的和向量.

(1) $\overrightarrow{AB}+\overrightarrow{DA}+\overrightarrow{CD}+\overrightarrow{BC}=$________$=$________$=$________.

(2) $\overrightarrow{AB}+\overrightarrow{BC}+\overrightarrow{CD}=$________$=$________.

(3) $\overrightarrow{AB}+(\overrightarrow{BC}+\overrightarrow{CD}+\overrightarrow{DE})=$________$=$________$=$________.

(4) $(\overrightarrow{OA}+\overrightarrow{AO})+\overrightarrow{AD}+\overrightarrow{DC}=$________$=$________$=$________.

7.2.2　向量的减法

学习新知

向量可以像实数一样进行加法运算，也可以进行减法运算.

向量减法是向量加法的逆运算.

根据向量加法的定义可知，**互为相反向量的两个向量的和是零向量**，即

$$\boldsymbol{a}+(-\boldsymbol{a})=(-\boldsymbol{a})+\boldsymbol{a}=\boldsymbol{0}.$$

我们把向量 $\boldsymbol{a}$ 与向量 $\boldsymbol{b}$ 的相反向量的和，叫作向量 $\boldsymbol{a}$ 与 $\boldsymbol{b}$ 的差(或差向量)，并且把求两个向量差的运算，叫作**向量的减法**. 即

$$\boldsymbol{a}-\boldsymbol{b}=\boldsymbol{a}+(-\boldsymbol{b}).$$

如何求两个向量的差呢?

如图 7-14，给定两个向量 $\boldsymbol{a}$ 与 $\boldsymbol{b}$，作 $\overrightarrow{OA}=\boldsymbol{a}$，$\overrightarrow{OB}=\boldsymbol{b}$，$\overrightarrow{OC}=-\boldsymbol{b}$，以 OA，OC 为边作平行四边形 $OADC$，连接 OD. 由平行四边形法则可知，$\overrightarrow{OD}=\boldsymbol{a}+(-\boldsymbol{b})$，易知 $\overrightarrow{BO}/\!/\overrightarrow{AD}$，且 $|\overrightarrow{BO}|=|\overrightarrow{AD}|$，于是四边形 $BADO$ 是平行四边形，则 $\overrightarrow{BA}/\!/\overrightarrow{OD}$，且 $|\overrightarrow{BA}|=|\overrightarrow{OD}|$. 因此，向量 $\overrightarrow{BA}$ 也表示向量 $\boldsymbol{a}$ 与 $-\boldsymbol{b}$ 的和，也就是向量 $\boldsymbol{a}-\boldsymbol{b}$.

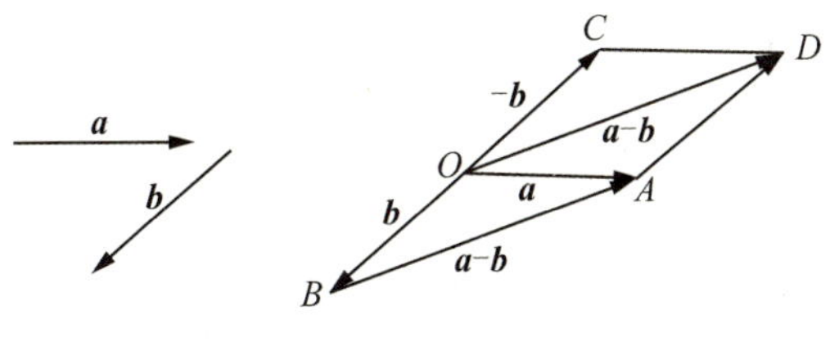

图 7-14

事实上，如图 7-15 所示，把两个向量 $\boldsymbol{a}$ 与 $\boldsymbol{b}$ 平移(或把其中一个向量平移)使它们的起点重合，得到 $\overrightarrow{OA}=\boldsymbol{a}$，$\overrightarrow{OB}=\boldsymbol{b}$，那么，从减向量 $\overrightarrow{OB}$ 的终点 B 指向被减向量 $\overrightarrow{OA}$ 的终点 A 的向量 $\overrightarrow{BA}$ 就是 $\boldsymbol{a}-\boldsymbol{b}$.

即 $\overrightarrow{BA}=\overrightarrow{OA}-\overrightarrow{OB}=\boldsymbol{a}-\boldsymbol{b}$.

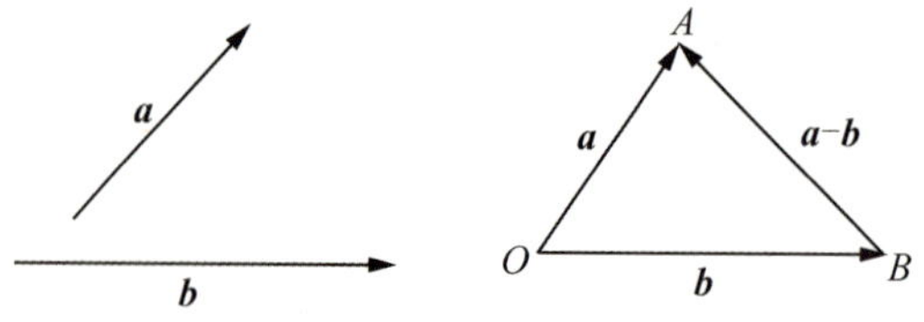

图 7-15

特别地，当两个同向向量相减或两个相反方向的向量相加时，结果如图 7-16 所示.

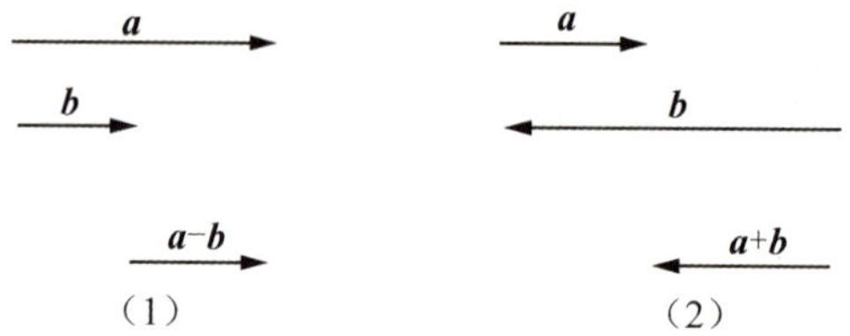

图 7-16

运用新知

例 3 如图 7-17(1)，已知向量 $\boldsymbol{a}$，$\boldsymbol{b}$，$\boldsymbol{c}$，求作向量 $\boldsymbol{a}-\boldsymbol{b}$，$\boldsymbol{c}-\boldsymbol{b}$.

作法：如图 7-17(2)，在平面内任取一点 O，作 $\overrightarrow{OA}=\boldsymbol{a}$，$\overrightarrow{OB}=\boldsymbol{b}$，$\overrightarrow{OC}=\boldsymbol{c}$，作 $\overrightarrow{BA}$，$\overrightarrow{BC}$，则 $\overrightarrow{BA}=\boldsymbol{a}-\boldsymbol{b}$，$\overrightarrow{BC}=\boldsymbol{c}-\boldsymbol{b}$.

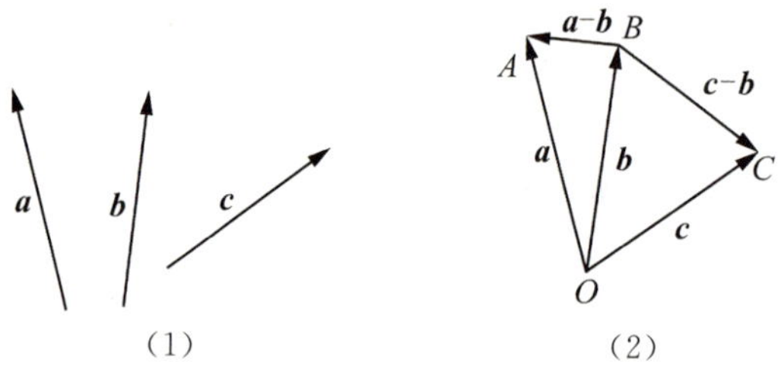

图 7-17

例 4 如图 7-18 所示，在平行四边形 $ABCD$ 中，求向量 $\overrightarrow{AD}-\overrightarrow{AB}$，$\overrightarrow{BD}-\overrightarrow{BC}$，$\overrightarrow{AC}-\overrightarrow{AB}$.

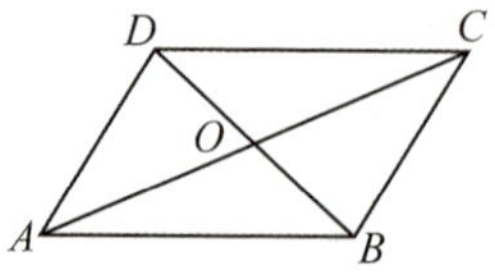

图 7-18

解 由向量的减法法则，有

$$\overrightarrow{AD}-\overrightarrow{AB}=\overrightarrow{BD},$$
$$\overrightarrow{BD}-\overrightarrow{BC}=\overrightarrow{CD},$$
$$\overrightarrow{AC}-\overrightarrow{AB}=\overrightarrow{BC}.$$

例 5 在图 7-18 中，下列等式中正确的是(　　).

A. $\overrightarrow{AD}-\overrightarrow{AO}=\overrightarrow{DO}$　　　　B. $\overrightarrow{AD}+\overrightarrow{OA}=\overrightarrow{DO}$

C. $\overrightarrow{AD}+\overrightarrow{AB}=\overrightarrow{BD}$　　　　D. $\overrightarrow{BD}-\overrightarrow{CD}=\overrightarrow{BC}$

解　因为$\overrightarrow{AD}-\overrightarrow{AO}=\overrightarrow{OD}$，$\overrightarrow{AD}+\overrightarrow{OA}=\overrightarrow{OA}+\overrightarrow{AD}=\overrightarrow{OD}$，

$\overrightarrow{AD}+\overrightarrow{AB}=\overrightarrow{AC}$.

所以 A，B，C 错误.

而$\overrightarrow{BD}-\overrightarrow{CD}=\overrightarrow{BD}+\overrightarrow{DC}=\overrightarrow{BC}$.

所以 D 正确.

同步练习

1. 如图，在平行四边形 $ABCD$ 中，下列错误的式子是(　　).

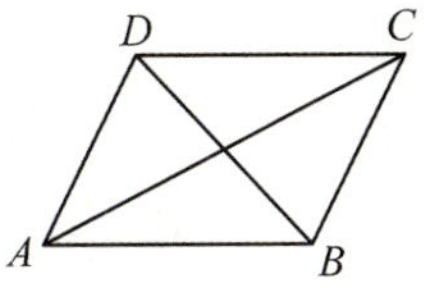

(第 1 题图)

A. $\overrightarrow{AD}-\overrightarrow{AB}=\overrightarrow{BD}$　　B. $\overrightarrow{AD}-\overrightarrow{AB}=\overrightarrow{DB}$

C. $\overrightarrow{AB}+\overrightarrow{BC}=\overrightarrow{AC}$　　D. $\overrightarrow{AD}+\overrightarrow{AB}=\overrightarrow{AC}$

2. 填空题.

(1)$\overrightarrow{AB}-\overrightarrow{AC}=$________；　(2)$\overrightarrow{AB}-\overrightarrow{AD}-\overrightarrow{DC}=$________；

(3)$\overrightarrow{AB}-\overrightarrow{AB}=$________；　(4)$\overrightarrow{AB}-\overrightarrow{CB}=$________；

(5)$\overrightarrow{OA}-\overrightarrow{OB}=$________；　(6)$\overrightarrow{AB}+(\overrightarrow{OA}-\overrightarrow{OB})=$________.

3. 如图，已知向量 $\boldsymbol{a}$ 与 $\boldsymbol{b}$，求作 $\boldsymbol{a}-\boldsymbol{b}$.

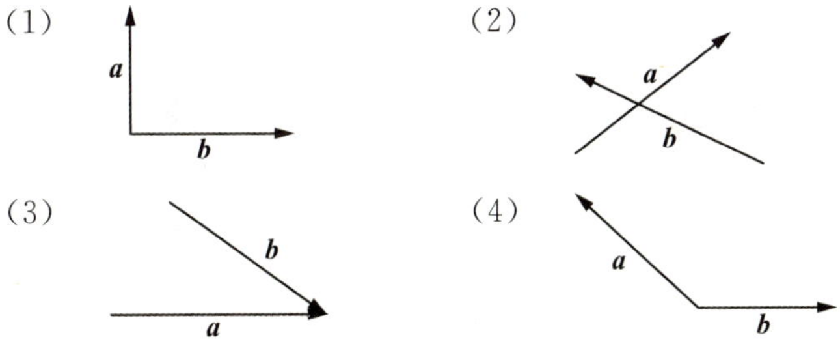

(第 3 题图)

4. 如图，在正方形 $ABCD$ 中，已知$\overrightarrow{AB}=\boldsymbol{a}$，$\overrightarrow{BC}=\boldsymbol{b}$，在图中标出向量 $\boldsymbol{a}+\boldsymbol{b}$，$\boldsymbol{a}-\boldsymbol{b}$.

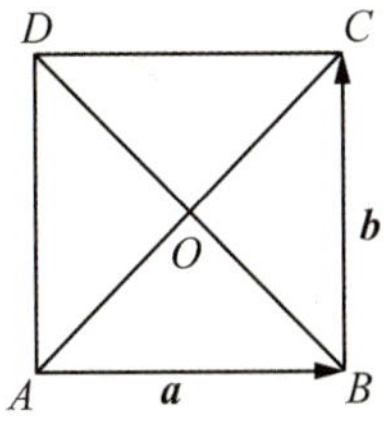

(第 4 题图)

7.2.3 实数与向量的乘积

学习新知

在生活中，由于铁路快速发展的需要，铁路部门对原有的旧机车进行了更新换代，假设旧机车的牵引力是 $\boldsymbol{f}$，新机车的牵引力 $\boldsymbol{f}_1$ 则为旧机车的 3 倍，即 $\boldsymbol{f}_1=3\boldsymbol{f}$，相当于实数 3 与向量 $\boldsymbol{f}$ 的乘积.

图 7-19

很显然，$\boldsymbol{f}_1$，$3\boldsymbol{f}$ 这两个向量是共线的，$\boldsymbol{f}_1$ 和 $\boldsymbol{f}$ 它们的大小之间存在倍数关系. 因此，我们得到实数与向量的积的意义及运算法则.

由以上可知，实数 λ 与向量 $\boldsymbol{a}$ 的乘积仍是一个向量，我们把这个向量叫作**数乘向量**，记作 $\lambda\boldsymbol{a}$，它的长度和方向规定如下：

(1) $|\lambda\boldsymbol{a}|=|\lambda|\cdot|\boldsymbol{a}|$.

(2) 当 $\lambda>0$ 时，$\lambda\boldsymbol{a}$ 的方向与 $\boldsymbol{a}$ 的方向相同；当 $\lambda<0$ 时，$\lambda\boldsymbol{a}$ 的方向与 $\boldsymbol{a}$ 的方向相反.

(3) 当 $\lambda=0$ 时，$\lambda\boldsymbol{a}=\boldsymbol{0}$，方向任意.

实数与向量相乘的运算称为**向量的数乘运算**. 根据数乘向量的定义可以得出下面的**运算律**：

设 λ，μ 是两个实数，那么

(1) $\lambda(\mu\boldsymbol{a})=(\lambda\mu)\boldsymbol{a}$；

(2) $(\lambda+\mu)\boldsymbol{a}=\lambda\boldsymbol{a}+\mu\boldsymbol{a}$；

(3) $\lambda(\boldsymbol{a}+\boldsymbol{b})=\lambda\boldsymbol{a}+\lambda\boldsymbol{b}$.

向量的加法、减法及数乘运算，统称为向量的线性运算. 向量进行线性运算的结果仍然是向量.

如图 7-20，已知向量 $\boldsymbol{a}$，可作出 $2\boldsymbol{a}+3\boldsymbol{a}$ 及 $(2+3)\boldsymbol{a}$，显然满足

$$2\boldsymbol{a}+3\boldsymbol{a}=(2+3)\boldsymbol{a}.$$

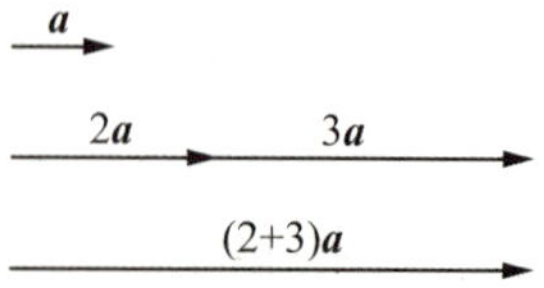

图 7-20

练一练　请你画图验证向量的数乘运算律(3).

对于两个非零向量 $\boldsymbol{a}$ 与 $\boldsymbol{b}$，如果有一实数 λ，使得 $\boldsymbol{b}=\lambda\boldsymbol{a}$，则由数乘向量的定义易知，$\boldsymbol{a}$ 与 $\boldsymbol{b}$ 平行，记作 $\boldsymbol{b}/\!/\boldsymbol{a}$.

反过来，如果两个非零向量 $\boldsymbol{a}$ 与 $\boldsymbol{b}$ 平行，且 $|\boldsymbol{b}|:|\boldsymbol{a}|=\mu$，那么当 $\boldsymbol{a}$ 与 $\boldsymbol{b}$ 同方向时，$\boldsymbol{b}=\mu\boldsymbol{a}$；当 $\boldsymbol{a}$ 与 $\boldsymbol{b}$ 反方向时，$\boldsymbol{b}=-\mu\boldsymbol{a}$. 也就是说，如果 $\boldsymbol{a}$ 与 $\boldsymbol{b}$ 平行，那么有且仅有一个实数 $\lambda(\lambda\neq0)$，使得

$$\boldsymbol{b}=\lambda\boldsymbol{a}.$$

由此有：

两个非零向量 $\boldsymbol{a}$ 与 $\boldsymbol{b}$ 平行(共线)的充要条件是有且只有一个实数 $\lambda(\lambda\neq0)$，使得 $\boldsymbol{b}=\lambda\boldsymbol{a}$.

即　$$\boldsymbol{a}/\!/\boldsymbol{b}\Leftrightarrow\boldsymbol{b}=\lambda\boldsymbol{a}\quad(\lambda\in\mathbf{R}，且\ \lambda\neq0).$$

运用新知

例 6　计算.

(1) $(-2)\times3\boldsymbol{a}$；　　(2) $4(\boldsymbol{a}+\boldsymbol{b})-3(\boldsymbol{a}-\boldsymbol{b})$；

(3) $(2\boldsymbol{a}+3\boldsymbol{b}-\boldsymbol{c})-(3\boldsymbol{a}-4\boldsymbol{b}+2\boldsymbol{c})$.

解　(1) $(-2)\times3\boldsymbol{a}=(-2\times3)\boldsymbol{a}=-6\boldsymbol{a}$；

(2) $4(\boldsymbol{a}+\boldsymbol{b})-3(\boldsymbol{a}-\boldsymbol{b})=4\boldsymbol{a}+4\boldsymbol{b}-3\boldsymbol{a}+3\boldsymbol{b}=\boldsymbol{a}+7\boldsymbol{b}$；

(3) $(2\boldsymbol{a}+3\boldsymbol{b}-\boldsymbol{c})-(3\boldsymbol{a}-4\boldsymbol{b}+2\boldsymbol{c})$

$=2\boldsymbol{a}+3\boldsymbol{b}-\boldsymbol{c}-3\boldsymbol{a}+4\boldsymbol{b}-2\boldsymbol{c}$

$=-\boldsymbol{a}+7\boldsymbol{b}-3\boldsymbol{c}$.

例 7　如图 7-21 所示，已知向量 $\boldsymbol{a}$，$\boldsymbol{b}$，$\boldsymbol{c}$，$\boldsymbol{d}$，用 $\boldsymbol{a}$ 分别表示 $\boldsymbol{b}$，$\boldsymbol{c}$，$\boldsymbol{d}$.

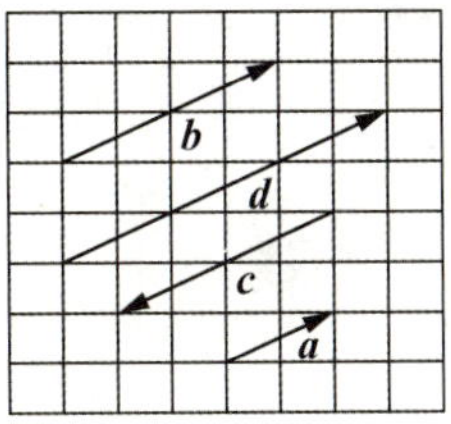

图 7-21

解　观察图 7-21 可得

$$\boldsymbol{b}=2\boldsymbol{a}，\boldsymbol{c}=-2\boldsymbol{a}，\boldsymbol{d}=3\boldsymbol{a}.$$

同步练习

1. 如图所示，点 C，D 将线段 AB 等分为三段，则

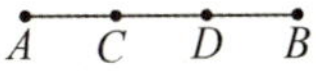

(第 1 题图)

(1) $\overrightarrow{AC}=$ ________ $\overrightarrow{CD}$；　(2) $\overrightarrow{AC}=$ ________ $\overrightarrow{DC}$；

(3) $\overrightarrow{AB}=$ ________ $\overrightarrow{AC}$；　(4) $\overrightarrow{AD}=$ ________ $\overrightarrow{BD}$.

2. 计算题.

(1) $2(\boldsymbol{a}+\boldsymbol{b})-3(\boldsymbol{a}-\boldsymbol{b})=$ ________ $=$ ________；

(2) $3(\boldsymbol{a}-2\boldsymbol{b}+\boldsymbol{c})-(2\boldsymbol{a}+\boldsymbol{b}-3\boldsymbol{c})=$ ________ $=$ ________；

(3) $3(-\boldsymbol{a}+2\boldsymbol{b})-2(5\boldsymbol{a}-\boldsymbol{b})=$ ________ $=$ ________；

(4) $2(\boldsymbol{a}+3\boldsymbol{b}-2\boldsymbol{c})+7(-\boldsymbol{a}-\boldsymbol{b}+3\boldsymbol{c})=$ ________ $=$ ________.

3. 画任一向量代表单位向量 $\boldsymbol{e}$，求作向量 $\boldsymbol{a}=3\boldsymbol{e}$，$\boldsymbol{b}=-3\boldsymbol{e}$.

4. 如果 $m(3\boldsymbol{a}-\boldsymbol{b})+n(4\boldsymbol{a}+2\boldsymbol{b})=5\boldsymbol{a}-5\boldsymbol{b}$，求 m，n 的值.

习题 7.2

A 组

1. 判断题.

(1) 向量 $\lambda\boldsymbol{a}$ 与向量 $\boldsymbol{a}$ 是同向向量.　(　　)

(2) 向量 $\lambda\boldsymbol{a}$ 与向量 $\boldsymbol{a}$ 是平行向量.　(　　)

2. 下列命题中，正确的是(　　).

A. 若 $\lambda\boldsymbol{a}=\mathbf{0}$，则 $\lambda=0$　B. 若 $\lambda\boldsymbol{a}=\mathbf{0}$，则 $\boldsymbol{a}=\mathbf{0}$

C. 若 $\lambda\boldsymbol{a}=\mathbf{0}$，则 $\lambda=0$ 且 $\boldsymbol{a}=\mathbf{0}$　D. 若 $\lambda\boldsymbol{a}=\mathbf{0}$，则 $\lambda=0$ 或 $\boldsymbol{a}=\mathbf{0}$

3. 已知向量 $\boldsymbol{a}$，$\boldsymbol{b}$，计算下列各式.

(1) $3(2\boldsymbol{a}-4\boldsymbol{b})-2\boldsymbol{a}-\dfrac{1}{2}\boldsymbol{b}$；　(2) $\dfrac{1}{2}(\boldsymbol{a}-\boldsymbol{b})-\dfrac{1}{2}(\boldsymbol{a}-3\boldsymbol{b})$.

4. 如图所示，点 C 在线段 AB 上，且 $AB:AC=3:1$，$AC:CB=1:2$，则

(1) $\overrightarrow{AC}=$ ________ $\overrightarrow{CB}$；

(2) $\overrightarrow{AC}=$ ________ $\overrightarrow{AB}$；

(3) $\overrightarrow{BC}=$ ________ $\overrightarrow{AC}$；

(4) $\overrightarrow{CA}=$ ________ $\overrightarrow{CB}$.

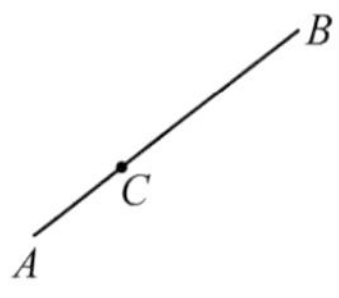

(第 4 题图)

5. 如图所示，已知向量 $\boldsymbol{e}_1$，$\boldsymbol{e}_2$，求作下列向量.

(1) $2\boldsymbol{e}_1+2\boldsymbol{e}_2$；　(2) $3\boldsymbol{e}_1-\boldsymbol{e}_2$；　(3) $-2\boldsymbol{e}_1+\boldsymbol{e}_2$.

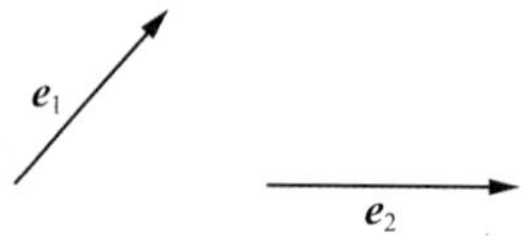

(第 5 题图)

B 组

1. 已知向量 $\boldsymbol{a}$，$\boldsymbol{b}$，$\boldsymbol{c}$，计算下列各式.

(1) $\frac{1}{2}(3\boldsymbol{a}-4\boldsymbol{b})-\left(\frac{1}{2}\boldsymbol{a}-3\boldsymbol{b}\right)$；

(2) $(4\boldsymbol{a}-3\boldsymbol{b}+2\boldsymbol{c})-3(\boldsymbol{a}-3\boldsymbol{b}-\boldsymbol{c})$；

(3) $(\boldsymbol{a}+2\boldsymbol{c})-2(\boldsymbol{b}-3\boldsymbol{c})+(4\boldsymbol{a}+5\boldsymbol{b})$.

2. 在平行四边形中，设 $\overrightarrow{AC}=\boldsymbol{a}$，$\overrightarrow{BD}=\boldsymbol{b}$，试用 $\boldsymbol{a}$，$\boldsymbol{b}$ 表示 $\overrightarrow{AB}$，$\overrightarrow{BC}$.

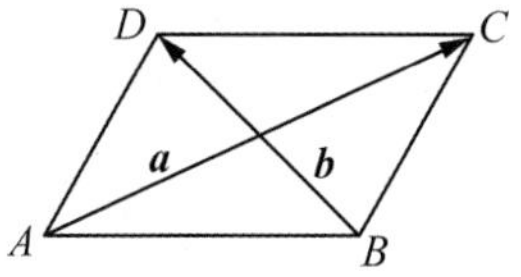

（第 2 题图）

3. 在△ABC 中，D 是 BC 边的中点，求证：$\overrightarrow{AD}=\frac{1}{2}(\overrightarrow{AB}+\overrightarrow{AC})$.

4. 如图所示，设 AD，BE，CF 是△ABC 的三条中线，试用 $\overrightarrow{AB}$，$\overrightarrow{AC}$ 来表示 $\overrightarrow{AD}$，$\overrightarrow{BE}$，$\overrightarrow{CF}$，并求 $\overrightarrow{AD}+\overrightarrow{BE}+\overrightarrow{CF}$.

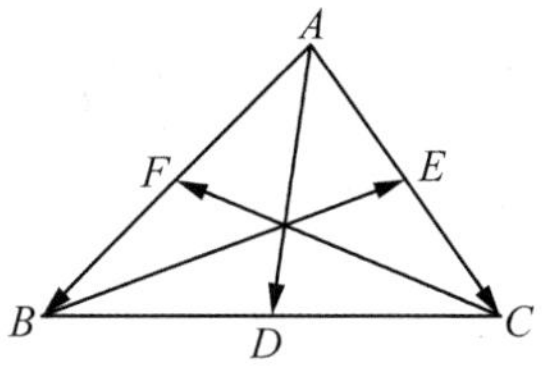

（第 4 题图）

§7.3 向量的坐标

7.3.1 向量的坐标表示

一、向量的坐标表示

学习新知

如图7-22，在平面直角坐标系中，分别在 x 轴和 y 轴上取单位向量 $\boldsymbol{i}$，$\boldsymbol{j}$，使其起点均为原点，方向分别与 x 轴、y 轴的正向相同.

设 $\boldsymbol{a}$ 是平面直角坐标系中的任意一个向量(如图7-22所示)，我们以原点 O 为起点，作向量 $\overrightarrow{OP}=\boldsymbol{a}$. 过点 P 分别向 x 轴和 y 轴作垂线，垂足分别为 P_1 和 P_2. 显然向量 $\overrightarrow{OP_1}$ 与 $\boldsymbol{i}$ 共线，$\overrightarrow{OP_2}$ 与 $\boldsymbol{j}$ 共线. 于是，存在唯一的一个实数 x，使得 $\overrightarrow{OP_1}=x\boldsymbol{i}$；存在唯一的一个实数 y，使得 $\overrightarrow{OP_2}=y\boldsymbol{j}$. 而由向量加法的平行四边形法则，可知

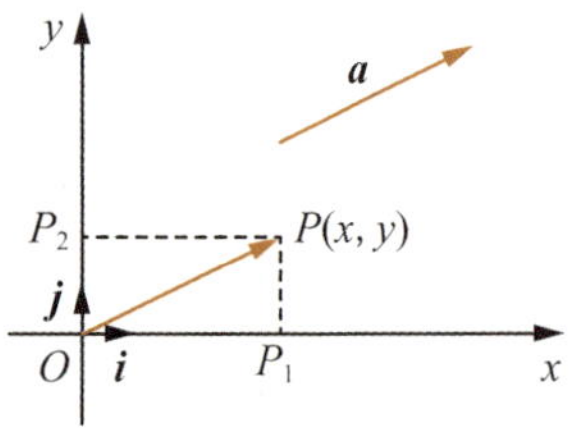

图 7-22

$$\overrightarrow{OP}=\overrightarrow{OP_1}+\overrightarrow{OP_2}=x\boldsymbol{i}+y\boldsymbol{j},$$

即

$$\boldsymbol{a}=x\boldsymbol{i}+y\boldsymbol{j}. \qquad ①$$

式中的 $\boldsymbol{i}$，$\boldsymbol{j}$ 叫作平面直角坐标系的**基本单位向量**，式①叫作**向量 $\boldsymbol{a}$ 关于基本单位向量的分解式**，式①中 x，y 是唯一确定的，所以我们把有序数组 (x, y) 叫作**向量 $\boldsymbol{a}$ 的坐标**，记作

$$\boldsymbol{a}=(x, y).$$

其中 x 叫作**向量 $\boldsymbol{a}$ 的横坐标**；y 叫作**向量 $\boldsymbol{a}$ 的纵坐标**.

显然，

$$\overrightarrow{OP_1}=(x, 0), \overrightarrow{OP_2}=(0, y),$$

$$\boldsymbol{i}=(1, 0), \boldsymbol{j}=(0, 1), \boldsymbol{0}=(0, 0).$$

由以上定义可知：

向量 $\overrightarrow{OP}$ 的坐标就是点 P 的坐标 (x, y).

即起点是原点的向量的坐标就是该向量的终点坐标.

平面内任何一个向量都可以平移成唯一一个与之相等的起点是原点的向量，从而有唯一的有序实数对(坐标)与之对应，反之，任何一个有序实数对作为坐标都唯一对应着平面内的一个点，从而唯一对应着一个向量

（以原点为起点、该点为终点的向量）.

这种对应关系，可简单说成：**平面内的向量与有序实数对一一对应**.

运用新知

例 1　如图 7-23，已知基本单位向量 $\boldsymbol{i}$，$\boldsymbol{j}$ 试将图 7-23 中给出的向量 $\boldsymbol{a}$，$\boldsymbol{b}$，$\boldsymbol{c}$，$\boldsymbol{d}$，$\boldsymbol{e}$ 用坐标表示出来.

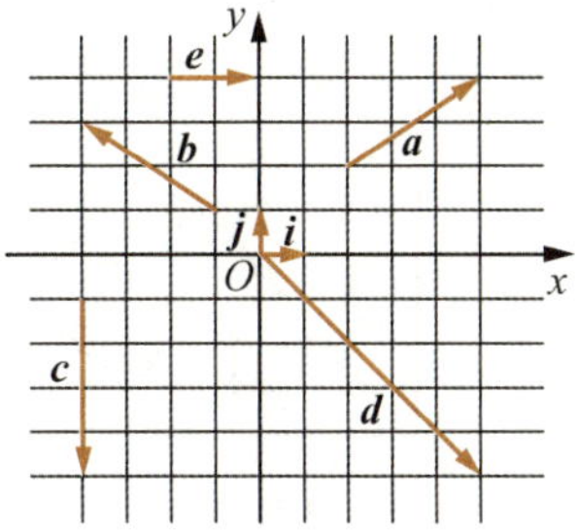

图 7-23

解

$\boldsymbol{a}=3\boldsymbol{i}+2\boldsymbol{j}=(3,\ 2)$，

$\boldsymbol{b}=-3\boldsymbol{i}+2\boldsymbol{j}=(-3,\ 2)$，

$\boldsymbol{c}=0\boldsymbol{i}-4\boldsymbol{j}=(0,\ -4)$，

$d=5\boldsymbol{i}-5\boldsymbol{j}=(5,\ -5)$，

$e=2\boldsymbol{i}+0\boldsymbol{j}=(2,\ 0)$.

同步练习

1. 填空题.

（1）若向量 $\boldsymbol{a}=x\boldsymbol{i}+y\boldsymbol{j}$（$\boldsymbol{i}$，$\boldsymbol{j}$ 是基本单位向量），则向量 $\boldsymbol{a}$ 的坐标为________.

（2）当向量的起点为坐标原点时，向量的坐标就是________的坐标；反过来，以原点为起点的向量，终点的坐标也是________________.

2. 如图，已知基本单位向量 $\boldsymbol{i}$，$\boldsymbol{j}$，试将图中给出的向量 $\boldsymbol{a}$，$\boldsymbol{b}$，$\boldsymbol{c}$，$\boldsymbol{d}$ 用坐标表示出来.

$\boldsymbol{a}=$____________，

$\boldsymbol{b}=$____________，

$\boldsymbol{c}=$____________，

$\boldsymbol{d}=$____________.

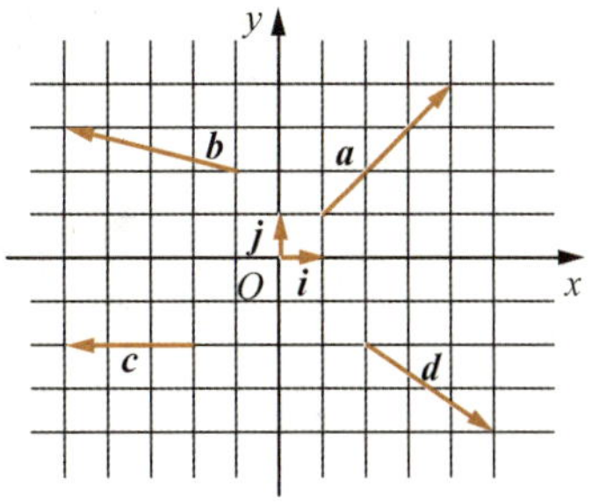

（第 2 题图）

二、利用向量的坐标求模

学习新知

向量的模是标志向量大小的指标，如何利用向量的坐标计算一个向量的模呢？

设 $\boldsymbol{a}$ 是平面直角坐标系中的一个向量，如图 7-24 所示，

$$\boldsymbol{a}=(x,\ y).$$

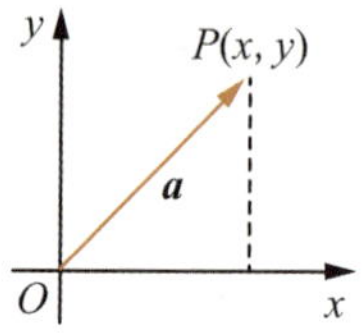

图 7-24

由勾股定理易得

$$|\boldsymbol{a}|=|\overrightarrow{OP}|=\sqrt{x^2+y^2}. \qquad ②$$

此式就是利用向量的坐标求模的公式.

运用新知

例 2 已知向量 $\boldsymbol{a}=(3,\ -4)$，$\boldsymbol{b}=(-\sqrt{3},\ 1)$，求 $|\boldsymbol{a}|$，$|\boldsymbol{b}|$.

解 由公式②，得

$$|\boldsymbol{a}|=\sqrt{3^2+(-4)^2}=5,\quad |\boldsymbol{b}|=\sqrt{(-\sqrt{3})^2+1^2}=2.$$

同步练习

求下列向量的模.

1. 已知 $\boldsymbol{a}=(-6,\ 8)$，则 $|\boldsymbol{a}|=$__________$=$______.
2. 已知 $\boldsymbol{b}=(3,\ 0)$，则 $|\boldsymbol{b}|=$__________$=$______.
3. 已知 $\boldsymbol{c}=(0,\ -4)$，则 $|\boldsymbol{c}|=$__________$=$______.

7.3.2 向量的坐标运算

学习新知

通过向量的坐标表示，可以把向量的加法、减法与数乘运算转化成向量坐标之间的代数运算.

设 $\boldsymbol{a}=(x_1,\ y_1)$，$\boldsymbol{b}=(x_2,\ y_2)$，则

$$\boldsymbol{a}+\boldsymbol{b}=(x_1\boldsymbol{i}+y_1\boldsymbol{j})+(x_2\boldsymbol{i}+y_2\boldsymbol{j})=(x_1+x_2)\boldsymbol{i}+(y_1+y_2)\boldsymbol{j},$$

即
$$\boldsymbol{a}+\boldsymbol{b}=(x_1+x_2,\ y_1+y_2).$$

同理可得
$$\boldsymbol{a}-\boldsymbol{b}=(x_1-x_2,\ y_1-y_2).$$

这就是说，**两个向量的和与差的坐标分别等于这两个向量相应坐标的和与差.**

又设 $\boldsymbol{c}=(x,\ y)$，λ 为一实数，则

$$\lambda\boldsymbol{c}=\lambda(x\boldsymbol{i}+y\boldsymbol{j})=(\lambda x)\boldsymbol{i}+(\lambda y)\boldsymbol{j},$$

即
$$\lambda\boldsymbol{c}=(\lambda x,\ \lambda y).$$

这就是说，**实数 λ 与向量乘积的坐标等于用这个实数乘原来向量的相应坐标.**

如图 7-25，在平面直角坐标系中，已知两点 $M(x_1,\ y_1)$，$N(x_2,\ y_2)$.

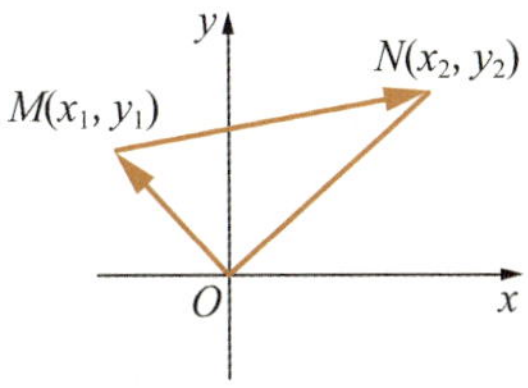

图 7-25

因为 $\overrightarrow{OM}=(x_1,\ y_1)$，$\overrightarrow{ON}=(x_2,\ y_2)$，

所以 $\overrightarrow{MN}=\overrightarrow{ON}-\overrightarrow{OM}=(x_2,\ y_2)-(x_1,\ y_1)=(x_2-x_1,\ y_2-y_1)$.

由此得出结论：

在平面直角坐标系中，一个向量的坐标等于终点坐标减去起点坐标.

即设 $M(x_1,\ y_1)$，$N(x_2,\ y_2)$，则 $\overrightarrow{MN}=(x_2-x_1,\ y_2-y_1)$.

特别地，起点为原点的向量的坐标等于向量的终点坐标.

即设 $P(x,\ y)$，则 $\overrightarrow{OP}=(x,\ y)$.

运用新知

例 1　已知 $\boldsymbol{a}=(3,\ 4)$，$\boldsymbol{b}=(2,\ -3)$，求 $\boldsymbol{a}+\boldsymbol{b}$，$\boldsymbol{a}-\boldsymbol{b}$，$3\boldsymbol{a}-2\boldsymbol{b}$ 的坐标.

解　$\boldsymbol{a}+\boldsymbol{b}=(3,\ 4)+(2,\ -3)=(5,\ 1)$，

$\boldsymbol{a}-\boldsymbol{b}=(3,\ 4)-(2,\ -3)=(1,\ 7)$，

$3\boldsymbol{a}-2\boldsymbol{b}=3(3,\ 4)-2(2,\ -3)=(9,\ 12)-(4,\ -6)=(5,\ 18)$.

例 2　已知点 $A(2,\ 0)$，$B(0,\ 1)$，$C(-1,\ 0)$（如图 7-26），求平行四边形 $ABCD$ 的顶点 D 的坐标.

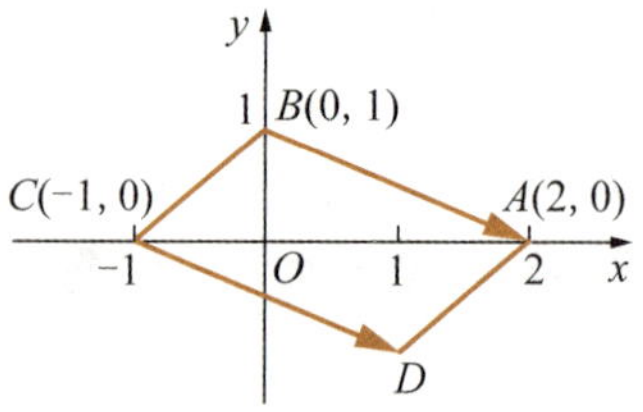

图 7-26

解 设 D 点的坐标为 (x, y)，由图 7-26 得

$$\overrightarrow{BA}=(2, 0)-(0, 1)=(2, -1),$$

$$\overrightarrow{CD}=(x, y)-(-1, 0)=(x+1, y).$$

由 $\overrightarrow{BA}=\overrightarrow{CD}$，得 $(x+1, y)=(2, -1)$.

所以 $\begin{cases} x+1=2, \\ y=-1, \end{cases}$ 得 $\begin{cases} x=1, \\ y=-1. \end{cases}$

所以点 D 的坐标为 $(1, -1)$.

同步练习

1. 已知向量 $\boldsymbol{a}=(3, -2)$，$\boldsymbol{b}=(5, 4)$，求下列向量的坐标.

$\boldsymbol{a}+\boldsymbol{b}=$________________$=$________________；

$\boldsymbol{a}-\boldsymbol{b}=$________________$=$________________；

$-3\boldsymbol{a}+2\boldsymbol{b}=$________________$=$________________$=$________________；

$4\boldsymbol{a}-3\boldsymbol{b}=$________________$=$________________.

2. 已知 A，B 两点的坐标，求向量 $\overrightarrow{AB}$，$\overrightarrow{BA}$ 的坐标.

(1) $A(3, 5)$，$B(5, 6)$，则 $\overrightarrow{AB}=$________，$\overrightarrow{BA}=$________.

(2) $A(-3, 5)$，$B(3, 2)$，则 $\overrightarrow{AB}=$________，$\overrightarrow{BA}=$________.

(3) $A(0, 5)$，$B(0, 2)$，则 $\overrightarrow{AB}=$________，$\overrightarrow{BA}=$________.

(4) $A(4, 0)$，$B(9, 0)$，则 $\overrightarrow{AB}=$________，$\overrightarrow{BA}=$________.

3. 已知四边形 $ABCD$ 的三个顶点 $A(0, 2)$，$B(-1, -2)$，$C(3, 1)$，且 $BC=2AD$，求顶点 D 的坐标.

7.3.3 两向量平行的充要条件的坐标表示

学习新知

设两个非零向量 $\boldsymbol{a}=(x_1, y_1)$，$\boldsymbol{b}=(x_2, y_2)$，显然有

$$\boldsymbol{a}/\!/\boldsymbol{b}\Leftrightarrow\boldsymbol{a}=\lambda\boldsymbol{b}\Leftrightarrow(x_1, y_1)=\lambda(x_2, y_2)$$

$$\Leftrightarrow(x_1, y_1)=(\lambda x_2, \lambda y_2)$$

$$\Leftrightarrow\begin{cases}x_1=\lambda x_2,\\ y_1=\lambda y_2\end{cases}\Leftrightarrow\begin{cases}\dfrac{x_1}{x_2}=\lambda,\\ \dfrac{y_1}{y_2}=\lambda.\end{cases}\quad(\lambda\neq 0\text{ 为实数})$$

于是我们得到两个非零向量 $\boldsymbol{a}=(x_1, y_1)$，$\boldsymbol{b}=(x_2, y_2)$平行(共线)的充要条件：

$$\boldsymbol{a}\parallel\boldsymbol{b}\Leftrightarrow\frac{x_1}{x_2}=\frac{y_1}{y_2}=\lambda\quad(x_2\neq 0,\ y_2\neq 0).$$

当 $\lambda>0$ 时，$\boldsymbol{b}$ 与 $\boldsymbol{a}$ 同向，当 $\lambda<0$ 时，$\boldsymbol{b}$ 与 $\boldsymbol{a}$ 反向.

运用新知

例 1　已知 $A(2, 1)$，$B(0, 4)$，$C(1, 3)$，$D(5, -3)$. 判断 $\overrightarrow{AB}$ 与 $\overrightarrow{CD}$ 是否共线. 如果共线，试确定它们的方向是相同的还是相反的.

解　$\overrightarrow{AB}=(0, 4)-(2, 1)=(-2, 3)$，

$\overrightarrow{CD}=(5, -3)-(1, 3)=(4, -6)$.

因为　$\dfrac{-2}{4}=\dfrac{3}{-6}=-\dfrac{1}{2}<0$，

所以 $\overrightarrow{AB}$ 与 $\overrightarrow{CD}$ 共线，且 $\overrightarrow{AB}$ 与 $\overrightarrow{CD}$ 方向相反.

例 2　已知 $\boldsymbol{a}=(4, 2)$，$\boldsymbol{b}=(6, y)$，且 $\boldsymbol{a}\parallel\boldsymbol{b}$，求 y.

解　因为 $\boldsymbol{a}\parallel\boldsymbol{b}$，所以$\dfrac{4}{6}=\dfrac{2}{y}$，得 $4y=12$，$y=3$.

例 3　已知 $A(1, 2)$，$B(-3, -4)$，$C(2, 3.5)$，证明 A，B，C 三点共线.

证明　$\overrightarrow{AB}=(-3, -4)-(1, 2)=(-4, -6)$，

$\overrightarrow{AC}=(2, 3.5)-(1, 2)=(1, 1.5)$.

因为$\dfrac{-4}{1}=\dfrac{-6}{1.5}=-4$，所以 $\overrightarrow{AB}$与 $\overrightarrow{AC}$方向相反.

又因为 AB 与 AC 有公共点 A，所以 A，B，C 三点共线.

同步练习

1. 下列各组向量中，共线的是(　　).

A. $\boldsymbol{a}=(-2, 3)$，$\boldsymbol{b}=(4, 6)$　　B. $\boldsymbol{a}=(2, 3)$，$\boldsymbol{b}=(3, 2)$

C. $\boldsymbol{a}=(1, -2)$，$\boldsymbol{b}=(7, 14)$　　D. $\boldsymbol{a}=(-3, 2)$，$\boldsymbol{b}=(6, -4)$

2. 已知三点 $A(1, 2)$，$B(2, 4)$，$C(3, m)$共线，则 m 的值为________.

3. 已知点 $A(0, 1)$，$B(1, 0)$，$C(2, 1)$，$D(1, 2)$，求证四边形 $ABCD$ 是平行四边形.

习题 7.3

A 组

1. 填空题.

(1)已知 $\boldsymbol{a}=(3,-4)$，$\boldsymbol{b}=(6,2)$，则

$\boldsymbol{a}+\boldsymbol{b}=$________，$\boldsymbol{a}-\boldsymbol{b}=$________，

$2\boldsymbol{a}+3\boldsymbol{b}=$________，$\boldsymbol{a}-2\boldsymbol{b}=$________.

(2)若 $\boldsymbol{a}=(0,1)$，$\boldsymbol{b}=(0,5)$，则 $\boldsymbol{a}$ 与 $\boldsymbol{b}$ ________.（填“平行”或“不平行”）

2. 选择题.

(1)已知 $\boldsymbol{a}=(6,-3)$，$\boldsymbol{b}=(-2,-3)$，则 $\boldsymbol{a}+\boldsymbol{b}=$(　　).

A. (4，6)　　B. (4，−6)　　C. (4，0)　　D. (8，4)

(2)已知 $A(3,-4)$，$B(6,2)$，则 $\overrightarrow{AB}$ 的坐标为(　　).

A. (−3，−5)　　B. (6，3)　　C. (1，3)　　D. (3，6)

(3)与已知向量 $\boldsymbol{a}=(2,3)$ 平行的向量是(　　).

A. (2，6)　　B. (4，6)　　C. (3，5)　　D. (5，3)

(4)已知向量 $\boldsymbol{a}=(x,3)$，$\boldsymbol{b}=(-5,15)$，且 $\boldsymbol{a}\parallel\boldsymbol{b}$，则实数 $x=$(　　).

A. 1　　B. 3　　C. −1　　D. 2

3. 已知 $\boldsymbol{a}=(5,-3)$，$\boldsymbol{b}=(-1,4)$，$\boldsymbol{c}=(-3,2)$，求 $\boldsymbol{a}+\boldsymbol{b}-\boldsymbol{c}$ 的坐标.

4. 判断下列三点是否共线.

(1)$A(0,1)$，$B(4,1)$，$C(-1,2)$；

(2)$A(1,2)$，$B(-3,-4)$，$C(2,3.5)$.

5. 已知平行四边形 $ABCD$ 的顶点 $A(-1,2)$，$B(3,-1)$，$C(3,1)$，求顶点 D 的坐标.

B 组

1. 填空题.

(1)若 $A(3,-2)$，$B(5,-4)$，$C(6,-7)$，则 $\overrightarrow{AB}+\overrightarrow{CB}=$________，$3\overrightarrow{CA}=$________.

(2)若 $\boldsymbol{a}=(-\sqrt{3},1)$，$\boldsymbol{b}=(3\sqrt{3},-3)$，则 $\boldsymbol{a}$ 与 $\boldsymbol{b}$ ________(填“平行”或“不平行”).

2. 已知点 $A(0,1)$，$B(1,0)$，$C(1,2)$，$D(2,1)$，求证：$AB\parallel CD$.

3. 已知 $\boldsymbol{a}=\boldsymbol{b}$，且 $\boldsymbol{a}=(2x-1,\ 5-3y)$，$\boldsymbol{b}=(2y+1,\ y-x)$，求 x，y 的值.

4. 已知向量 $\boldsymbol{a}=\overrightarrow{AB}$，由起点 A 的坐标求终点 B 的坐标.

(1)$\boldsymbol{a}=(-2,\ 1)$，$A=(0,\ 0)$；

(2)$\boldsymbol{a}=(3,\ -1)$，$A=(1,\ -5)$.

5. 向量 $\boldsymbol{a}=(1,\ 2)$，$\boldsymbol{b}=(2,\ 3)$，若向量 $\lambda\boldsymbol{a}+\boldsymbol{b}$ 与向量 $\boldsymbol{c}=(-4,\ -7)$ 共线，求 λ 的值.

§7.4　向量的内积

7.4.1　向量的内积的概念及应用

一、向量的内积的概念

学习新知

如图 7-27，已知两个非零向量 $\boldsymbol{a}$ 和 $\boldsymbol{b}$，作 $\overrightarrow{OA}=\boldsymbol{a}$，$\overrightarrow{OB}=\boldsymbol{b}$，则 $\angle AOB=\theta(0°\leqslant\theta\leqslant180°)$ 叫作向量 $\boldsymbol{a}$ 和 $\boldsymbol{b}$ 的夹角，也可表示为 $\theta=\langle\boldsymbol{a},\ \boldsymbol{b}\rangle$.

图 7-27

显然，当 $\theta=0°$ 时，$\boldsymbol{a}$ 和 $\boldsymbol{b}$ 同方向；当 $\theta=180°$ 时，$\boldsymbol{a}$ 和 $\boldsymbol{b}$ 反方向. 当 $\theta=90°$ 时，我们说 $\boldsymbol{a}$ 和 $\boldsymbol{b}$ 垂直，记作 $\boldsymbol{a}\perp\boldsymbol{b}$.

一般地，已知两个非零向量 $\boldsymbol{a}$ 和 $\boldsymbol{b}$，它们的夹角为 θ，我们把数量 $|\boldsymbol{a}||\boldsymbol{b}|\cos\theta$ 叫作 $\boldsymbol{a}$ 和 $\boldsymbol{b}$ 的内积(或数量积)，记作 $\boldsymbol{a}\cdot\boldsymbol{b}$，即

$$\boldsymbol{a}\cdot\boldsymbol{b}=|\boldsymbol{a}||\boldsymbol{b}|\cos\theta.$$

因为 $|\boldsymbol{a}|\geqslant0$，$|\boldsymbol{b}|\geqslant0$，$\cos\theta$ 是实数，所以两个向量的内积是一个实数. 可能是正数，可能是负数，也可能是零，这个实数的大小与两个向量的长度及其夹角有关.

物理学中人用绳索拉车，其受力图如图 7-28 所示，在拉力 $\boldsymbol{F}$ 的作用下，车在水平的方向上发生了位移 $\boldsymbol{s}$，$\boldsymbol{F}$ 与 $\boldsymbol{s}$ 的夹角为 θ. 容易理解，力 $\boldsymbol{F}$ 对车做的功实际上就是分力 $\boldsymbol{F}_1$ 对车做的功，即

$$W=|\boldsymbol{F}_1||\boldsymbol{s}|=|\boldsymbol{F}|\cdot\cos\theta\cdot|\boldsymbol{s}|=|\boldsymbol{F}||\boldsymbol{s}|\cos\theta.$$

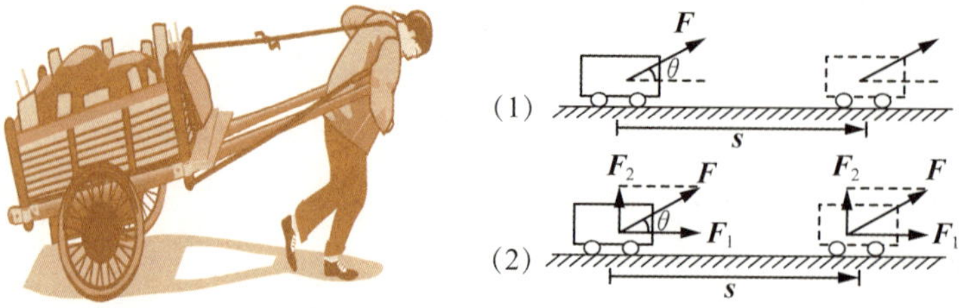

图 7-28

这样，我们就建立了力 $\boldsymbol{F}$ 对车做功的数学模型. 在上式中可知，力对物体做功，就等于力 $\boldsymbol{F}$ 与位移 $\boldsymbol{s}$ 的内积.

如图 7-29，过 B 点向 $\boldsymbol{a}$ 所在的直线作垂线，交 $\boldsymbol{a}$ 所在的直线于 B_1 点. 由三角函数的定义可知，

$$OB_1=|\boldsymbol{b}|\cos\theta,$$

我们把 $|\boldsymbol{b}|\cos\theta$ 称为向量 $\boldsymbol{b}$ 在向量 $\boldsymbol{a}$ 方向上的投影.

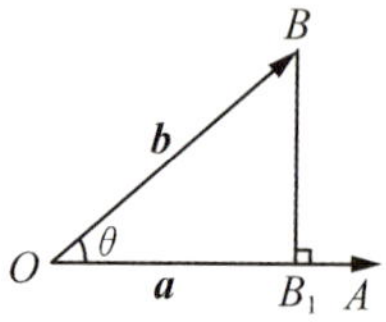

图 7-29

因此，我们得到 $\boldsymbol{a}\cdot\boldsymbol{b}$ 的几何意义：内积 $\boldsymbol{a}\cdot\boldsymbol{b}$ 等于向量 $\boldsymbol{a}$ 的长度 $|\boldsymbol{a}|$ 与向量 $\boldsymbol{b}$ 在向量 $\boldsymbol{a}$ 方向上的投影 $|\boldsymbol{b}|\cos\theta$ 的乘积.

运用新知

例 1 已知 $|\boldsymbol{a}|=4$，$|\boldsymbol{b}|=5$，当 $\boldsymbol{a}/\!/\boldsymbol{b}$，$\boldsymbol{a}\perp\boldsymbol{b}$，$\boldsymbol{a}$ 与 $\boldsymbol{b}$ 的夹角为 30°时，分别求 $\boldsymbol{a}$ 与 $\boldsymbol{b}$ 的内积.

解 (1)当 $\boldsymbol{a}/\!/\boldsymbol{b}$ 时，若 $\boldsymbol{a}$ 与 $\boldsymbol{b}$ 同向，则 $\theta=0°$.

$\boldsymbol{a}\cdot\boldsymbol{b}=|\boldsymbol{a}|\,|\boldsymbol{b}|\cos 0°=4\times5=20$.

若 $\boldsymbol{a}$ 与 $\boldsymbol{b}$ 反向，则 $\theta=180°$.

所以 $\boldsymbol{a}\cdot\boldsymbol{b}=|\boldsymbol{a}|\,|\boldsymbol{b}|\cos 180°=4\times5\times(-1)=-20$.

(2)当 $\boldsymbol{a}\perp\boldsymbol{b}$ 时，$\theta=90°$，所以 $\boldsymbol{a}\cdot\boldsymbol{b}=|\boldsymbol{a}|\,|\boldsymbol{b}|\cos 90°=0$.

(3)当 $\boldsymbol{a}$ 与 $\boldsymbol{b}$ 的夹角为 30°时，$\boldsymbol{a}\cdot\boldsymbol{b}=|\boldsymbol{a}|\,|\boldsymbol{b}|\cos 30°=4\times5\times\frac{\sqrt{3}}{2}=10\sqrt{3}$.

例 2 已知正三角形 ABC 的边长为 1，求 $\overrightarrow{AB}\cdot\overrightarrow{AC}$，$\overrightarrow{AB}\cdot\overrightarrow{BC}$，$\overrightarrow{BC}\cdot\overrightarrow{AC}$.

解 (1)因为 $\overrightarrow{AB}$ 与 $\overrightarrow{AC}$ 的夹角为 60°，

所以 $\overrightarrow{AB}\cdot\overrightarrow{AC}=|\overrightarrow{AB}|\,|\overrightarrow{AC}|\cos 60°=1\times1\times\frac{1}{2}=\frac{1}{2}$.

(2)因为 $\overrightarrow{AB}$ 与 $\overrightarrow{BC}$ 的夹角为 120°，

所以
$$\begin{aligned}\overrightarrow{AB}\cdot\overrightarrow{BC}&=|\overrightarrow{AB}|\,|\overrightarrow{BC}|\cos 120°\\&=1\times1\times\left(-\frac{1}{2}\right)=-\frac{1}{2}.\end{aligned}$$

(3)因为$\overrightarrow{BC}$与$\overrightarrow{AC}$的夹角为 $60°$，

所以　$\overrightarrow{BC}\cdot\overrightarrow{AC}=|\overrightarrow{BC}||\overrightarrow{AC}|\cos 60°=1\times1\times\frac{1}{2}=\frac{1}{2}$.

同步练习

1. 填空题.

(1)已知两个非零向量 $\boldsymbol{a}$ 和 $\boldsymbol{b}$，它们的夹角为 θ，且 $\theta\in$ ________，我们把数量 ________ 叫作 $\boldsymbol{a}$ 和 $\boldsymbol{b}$ 的内积(或数量积)，记作 $\boldsymbol{a}\cdot\boldsymbol{b}$.

(2)零向量与任一向量的内积为 ________.

2. 已知 $|\boldsymbol{a}|=5$，$|\boldsymbol{b}|=2\sqrt{3}$，

(1)$\boldsymbol{a}$ 与 $\boldsymbol{b}$ 的夹角为$45°$，则 $\boldsymbol{a}\cdot\boldsymbol{b}=$ ________ $=$ ________；

(2)$\boldsymbol{a}$ 与 $\boldsymbol{b}$ 的夹角为$135°$，则 $\boldsymbol{a}\cdot\boldsymbol{b}=$ ________ $=$ ________.

3. 已知菱形 $ABCD$ 的边长为 $\boldsymbol{a}$，$\angle ABC=60°$，求 $\overrightarrow{BD}\cdot\overrightarrow{CD}$.

二、内积的相关应用

学习新知

由向量的内积的定义，容易得到内积的性质：

(1)$\boldsymbol{a}\perp\boldsymbol{b}\Leftrightarrow\boldsymbol{a}\cdot\boldsymbol{b}=0$；

(2)$\boldsymbol{a}\cdot\boldsymbol{a}=|\boldsymbol{a}|^2$，$|\boldsymbol{a}|=\sqrt{\boldsymbol{a}\cdot\boldsymbol{a}}$；

(3)$\cos\theta=\frac{\boldsymbol{a}\cdot\boldsymbol{b}}{|\boldsymbol{a}||\boldsymbol{b}|}(|\boldsymbol{a}||\boldsymbol{b}|\neq0)$，其中 θ 为 $\boldsymbol{a}$ 和 $\boldsymbol{b}$ 的夹角.

运用新知

例 3　已知 $\boldsymbol{a}\cdot\boldsymbol{b}=6$，$|\boldsymbol{a}|=3$，$|\boldsymbol{b}|=4$，求 $\boldsymbol{a}\cdot\boldsymbol{a}$，$\boldsymbol{a}$ 和 $\boldsymbol{b}$ 的夹角 θ.

解　(1)$\boldsymbol{a}\cdot\boldsymbol{a}=|\boldsymbol{a}|^2=3^2=9$；

(2)因为 $\cos\theta=\frac{\boldsymbol{a}\cdot\boldsymbol{b}}{|\boldsymbol{a}||\boldsymbol{b}|}=\frac{6}{3\times4}=\frac{1}{2}$.

又因为　$0°\leqslant\theta\leqslant180°$，

所以　$\theta=60°$.

同步练习

已知$|\boldsymbol{a}|=2$，$|\boldsymbol{b}|=3$，$\boldsymbol{a}\cdot\boldsymbol{b}=3\sqrt{2}$，求 $\boldsymbol{a}\cdot\boldsymbol{a}$，$\boldsymbol{a}$ 和 $\boldsymbol{b}$ 的夹角 θ.

三、内积的运算律

学习新知

已知向量 $\boldsymbol{a}$，$\boldsymbol{b}$，$\boldsymbol{c}$ 和实数 λ，则向量的内积满足下列运算律：

(1) $\boldsymbol{a}\cdot\boldsymbol{b}=\boldsymbol{b}\cdot\boldsymbol{a}$；

(2) $(\lambda\boldsymbol{a})\cdot\boldsymbol{b}=\lambda(\boldsymbol{a}\cdot\boldsymbol{b})=\boldsymbol{a}\cdot(\lambda\boldsymbol{b})$；

(3) $(\boldsymbol{a}+\boldsymbol{b})\cdot\boldsymbol{c}=\boldsymbol{a}\cdot\boldsymbol{c}+\boldsymbol{b}\cdot\boldsymbol{c}$.

运用新知

例 4 判断下列结论是否正确.

(1) $\boldsymbol{a}\cdot\boldsymbol{b}=0$，则 $\boldsymbol{a}=\boldsymbol{0}$ 或 $\boldsymbol{b}=\boldsymbol{0}$；　　(2) 若 $\boldsymbol{a}\cdot\boldsymbol{b}=\boldsymbol{b}\cdot\boldsymbol{c}$，则 $\boldsymbol{a}=\boldsymbol{c}$；

(3) $(\boldsymbol{a}\cdot\boldsymbol{b})\boldsymbol{c}=\boldsymbol{a}(\boldsymbol{b}\cdot\boldsymbol{c})$；　　(4) $\boldsymbol{a}\cdot[\boldsymbol{b}(\boldsymbol{a}\cdot\boldsymbol{c})-\boldsymbol{c}(\boldsymbol{a}\cdot\boldsymbol{b})]=0$.

解 (1) 因为当两个非零向量 $\boldsymbol{a}$ 与 $\boldsymbol{b}$ 垂直时，$\boldsymbol{a}\cdot\boldsymbol{b}=0$，故不正确；

(2) 当 $\boldsymbol{a}=\boldsymbol{0}$，两个非零向量 $\boldsymbol{b}$ 与 $\boldsymbol{c}$ 垂直时，$\boldsymbol{a}\cdot\boldsymbol{b}=\boldsymbol{b}\cdot\boldsymbol{c}=0$，但不能得出 $\boldsymbol{a}=\boldsymbol{c}$，故不正确；

(3) 向量 $(\boldsymbol{a}\cdot\boldsymbol{b})\boldsymbol{c}$ 与 $\boldsymbol{c}$ 共线，$\boldsymbol{a}(\boldsymbol{b}\cdot\boldsymbol{c})$ 与 $\boldsymbol{a}$ 共线，故不正确；

(4) 由 $\boldsymbol{a}\cdot[\boldsymbol{b}(\boldsymbol{a}\cdot\boldsymbol{c})-\boldsymbol{c}(\boldsymbol{a}\cdot\boldsymbol{b})]=(\boldsymbol{a}\cdot\boldsymbol{b})(\boldsymbol{a}\cdot\boldsymbol{c})-(\boldsymbol{a}\cdot\boldsymbol{c})(\boldsymbol{a}\cdot\boldsymbol{b})=0$，故正确.

注： 由(2)(3)得，向量的内积不满足消去律和结合律.

例 5 已知向量 $\boldsymbol{a}$ 与 $\boldsymbol{b}$ 的夹角为 $120°$，且 $|\boldsymbol{a}|=4$，$|\boldsymbol{b}|=2$，求 $\boldsymbol{a}\cdot\boldsymbol{b}$ 及 $(\boldsymbol{a}+\boldsymbol{b})(\boldsymbol{a}-2\boldsymbol{b})$.

解 由已知得 $\boldsymbol{a}\cdot\boldsymbol{b}=|\boldsymbol{a}||\boldsymbol{b}|\cos\theta=4\times2\times\cos120°=-4$.

$(\boldsymbol{a}+\boldsymbol{b})(\boldsymbol{a}-2\boldsymbol{b})=|\boldsymbol{a}|^2-\boldsymbol{a}\cdot\boldsymbol{b}-2|\boldsymbol{b}|^2=16-(-4)-2\times4=12$.

例 6 已知 $\boldsymbol{a}$，$\boldsymbol{b}$ 满足 $|\boldsymbol{a}|=4$，$|\boldsymbol{b}|=3$，$\boldsymbol{a}$ 与 $\boldsymbol{b}$ 夹角为 $60°$，求 $|\boldsymbol{a}+\boldsymbol{b}|$ 的值.

解
$$|\boldsymbol{a}+\boldsymbol{b}|=\sqrt{(\boldsymbol{a}+\boldsymbol{b})\cdot(\boldsymbol{a}+\boldsymbol{b})}=\sqrt{|\boldsymbol{a}|^2+2(\boldsymbol{a}\cdot\boldsymbol{b})+|\boldsymbol{b}|^2}$$
$$=\sqrt{4^2+2\times4\times3\cos60°+3^2}=\sqrt{37}.$$

例 7 已知 $\boldsymbol{a}\perp\boldsymbol{b}$，$|\boldsymbol{a}|=2$，$|\boldsymbol{b}|=3$，且向量 $3\boldsymbol{a}+2\boldsymbol{b}$ 与 $k\boldsymbol{a}-\boldsymbol{b}$ 互相垂直，求 k 的值.

解 因为 $3\boldsymbol{a}+2\boldsymbol{b}$ 与 $k\boldsymbol{a}-\boldsymbol{b}$ 互相垂直，

所以 $(3\boldsymbol{a}+2\boldsymbol{b})\cdot(k\boldsymbol{a}-\boldsymbol{b})=0$，

所以 $3k|\boldsymbol{a}|^2+(2k-3)\boldsymbol{a}\cdot\boldsymbol{b}-2|\boldsymbol{b}|^2=0$.

因为 $\boldsymbol{a}\perp\boldsymbol{b}$，所以 $\boldsymbol{a}\cdot\boldsymbol{b}=0$.

又因为 $|\boldsymbol{a}|=2$，$|\boldsymbol{b}|=3$，

所以　$12k-18=0$，$k=\frac{3}{2}$.

同步练习

1. 设 $\boldsymbol{a}$，$\boldsymbol{b}$，$\boldsymbol{c}$ 是任意的非零向量，且互不平行，则以下说法正确的有________．（填序号）

①$(\boldsymbol{a}\cdot\boldsymbol{b})\cdot\boldsymbol{c}-(\boldsymbol{c}\cdot\boldsymbol{a})\cdot\boldsymbol{b}=0$；

②$(\boldsymbol{b}\cdot\boldsymbol{c})\cdot\boldsymbol{a}-(\boldsymbol{c}\cdot\boldsymbol{a})\cdot\boldsymbol{b}$ 不与 $\boldsymbol{c}$ 垂直；

③$(3\boldsymbol{a}+2\boldsymbol{b})\cdot(3\boldsymbol{a}-2\boldsymbol{b})=9|\boldsymbol{a}|^2-4|\boldsymbol{b}|^2$.

2. 已知 $|\boldsymbol{a}|=3$，$|\boldsymbol{b}|=2$，$\boldsymbol{a}$ 与 $\boldsymbol{b}$ 的夹角为 $30°$，则

$(\boldsymbol{a}+\boldsymbol{b})\cdot(\boldsymbol{a}-\boldsymbol{b})=$________________$=$________________；

$(2\boldsymbol{a}-\boldsymbol{b})\cdot(\boldsymbol{a}+3\boldsymbol{b})=$________________$=$________________.

3. 已知向量 $\boldsymbol{a}$，$\boldsymbol{b}$ 满足 $|\boldsymbol{a}|=|\boldsymbol{b}|=5$，且 $\boldsymbol{a}$ 与 $\boldsymbol{b}$ 的夹角为 $60°$，则

$|\boldsymbol{a}-\boldsymbol{b}|=$________________$=$________________$=$________________；

$|2\boldsymbol{a}+\boldsymbol{b}|=$________________$=$________________.

4. 已知 $|\boldsymbol{a}|=|\boldsymbol{b}|=1$，$\boldsymbol{a}$ 与 $\boldsymbol{b}$ 的夹角是 $90°$，$\boldsymbol{c}=2\boldsymbol{a}+3\boldsymbol{b}$，$\boldsymbol{d}=k\boldsymbol{a}-4\boldsymbol{b}$，$\boldsymbol{c}$ 与 $\boldsymbol{d}$ 垂直，求 k 的值.

7.4.2　向量的内积及其应用的坐标表示

一、向量的内积的坐标表示

学习新知

前面我们已经看到，用坐标表示向量后，向量的加法、减法和数乘运算都可以转换成向量坐标的代数运算．现在我们来讨论，对于两个非零向量 $\boldsymbol{a}$ 和 $\boldsymbol{b}$，如何用坐标来计算向量的内积 $\boldsymbol{a}\cdot\boldsymbol{b}$.

如图 7-30，由于基本单位向量 $\boldsymbol{i}$，$\boldsymbol{j}$ 的模为 $|\boldsymbol{i}|=1$，$|\boldsymbol{j}|=1$，它们之间的夹角是 $90°$，因此有

$\boldsymbol{i}\cdot\boldsymbol{i}=1$，$\boldsymbol{i}\cdot\boldsymbol{j}=\boldsymbol{j}\cdot\boldsymbol{i}=0$，$\boldsymbol{j}\cdot\boldsymbol{j}=1$.

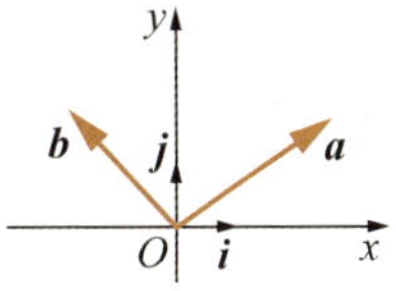

图 7-30

设 $\boldsymbol{a}=(x_1, y_1)$，$\boldsymbol{b}=(x_2, y_2)$，则

$$\begin{aligned}\boldsymbol{a}\cdot\boldsymbol{b}&=(x_1\boldsymbol{i}+y_1\boldsymbol{j})\cdot(x_2\boldsymbol{i}+y_2\boldsymbol{j})\\&=x_1x_2\boldsymbol{i}\cdot\boldsymbol{i}+x_1y_2\boldsymbol{i}\cdot\boldsymbol{j}+x_2y_1\boldsymbol{j}\cdot\boldsymbol{i}+y_1y_2\boldsymbol{j}\cdot\boldsymbol{j}\\&=x_1x_2+y_1y_2.\end{aligned}$$

于是我们得到用坐标求向量内积的公式

$$\boldsymbol{a}\cdot\boldsymbol{b}=x_1x_2+y_1y_2.$$

这就是说，**两个向量的内积等于它们对应坐标的乘积之和.**

运用新知

例1 设 $\boldsymbol{a}=(3,4)$，$\boldsymbol{b}=(7,1)$，求 $\boldsymbol{a}\cdot\boldsymbol{b}$，$(\boldsymbol{a}+\boldsymbol{b})(\boldsymbol{a}-2\boldsymbol{b})$.

解 (1)$\boldsymbol{a}\cdot\boldsymbol{b}=3\times7+4\times1=25$；

(2)因为 $\boldsymbol{a}+\boldsymbol{b}=(3,4)+(7,1)=(10,5)$，

$\boldsymbol{a}-2\boldsymbol{b}=(3,4)-2(7,1)=(-11,2)$.

所以 $(\boldsymbol{a}+\boldsymbol{b})(\boldsymbol{a}-2\boldsymbol{b})=10\times(-11)+5\times2=-100$.

同步练习

1. 填空题.

(1)已知 $\boldsymbol{a}=(2,-3)$，$\boldsymbol{b}=\left(2,\frac{1}{3}\right)$，则 $\boldsymbol{a}\cdot\boldsymbol{b}=$________.

(2)已知 $\boldsymbol{a}=(\sqrt{3},-1)$，$\boldsymbol{b}=(\sqrt{3},0)$，则 $(2\boldsymbol{a})\cdot\boldsymbol{b}=$________.

(3)已知 $\boldsymbol{a}=(3,-5)$，$\boldsymbol{b}=(-6,4)$，则 $(-\boldsymbol{a})\cdot\boldsymbol{b}=$________.

2. 已知 $\boldsymbol{a}=(-1,0)$，$\boldsymbol{b}=(3,-2)$，求 $(\boldsymbol{a}+3\boldsymbol{b})\cdot(2\boldsymbol{a}-\boldsymbol{b})$.

二、内积的相关应用的坐标表示

学习新知

由 $\boldsymbol{a}\cdot\boldsymbol{b}=x_1x_2+y_1y_2$ 还可以得出以下结论：

(1)设 $\boldsymbol{a}=(x,y)$，由 $|\boldsymbol{a}|^2=\boldsymbol{a}\cdot\boldsymbol{a}=x^2+y^2$，得

$$|\boldsymbol{a}|=\sqrt{x^2+y^2}.$$

(2)设非零向量 $\boldsymbol{a}=(x_1,y_1)$，$\boldsymbol{b}=(x_2,y_2)$，那么

$$\boldsymbol{a}\perp\boldsymbol{b}\Leftrightarrow\boldsymbol{a}\cdot\boldsymbol{b}=0.$$

转化为坐标形式，即为

$$\boldsymbol{a}\perp\boldsymbol{b}\Leftrightarrow x_1x_2+y_1y_2=0.$$

(3)设非零向量 $\boldsymbol{a}=(x_1,y_1)$，$\boldsymbol{b}=(x_2,y_2)$，由 $\cos\theta=\frac{\boldsymbol{a}\cdot\boldsymbol{b}}{|\boldsymbol{a}||\boldsymbol{b}|}$，得

$$\cos\theta=\frac{x_1x_2+y_1y_2}{\sqrt{x_1^2+y_1^2}\cdot\sqrt{x_2^2+y_2^2}}.$$

运用新知

例2 设 $\boldsymbol{a}=(3,4)$，$\boldsymbol{b}=(7,1)$，求 $|\boldsymbol{a}-\boldsymbol{b}|$，$\boldsymbol{a}$ 和 $\boldsymbol{b}$ 的夹角 θ.

解 (1)因为 $\boldsymbol{a}-\boldsymbol{b}=(3,4)+(7,1)=(-4,3)$，

所以 $|\boldsymbol{a}-\boldsymbol{b}|=\sqrt{(-4)^2+3^2}=5$；

(2)因为 $\cos\theta=\dfrac{\boldsymbol{a}\cdot\boldsymbol{b}}{|\boldsymbol{a}||\boldsymbol{b}|}=\dfrac{3\times7+4\times1}{\sqrt{3^2+4^2}\cdot\sqrt{7^2+1^2}}=\dfrac{25}{25\sqrt{2}}=\dfrac{\sqrt{2}}{2}$，

又因为 $\theta\in[0,\ \pi]$，所以 $\theta=\dfrac{\pi}{4}$.

例 3　已知三点 $A(7,\ 5)$，$B(2,\ 3)$，$C(6,\ -7)$，求证：$\overrightarrow{AB}\perp\overrightarrow{BC}$.

证明　因为 $\overrightarrow{AB}=(2-7,\ 3-5)=(-5,\ -2)$，

$\overrightarrow{BC}=(6-2,\ -7-3)=(4,\ -10)$，

所以　$\overrightarrow{AB}\cdot\overrightarrow{BC}=(-5)\times4+(-2)\times(-10)=0$.

所以　$\overrightarrow{AB}\perp\overrightarrow{BC}$.

例 4　已知 $\boldsymbol{a}=(3,\ 2)$，$\boldsymbol{b}=(-1,\ 2)$，$(\boldsymbol{a}+\lambda\boldsymbol{b})\perp\boldsymbol{b}$，求实数 λ 的值.

解　因为 $\boldsymbol{a}=(3,\ 2)$，$\boldsymbol{b}=(-1,\ 2)$，

所以 $\boldsymbol{a}+\lambda\boldsymbol{b}=(3,\ 2)+\lambda(-1,\ 2)=(3,\ 2)+(-\lambda,\ 2\lambda)=(3-\lambda,\ 2+2\lambda)$.

又因为 $(\boldsymbol{a}+\lambda\boldsymbol{b})\perp\boldsymbol{b}$，

所以　$(\boldsymbol{a}+\lambda\boldsymbol{b})\cdot\boldsymbol{b}=0$.

即　$(3-\lambda)\times(-1)+2\times(2+2\lambda)=0$，

解得　$\lambda=-\dfrac{1}{5}$.

同步练习

1. 已知 $\boldsymbol{a}=(2,\ -3)$，$\boldsymbol{b}=(1,\ 1)$，求 $|\boldsymbol{b}-\boldsymbol{a}|$，$\boldsymbol{a}$ 和 $\boldsymbol{b}$ 的夹角 θ.

2. 已知 $A(-2,\ 1)$，$B(6,\ -3)$，$C(0,\ 5)$，判断 $\triangle ABC$ 的形状.

3. 设向量 $\boldsymbol{a}=(1,\ 2m)$，$\boldsymbol{b}=(m+1,\ 1)$，$\boldsymbol{c}=(2,\ m)$. 若 $(\boldsymbol{a}+\boldsymbol{c})\perp\boldsymbol{b}$，求实数 m 的值.

习题 7.4

A 组

1. 填空题.

(1)已知$|\boldsymbol{a}|=3$，$|\boldsymbol{b}|=1$，$\boldsymbol{a}$和$\boldsymbol{b}$的夹角为$30°$，则$\boldsymbol{a}\cdot\boldsymbol{b}=$________；

(2)已知$|\boldsymbol{a}|=4$，$|\boldsymbol{b}|=3$，$\boldsymbol{a}$和$\boldsymbol{b}$的夹角为$60°$，则$\boldsymbol{a}\cdot\boldsymbol{b}=$________；

(3)已知$\boldsymbol{a}\cdot\boldsymbol{b}=6$，$|\boldsymbol{a}|=3$，$|\boldsymbol{b}|=2\sqrt{2}$，则$\boldsymbol{a}$和$\boldsymbol{b}$的夹角$\theta=$________.

2. 已知$|\boldsymbol{a}|=5$，$|\boldsymbol{b}|=3$，$\boldsymbol{a}$和$\boldsymbol{b}$的夹角为$60°$，求$|\boldsymbol{a}+\boldsymbol{b}|$.

3. (1)已知$\boldsymbol{a}\cdot\boldsymbol{b}=-3$，$|\boldsymbol{a}|=2$，$|\boldsymbol{b}|=3$，求$\boldsymbol{a}$和$\boldsymbol{b}$夹角的余弦值.

(2)已知$\boldsymbol{a}=(\sqrt{3}, 1)$，$\boldsymbol{b}=(\sqrt{3}, 0)$，求$\boldsymbol{a}$和$\boldsymbol{b}$的夹角$\theta$.

4. 已知$\boldsymbol{a}=(-3, 2)$，$\boldsymbol{b}=(6, -9)$，求$\boldsymbol{a}\cdot\boldsymbol{b}$.

5. 已知$\boldsymbol{a}=(3, 2)$，$\boldsymbol{b}=(-6, 9)$，求证：$\boldsymbol{a}\perp\boldsymbol{b}$.

6. 已知$\boldsymbol{a}=(-2, 4)$，$\boldsymbol{b}=(6, m)$，且$\boldsymbol{a}\cdot\boldsymbol{b}=0$，求$m$.

7. 已知$\boldsymbol{a}=(3, 4)$，$\boldsymbol{b}=(6, m)$，且$\boldsymbol{a}/\!/\boldsymbol{b}$，求$m$.

B 组

1. 选择题.

下面给出的关系式中正确的个数是(　　).

①$0\cdot\boldsymbol{a}=0$；②$\boldsymbol{a}\cdot\boldsymbol{b}=\boldsymbol{b}\cdot\boldsymbol{a}$；③$\boldsymbol{a}\cdot\boldsymbol{a}=|\boldsymbol{a}|^2$；④$|\boldsymbol{a}\cdot\boldsymbol{b}|\leqslant\boldsymbol{a}\cdot\boldsymbol{b}$；⑤$(\boldsymbol{a}\cdot\boldsymbol{b})^2=(\boldsymbol{a}\cdot\boldsymbol{a})\cdot(\boldsymbol{b}\cdot\boldsymbol{b})$.

A. 1　　B. 2　　C. 3　　D. 4

2. 填空题.

(1)已知$|\boldsymbol{a}|=5$，$|\boldsymbol{b}|=7$，$\boldsymbol{a}$和$\boldsymbol{b}$的夹角为$120°$，则$\boldsymbol{a}\cdot\boldsymbol{b}=$________.

(2)已知$\boldsymbol{a}\cdot\boldsymbol{b}=-3$，$|\boldsymbol{a}|=\sqrt{3}$，$|\boldsymbol{b}|=2$，则$\boldsymbol{a}$和$\boldsymbol{b}$的夹角$\theta=$________.

(3)已知$\boldsymbol{a}=(-\sqrt{3}, -1)$，$\boldsymbol{b}=(1, \sqrt{3})$，则$\boldsymbol{a}$和$\boldsymbol{b}$的夹角$\theta=$________.

3. 已知$\boldsymbol{a}=(-3, 2)$，$\boldsymbol{b}=(-1, 4)$，求：

(1)$\boldsymbol{a}\cdot(\boldsymbol{a}-\boldsymbol{b})$；　　(2)$(\boldsymbol{a}+\boldsymbol{b})\cdot(\boldsymbol{a}-\boldsymbol{b})$；

(3)$(\boldsymbol{a}-2\boldsymbol{b})\cdot(2\boldsymbol{a}+\boldsymbol{b})$.

4. 已知$|\boldsymbol{a}|=6$，$|\boldsymbol{b}|=8$，$\boldsymbol{a}$和$\boldsymbol{b}$的夹角为$120°$，求$(2\boldsymbol{a}+\boldsymbol{b})\cdot(\boldsymbol{a}-\boldsymbol{b})$.

5. 已知$\boldsymbol{a}\cdot\boldsymbol{b}=-15$，$|\boldsymbol{a}|=5$，$|\boldsymbol{b}|=3$，求$\boldsymbol{a}$和$\boldsymbol{b}$的夹角$\theta$.

6. 已知$\boldsymbol{a}\cdot\boldsymbol{b}=-5$，$|\boldsymbol{a}|=2$，$|\boldsymbol{b}|=3$，求$|\boldsymbol{a}+\boldsymbol{b}|$，$|\boldsymbol{a}-\boldsymbol{b}|$.

7. 已知向量 $\boldsymbol{a}=(1,\sqrt{3})$，$2\boldsymbol{a}+\boldsymbol{b}=(-1,\sqrt{3})$，$\boldsymbol{a}$ 和 $2\boldsymbol{a}+\boldsymbol{b}$ 的夹角为 θ，求 θ 的值.

8. 已知向量 $\boldsymbol{a}=(1,x)$，$\boldsymbol{b}=(2x+3,-x)$，$x\in\mathbf{R}$. (1)若 $\boldsymbol{a}\perp\boldsymbol{b}$，求 x 的值；(2)若 $\boldsymbol{a}/\!/\boldsymbol{b}$，求 x 的值.

数学园地

巧借八面风的帆板运动

帆板运动是一项时尚的运动，是风、水、人、板四者完美结合、充满活力的运动．在蓝色的大海上，运动员们扯起五彩的风帆，搏击风浪，前追后逐像成群的海燕戏水，成为海上一道亮丽的风景线．

帆板是一种简易的帆船，其船体是一块“墨鱼骨”形状的长板，船头微上翘呈流线型；桅杆装有万向节，可朝任何方向倾斜 90°以上；桅杆上挂有三角形帆，运动员通过操纵帆杆，使帆能根据风向在 360°的范围内转动．

帆板是向自然风借力而产生动力的．一般人往往认为帆板是被风推着跑的，其实风的动力以两种形式作用于帆，一方面有风的推力，而另一方面帆板的最大动力其实来自“贝努利效应”．

什么是“贝努利效应”呢？通俗地讲，就是空气在流速快的地方气压低，在流速慢的地方气压高．我们做一个简单的实验：在室内用手拿一张纸条，让其自然下垂，纸面呈弧形．当你沿着纸面向外快速吹气时，纸条就会向上飞扬起来(如图 7-31)．这是因为纸条上面的空气流速快，气压小，而下面的空气流速小，气压大，上下气压差就产生了一个向上的扬力．

图 7-31

风帆借风产生动力的道理与上面的小实验是一样的．当帆以一定的角度迎风张起时，便会呈弧面形．当帆面与风向形成一个合适的角度时，直线流动的空气被风帆前缘分开，沿着帆面流过后缘再汇合(如图 7-32)，流过凸面的空气与自由空气形成的通道变窄，因而空气流速加快并形成低压区，而空气流过凹面的情况正相反．此时“贝努利效应”在帆的凸面处产生了拉力．凸面的拉力和凹面的推力形成的合力即是风帆的动力，而事实上拉力通常比推力还要大．

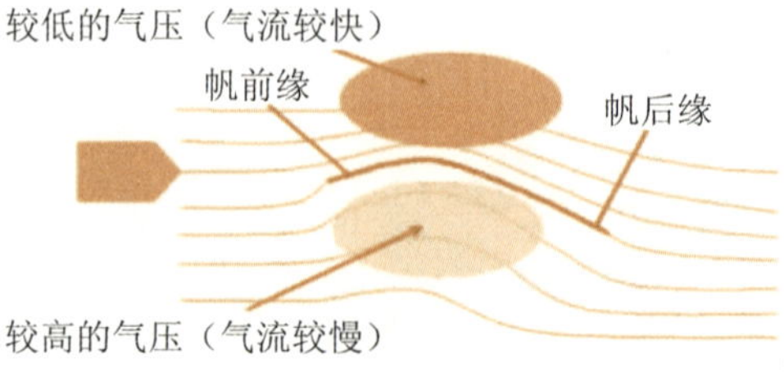

图 7-32

风的方向不定，风作用在帆面上带动帆板前进的原理还涉及很多复杂

因素. 在不考虑其他因素的情况下，我们仅对风帆受风力的情况做一大致分析. 如图 7-33 所示，此时帆板受到的是前侧迎(逆)风，PQ 为帆船的中心轴线，MN 为帆面. 考虑风帆背风面(凸面)，由“贝努利效应”产生的拉力和风的推力，二者的合力为 $\boldsymbol{F}$，$\boldsymbol{F}$ 沿 PQ 方向上的分力 $\boldsymbol{F}_1$ 便是使船前进的力，另一分力 $\boldsymbol{F}_2$ 可使船产生横向移动. 由于板体是细长形状的，船在横向移动时，受到的阻力远远大于沿 $\boldsymbol{F}_1$ 方向运动时受的阻力，因此尽管看起来 $|\boldsymbol{F}_2|>|\boldsymbol{F}_1|$，但船仍将会沿着 $\boldsymbol{F}_1$ 的方向前进.

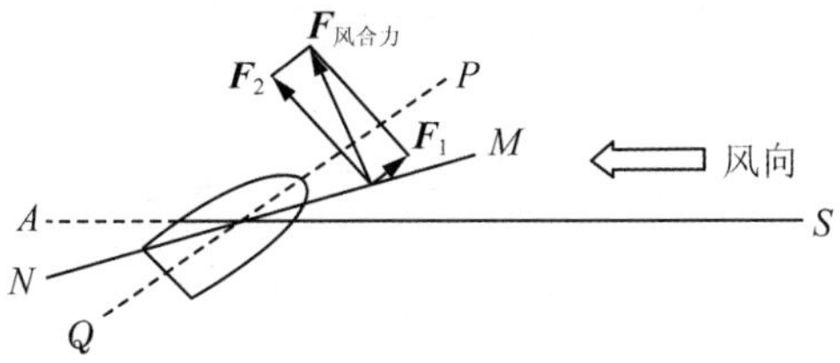

图 7-33

这就是在风向、风流的影响下，风帆向前移动带动帆板在水面上滑行的基本原理. 帆板运动员就是要通过娴熟的操帆驾板技术，使帆板处于最佳的受力状态，从而获得最大的速度.

注意，风帆只有在与风的方向有一个夹角(侧风)时，才会产生“贝努利效应”. 当风帆完全顺风时，空气不能顺畅地流过帆的凸面，因而没有“贝努利效应”，帆板并不能达到最高速度；当风帆完全逆风时，帆板不能前进；风帆只有在一定范围内以合适的角度侧风张开时，才会产生“贝努利效应”.

帆板在逆风的情况下仍能只依靠风力破浪航行. 而逆风航行时必须采取“之”字形的路线，使帆板始终处在侧风前进状态，运动员经过多次改变船头和帆面的方向，才能到达目的地.

帆板运动是最自然、最环保的运动项目之一，又非常具有观赏性. 帆板竞赛也是对运动员的体能、意志品质及智力的全面挑战.

复习小结与巩固提高

复习小结

1. 向量的概念

(1)**向量**：既有大小又有方向的量叫向量.

(2)**零向量**：长度为零的向量叫**零向量**，记作$\mathbf{0}$或$\vec{0}$. 零向量没有确定的方向.

(3)**单位向量**：长度为1个单位的向量叫**单位向量**.

(4)**相等向量**：长度相等且方向相同的向量叫作**相等向量**. 向量$\boldsymbol{a}$与$\boldsymbol{b}$相等，记作$\boldsymbol{a}=\boldsymbol{b}$. 零向量与零向量相等.

(5)**共线向量**：方向相同或相反的非零向量叫作**共线向量**(或**平行向量**). 规定零向量与任何向量共线(或平行).

2. 向量的表示

(1)**几何表示**：用有向线段来表示向量. 用有向线段的长度表示向量的大小，用有向线段的方向表示向量的方向. 向量的大小，也叫作向量的长度(或模)，向量$\overrightarrow{AB}$的长度记作$|\overrightarrow{AB}|$.

(2)**向量的坐标表示**：在平面直角坐标系中的基本单位向量$\boldsymbol{i}$，$\boldsymbol{j}$的起点均为原点，$\boldsymbol{i}$，$\boldsymbol{j}$的方向分别与x轴、y轴的正方向相同. 将平面内任一向量$\boldsymbol{a}$平移，使起点与坐标原点重合，此时，向量$\boldsymbol{a}$可唯一地表示为$\boldsymbol{a}=x\boldsymbol{i}+y\boldsymbol{j}$，则有序数组$(x, y)$叫向量$\boldsymbol{a}$的坐标. 可记为$\boldsymbol{a}=(x, y)$.

起点是原点的向量的坐标就是该向量的终点坐标. 即设A的坐标为(x, y)，则$\overrightarrow{OA}=(x, y)$.

任一向量的坐标等于该向量的终点坐标减去起点坐标. 即设$A(x_1, y_1)$，$B(x_2, y_2)$，则$\overrightarrow{AB}=(x_2, y_2)-(x_1, y_1)$.

3. 向量的运算

(1)**向量的加法**.

①**三角形法则**：已知向量$\boldsymbol{a}$与$\boldsymbol{b}$，如图7-34所示，在平面内任取一点A，作$\overrightarrow{AB}=\boldsymbol{a}$，$\overrightarrow{BC}=\boldsymbol{b}$，则向量$\overrightarrow{AC}$叫作$\boldsymbol{a}$与$\boldsymbol{b}$的和向量，记作$\boldsymbol{a}+\boldsymbol{b}$，即$\boldsymbol{a}+\boldsymbol{b}=\overrightarrow{AB}+\overrightarrow{BC}=\overrightarrow{AC}$.

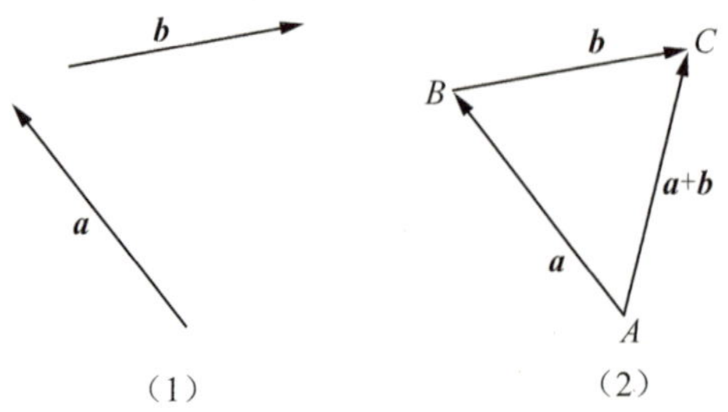

图 7-34

②**平行四边形法则**：如图 7-35，已知向量$\overrightarrow{AB}=\boldsymbol{a}$，$\overrightarrow{AD}=\boldsymbol{b}$，以 AB，AD 为邻边作平行四边形 $ABCD$，则$\overrightarrow{AB}+\overrightarrow{BC}=\overrightarrow{AC}=\boldsymbol{a}+\boldsymbol{b}$.

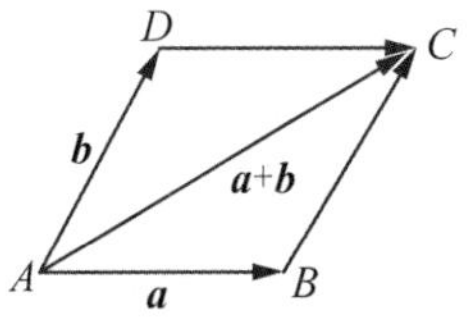

图 7-35

(2)**向量的减法(三角形法则)**：如图 7-36 所示，两个向量 $\boldsymbol{a}$ 与 $\boldsymbol{b}$ 的起点均为 O 点，那么，从减向量 $\boldsymbol{b}$ 的终点 B 指向被减向量 $\boldsymbol{a}$ 的终点 A，就可得到向量$\overrightarrow{BA}=\overrightarrow{OA}-\overrightarrow{OB}=\boldsymbol{a}-\boldsymbol{b}$.

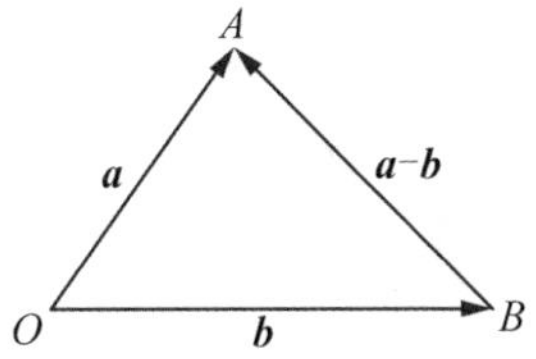

图 7-36

(3)**数乘向量**.

实数 λ 与向量 $\boldsymbol{a}$ 的乘积仍是一个向量，我们把这个向量叫作数乘向量，记作 $\lambda\boldsymbol{a}$，它的长度和方向规定如下：

①$|\lambda\boldsymbol{a}|=|\lambda|\cdot|\boldsymbol{a}|$.

②当 $\lambda>0$ 时，$\lambda\boldsymbol{a}$ 的方向与 $\boldsymbol{a}$ 的方向相同；当 $\lambda<0$ 时，$\lambda\boldsymbol{a}$ 的方向与 $\boldsymbol{a}$ 的方向相反.

③当 $\lambda=0$ 时，$\lambda\boldsymbol{a}=\boldsymbol{0}$，方向任意.

(4)**向量的内积**：已知两个非零向量 $\boldsymbol{a}$ 和 $\boldsymbol{b}$，它们的夹角为 θ，我们把数量$|\boldsymbol{a}||\boldsymbol{b}|\cos\theta$ 叫作 $\boldsymbol{a}$ 和 $\boldsymbol{b}$ 的内积(或数量积)，记作 $\boldsymbol{a}\cdot\boldsymbol{b}$，即

$$\boldsymbol{a}\cdot\boldsymbol{b}=|\boldsymbol{a}||\boldsymbol{b}|\cos\theta.$$

4. 向量运算的坐标表示

设向量 $\boldsymbol{a}=(x_1,\ y_1)$，$\boldsymbol{b}=(x_2,\ y_2)$，$\lambda$ 为实数. 则

(1)**加减法**：$\boldsymbol{a}\pm\boldsymbol{b}=(x_1\pm x_2,\ y_1\pm y_2)$.

(2)**数乘向量**：$\lambda\boldsymbol{a}=(\lambda x_1,\ \lambda y_1)$.

(3)**内积**：$\boldsymbol{a}\cdot\boldsymbol{b}=x_1x_2+y_1y_2$.

5. 向量运算的相关运用

设向量 $\boldsymbol{a}=(x_1,\ y_1)$，$\boldsymbol{b}=(x_2,\ y_2)$，$\theta$ 是向量 $\boldsymbol{a}$，$\boldsymbol{b}$ 的夹角.

(1)**向量的长度(模)**：$|\boldsymbol{a}|=\sqrt{x_1^2+y_1^2}$.

(2)**向量的夹角**：$\cos\theta=\dfrac{\boldsymbol{a}\cdot\boldsymbol{b}}{|\boldsymbol{a}||\boldsymbol{b}|}$.

(3)**向量平行**：两个非零向量 $\boldsymbol{a}$ 与 $\boldsymbol{b}$ 平行⇔有且只有一个实数 λ ($\lambda\neq0$)，使得 $\boldsymbol{b}=\lambda\boldsymbol{a}$.

另一种表示为 $\boldsymbol{a}/\!/\boldsymbol{b}\Leftrightarrow\dfrac{x_1}{x_2}=\dfrac{y_1}{y_2}=\lambda$ ($x_2\neq0$，$y_2\neq0$).

(4)**向量垂直**：$\boldsymbol{a}\perp\boldsymbol{b}\Leftrightarrow\boldsymbol{a}\cdot\boldsymbol{b}=0\Leftrightarrow x_1x_2+y_1y_2=0$.

巩固提高

例 1 如图 7-37，平行四边形 $OADB$ 的对角线 OD，AB 相交于点 C，线段 BC 上有一点 M 满足 $BC=3BM$，线段 CD 上有一点 N 满足 $CD=3CN$，设 $\overrightarrow{OA}=\boldsymbol{a}$，$\overrightarrow{OB}=\boldsymbol{b}$，试用 $\boldsymbol{a}$，$\boldsymbol{b}$ 表示 $\overrightarrow{OM}$，$\overrightarrow{ON}$，$\overrightarrow{MN}$.

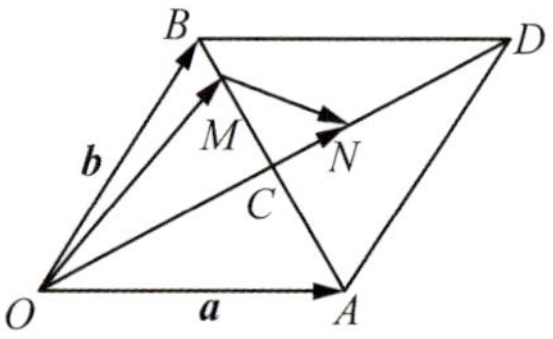

图 7-37

解 $\overrightarrow{OM}=\overrightarrow{OA}+\overrightarrow{AM}=\overrightarrow{OA}+\dfrac{5}{6}\overrightarrow{AB}=\overrightarrow{OA}+\dfrac{5}{6}(\overrightarrow{OB}-\overrightarrow{OA})=\dfrac{1}{6}\boldsymbol{a}+\dfrac{5}{6}\boldsymbol{b}$,

$\overrightarrow{ON}=\dfrac{2}{3}\overrightarrow{OD}=\dfrac{2}{3}(\overrightarrow{OA}+\overrightarrow{OB})=\dfrac{2}{3}\boldsymbol{a}+\dfrac{2}{3}\boldsymbol{b}$,

$\overrightarrow{MN}=\overrightarrow{ON}-\overrightarrow{OM}=\dfrac{1}{2}\boldsymbol{a}-\dfrac{1}{6}\boldsymbol{b}$.

例 2 已知 $A(1, 0)$，$B(4, 3)$，$C(2, 4)$，$D(0, 2)$，试证明四边形 $ABCD$ 是梯形.

证明 因为 $\overrightarrow{AB}=(3, 3)$，$\overrightarrow{DC}=(2, 2)$,

所以 $\overrightarrow{DC}=\dfrac{2}{3}\overrightarrow{AB}$,

又因为 $DC/\!/AB$，且 $DC\neq AB$,

所以四边形 $ABCD$ 是梯形.

例 3 已知向量 $\boldsymbol{a}=(4, 3)$，$\boldsymbol{b}=(-1, 2)$,

(1)求 $|\boldsymbol{a}-\boldsymbol{b}|$；(2)若向量 $\boldsymbol{a}-\lambda\boldsymbol{b}$ 与 $2\boldsymbol{a}+\boldsymbol{b}$ 平行，求 λ 的值.

解 (1)向量 $\boldsymbol{a}=(4, 3)$，$\boldsymbol{b}=(-1, 2)$.

因为 $\boldsymbol{a}-\boldsymbol{b}=(5, 1)$,

所以 $|\boldsymbol{a}-\boldsymbol{b}|=\sqrt{25+1}=\sqrt{26}$；

(2)$\boldsymbol{a}-\lambda\boldsymbol{b}=(4+\lambda, 3-2\lambda)$，$2\boldsymbol{a}+\boldsymbol{b}=(7, 8)$.

因为向量 $\boldsymbol{a}-\lambda\boldsymbol{b}$ 与 $2\boldsymbol{a}+\boldsymbol{b}$ 平行，

所以　$\dfrac{4+\lambda}{7}=\dfrac{3-2\lambda}{8}$，

解得　$\lambda=-\dfrac{1}{2}$.

例 4　在平行四边形 $ABCD$ 中，点 A 的坐标为(1，0)，点 B 的坐标为(3，2)，点 C 的坐标为(4，−1).

(1)求点 D 的坐标；(2)求$\overrightarrow{AB}$与$\overrightarrow{BD}$夹角的余弦值.

解　(1) 设 D 的坐标为$(x，y)$，

则　$\overrightarrow{AD}=\overrightarrow{BC}$，即　$(x-1，y)=(1，-3)$，

因为　$\begin{cases}x-1=1,\\y=-3,\end{cases}$ 解得　$\begin{cases}x=2,\\y=-3,\end{cases}$

所以　$D(2，-3)$.

(2)因为　$\overrightarrow{AB}=(2，2)$，$\overrightarrow{BD}=(-1，-5)$，

所以　$\overrightarrow{AB}\cdot\overrightarrow{BD}=2\times(-1)+2\times(-5)=-12$，

$|\overrightarrow{AB}|=\sqrt{2^2+2^2}=2\sqrt{2}$，

$|\overrightarrow{BD}|=\sqrt{(-1)^2+(-5)^2}=\sqrt{26}$.

设$\overrightarrow{AB}$与$\overrightarrow{BD}$的夹角为 θ，

则　$\cos\theta=\dfrac{\overrightarrow{AB}\cdot\overrightarrow{BD}}{|\overrightarrow{AB}||\overrightarrow{BD}|}=\dfrac{-12}{2\sqrt{2}\times\sqrt{26}}=-\dfrac{3\sqrt{13}}{13}$.

例 5　已知两个非零向量 $\boldsymbol{a}$，$\boldsymbol{b}$ 满足 $|\boldsymbol{a}|=1$ 且 $(\boldsymbol{a}-\boldsymbol{b})\cdot(\boldsymbol{a}+\boldsymbol{b})=\dfrac{1}{2}$，

(1)若 $\boldsymbol{a}\cdot\boldsymbol{b}=\dfrac{1}{2}$，求向量 $\boldsymbol{a}$ 与 $\boldsymbol{b}$ 的夹角；(2)在(1)的条件下，求 $|\boldsymbol{a}-2\boldsymbol{b}|$ 的值.

解　(1)因为 $(\boldsymbol{a}-\boldsymbol{b})\cdot(\boldsymbol{a}+\boldsymbol{b})=\dfrac{1}{2}$，

所以　$\boldsymbol{a}\cdot\boldsymbol{a}-\boldsymbol{b}\cdot\boldsymbol{b}=|\boldsymbol{a}|^2-|\boldsymbol{b}|^2=\dfrac{1}{2}$.

又因为 $|\boldsymbol{a}|=1$，所以 $|\boldsymbol{b}|=\dfrac{\sqrt{2}}{2}$，

所以　$\cos\theta=\dfrac{\boldsymbol{a}\cdot\boldsymbol{b}}{|\boldsymbol{a}||\boldsymbol{b}|}=\dfrac{\sqrt{2}}{2}$.

所以向量 $\boldsymbol{a}$ 与 $\boldsymbol{b}$ 的夹角为$\dfrac{\pi}{4}$.

(2) $|\boldsymbol{a}-2\boldsymbol{b}|=\sqrt{(\boldsymbol{a}-2\boldsymbol{b})^2}=\sqrt{|\boldsymbol{a}|^2-4\boldsymbol{a}\cdot\boldsymbol{b}+|\boldsymbol{b}|^2}=1$.

复习题七

A组

1. 选择题.

(1)已知 A, B, C 是平面上任意不相同的三点，则$\overrightarrow{AB}+\overrightarrow{BC}+\overrightarrow{CA}=$(　　).

A. $\overrightarrow{AC}$　　B. $\overrightarrow{AB}$　　C. $\mathbf{0}$　　D. $\overrightarrow{CA}$

(2)向量 $\lambda\boldsymbol{a}$ 的方向与 $\boldsymbol{a}$ 的方向(实数 $\lambda\neq0$)(　　).

A. 相同　　B. 相反　　C. 任意方向　　D. 依 λ 的值而定

(3)如图，在$\triangle ABC$ 中，AD, BE, CF 分别是 BC, CA, AB 上的中线，它们交于点 G，则下列各等式中不正确的是(　　).

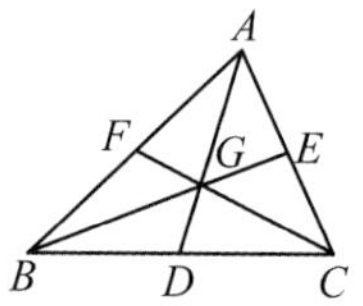

(第1(3)题图)

A. $\overrightarrow{BG}=\frac{2}{3}\overrightarrow{BE}$　　B. $\overrightarrow{BG}=2\overrightarrow{EG}$

C. $\overrightarrow{CG}=-2\overrightarrow{FG}$　　D. $\overrightarrow{DA}+\overrightarrow{FC}=\overrightarrow{BC}$

(4)在平行四边形 $ABCD$ 中，$\overrightarrow{AB}-\overrightarrow{CB}+\overrightarrow{CD}=$(　　).

A. $\overrightarrow{CD}$　　B. $\overrightarrow{AD}$　　C. $\overrightarrow{DC}$　　D. $\overrightarrow{DA}$

(5)已知$|\boldsymbol{a}|=4$，$|\boldsymbol{b}|=5$，$\boldsymbol{a}$ 与 $\boldsymbol{b}$ 的夹角为 $120°$，则 $\boldsymbol{a}\cdot\boldsymbol{b}=$(　　).

A. 10　　B. -10　　C. $10\sqrt{3}$　　D. $-10\sqrt{3}$

(6)已知 $|\boldsymbol{a}|=2$，$|\boldsymbol{b}|=1$，且向量 $\boldsymbol{a}$ 与 $\boldsymbol{b}$ 同向，则 $\boldsymbol{a}\cdot\boldsymbol{b}$ 的值是(　　).

A. -2　　B. 0　　C. 2　　D. -2 或 2

(7)已知 $A(1, -2)$, $B(2, 1)$, $C(0, k)$三点共线，则 k 的值是(　　).

A. 7　　B. -5　　C. $\frac{5}{3}$　　D. 3

2. 填空题.

(1)设$\overrightarrow{AB}=\boldsymbol{a}$，$\overrightarrow{BC}=\boldsymbol{b}$，则$\overrightarrow{AB}+\overrightarrow{BC}=$________，$\overrightarrow{AB}-\overrightarrow{CB}=$________.

(2)已知向量 $\boldsymbol{a}=(5, 6)$，$\boldsymbol{b}=(-2, 4)$，则 $\boldsymbol{a}-\boldsymbol{b}=$________.

(3)已知两点 $A(3, -7)$，$B(4, -2)$，则向量$\overrightarrow{BA}=$________.

(4)已知向量 $\boldsymbol{a}=(3, 6)$，$\boldsymbol{b}=(-1, 5)$，则 $3\boldsymbol{a}-2\boldsymbol{b}=$________.

(5)已知向量 $\boldsymbol{a}=(3,-2)$ 与 $\boldsymbol{b}=(2,x)$ 互相垂直，则 $x=$________.

3. 如图已知向量 $\boldsymbol{a}$，$\boldsymbol{b}$，$\boldsymbol{c}$，作出向量 $2\boldsymbol{a}+\boldsymbol{b}+\boldsymbol{c}$ 和 $\boldsymbol{a}+\boldsymbol{b}-\boldsymbol{c}$.

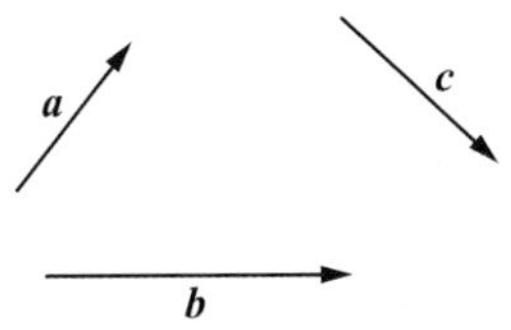

(第 3 题图)

4. 已知向量 $\boldsymbol{a}=(-3,2)$，$\boldsymbol{b}=(-4,5)$，计算 $2\boldsymbol{a}\cdot\boldsymbol{b}$，$(\boldsymbol{a}+\boldsymbol{b})\cdot(\boldsymbol{a}-\boldsymbol{b})$.

5. 已知向量 $\boldsymbol{a}=(5,-3)$，$\boldsymbol{b}=(-4,6)$，求 $|\boldsymbol{a}+\boldsymbol{b}|$.

6. 已知 $A(0,1)$，$B(2,3)$，$C(4,x)$ 三点共线，求 x 的值.

7. 平面内有三点 $A(5,2)$，$B(1,0)$，$C(2,3)$，判断 $\triangle ABC$ 的形状.

8. 已知向量 $\boldsymbol{a}=(\sin\alpha,\cos\alpha)$，$\boldsymbol{b}=(1,-\sqrt{3})$，$\alpha\in[0,\pi]$.

(1)若 $\boldsymbol{a}/\!/\boldsymbol{b}$，求 α 的值；　　(2)若 $\boldsymbol{a}\perp\boldsymbol{b}$，求 α 的值.

B 组

1. 填空题.

(1)已知 $|\boldsymbol{a}|=2$，$|\boldsymbol{b}|=3$，且向量 $\boldsymbol{a}$ 与 $\boldsymbol{b}$ 反向，则 $\boldsymbol{a}\cdot\boldsymbol{b}$ 的值是________.

(2)在 $\triangle ABC$ 中，向量 $\overrightarrow{AB}-\overrightarrow{AC}=$________.

(3)已知 $|\boldsymbol{a}|=4$，$|\boldsymbol{b}|=3$，$\boldsymbol{a}$ 与 $\boldsymbol{b}$ 的夹角为 $60°$，则 $|\boldsymbol{a}+\boldsymbol{b}|=$________.

(4)已知向量 $\overrightarrow{AB}=(-1,3)$，$\overrightarrow{AC}=(-3,5)$，则 $|\overrightarrow{CB}|=$________.

2. 已知向量 $\boldsymbol{a}=(3,-4)$，且 $|\lambda\boldsymbol{a}|=10$，求 λ.

3. 已知点 $A(1,0)$，$B(0,2)$，$C(2,1)$，$D(-1,7)$，求证：$\overrightarrow{AB}/\!/\overrightarrow{CD}$.

4. 已知 $|\boldsymbol{a}|=6$，$|\boldsymbol{b}|=8$，且 $|\boldsymbol{a}-\boldsymbol{b}|=2\sqrt{37}$，求 $\boldsymbol{a}$ 与 $\boldsymbol{b}$ 的夹角 θ.

5. 已知向量 $|\boldsymbol{a}|=4$，$|\boldsymbol{b}|=(4,3)$，若向量 $\boldsymbol{a}/\!/\boldsymbol{b}$，求 $\boldsymbol{a}$ 的坐标.

6. 已知在 $\triangle ABC$ 中，$AB=4$，$BC=5$，$AC=7$，求 $\overrightarrow{AB}\cdot\overrightarrow{AC}$.

7. 已知 $\boldsymbol{a}=(1,-2)$，$\boldsymbol{b}=(3,2)$，

(1)求 $2\boldsymbol{a}+\boldsymbol{b}$；　　(2)设 $\boldsymbol{c}=(9,-2)$，若 $\boldsymbol{c}=m\boldsymbol{a}+n\boldsymbol{b}$，求 m，n 的值.

8. 已知向量 $\boldsymbol{a}=(1,0)$，$\boldsymbol{b}=(m,1)$，且 $\boldsymbol{a}$ 与 $\boldsymbol{b}$ 的夹角为 $\frac{\pi}{4}$.

(1)求 $|\boldsymbol{a}-2\boldsymbol{b}|$；　　(2)若 $(\boldsymbol{a}+\lambda\boldsymbol{b})\perp\boldsymbol{b}$，求实数 λ 的值.

第 8 章 · 直线和圆的方程

章前序语

在我们的日常生活中，呈直线和圆形的物体随处可见，生活中也经常会涉及直线与圆的相关计算，如设计城市立交桥、建造河面圆拱桥等.

对于这些问题，除了直接根据图形研究其几何性质外，有时也会用代数的方法，通过相关计算来进行研究. 即在建立坐标系的基础上用坐标表示点，用方程表示曲线，用代数的手段去研究几何问题，这种方法叫**解析法**.

本章我们将在平面直角坐标系中，用解析法建立直线的方程和圆的方程，通过对方程的讨论，研究直线、圆的位置关系等有关问题；通过实例，了解直线、圆在实际生产生活中的一些简单应用.

学习向导

- 直线和圆的方程
  - 直线
    - 直线的倾斜角及斜率
    - 直线的方程（点斜式方程、斜截式方程、一般式方程）
    - 两直线的位置关系（平行、重合、相交）
    - 点到直线的距离、平行线间的距离
  - 圆的方程（标准方程、一般方程）
  - 直线与圆的位置关系（相切、相交、相离）

§ 8.1　两个基本公式

8.1.1　两点间的距离公式

学习新知

大海中停着两艘船，其中一艘停在灯塔东北方向上的点 P_1 处，以灯塔为参照，P_1 偏东 60 海里(1 海里＝1.852 千米)、偏北 80 海里；另一艘停在灯塔西北方向上的点 P_2 处，以灯塔为参照，P_2 偏西 10 海里、偏北 55 海里(如图 8-1)；那么如何确定这两艘船之间的距离呢？

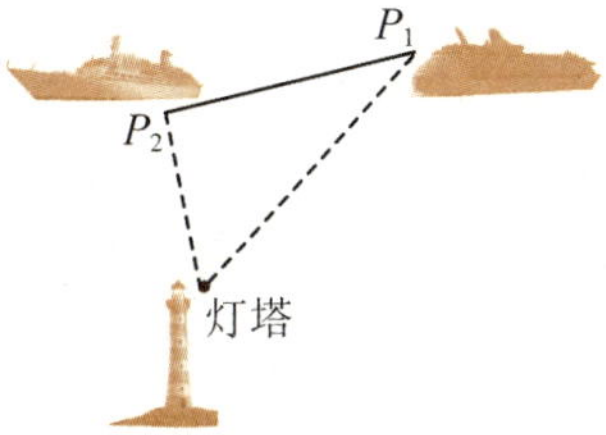

图 8-1

这个问题就归结为如何求平面内两点间的距离.

一般地，设点 $P_1(x_1, y_1)$，$P_2(x_2, y_2)$为平面直角坐标系中的任意两点. 以 P_1 为始点、P_2 为终点作向量$\overrightarrow{P_1P_2}$(如图 8-2)，其坐标为$\overrightarrow{P_1P_2}=(x_2-x_1, y_2-y_1)$，

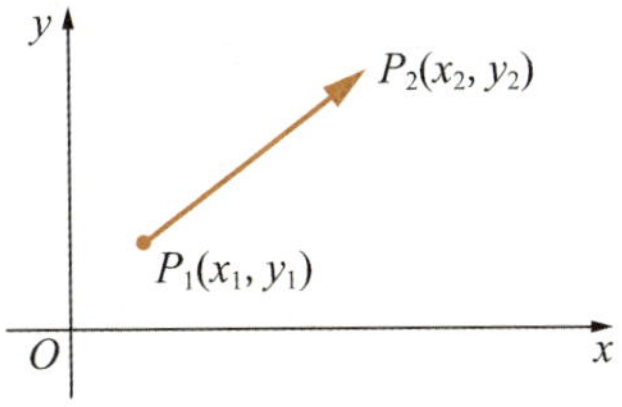

图 8-2

那么 P_1，P_2 两点间的距离$|P_1P_2|$就是$\overrightarrow{P_1P_2}$的模$|\overrightarrow{P_1P_2}|$. 由向量内积的性质，有

$$\begin{aligned}|P_1P_2|^2&=|\overrightarrow{P_1P_2}|^2=\overrightarrow{P_1P_2}\cdot\overrightarrow{P_1P_2}\\&=(x_2-x_1, y_2-y_1)\cdot(x_2-x_1, y_2-y_1)\\&=(x_2-x_1)^2+(y_2-y_1)^2.\end{aligned}$$

从而，我们得到两点 $P_1(x_1, y_1)$，$P_2(x_2, y_2)$之间的距离公式：

$$|P_1P_2|=\sqrt{(x_2-x_1)^2+(y_2-y_1)^2}.$$

运用新知

例 1 已知点 $A(28, 10)$，$B(12, 22)$，求线段 AB 的长度.

解 根据平面内两点间的距离公式，得

$$|AB|=\sqrt{(12-28)^2+(22-10)^2}=\sqrt{(-16)^2+12^2}$$
$$=\sqrt{256+144}=\sqrt{400}=20.$$

即线段 AB 的长为 20.

例 2 已知三角形的顶点分别为 $A(2, 6)$，$B(-4, 3)$，$C(0, 0)$，求 $\triangle ABC$ 三条边的长.

解 根据两点间距离公式，可得 $\triangle ABC$ 三条边的长分别为

$$|AB|=\sqrt{(-4-2)^2+(3-6)^2}=\sqrt{45}=3\sqrt{5};$$
$$|BC|=\sqrt{(0+4)^2+(0-3)^2}=\sqrt{25}=5;$$
$$|AC|=\sqrt{(0-2)^2+(0-6)^2}=\sqrt{40}=2\sqrt{10}.$$

例 3 在本节的“学习新知”中，若以灯塔为原点 O 建立平面直角坐标系，则点 P_1 的坐标为 $(60, 80)$，点 P_2 的坐标为 $(-10, 55)$（单位：海里），如图 8-3 所示.（1）分别求两艘船到灯塔的距离；（2）求两艘船之间的距离（精确到 0.01 海里）.

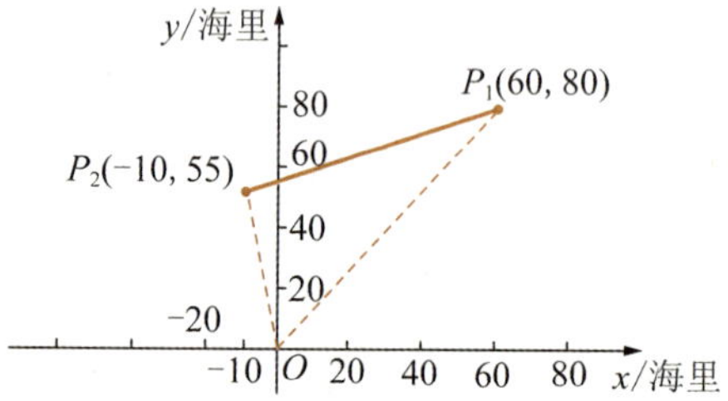

图 8-3

解 （1）位于点 P_1 的船到灯塔的距离为 $|OP_1|$，位于点 P_2 的船到灯塔的距离为 $|OP_2|$，则

$$|OP_1|=\sqrt{x^2+y^2}=\sqrt{60^2+80^2}=100\text{（海里）},$$
$$|OP_2|=\sqrt{x^2+y^2}=\sqrt{(-10)^2+55^2}\approx 55.90\text{（海里）}.$$

（2）$|P_1P_2|=\sqrt{(60+10)^2+(80-55)^2}=\sqrt{5\,525}=5\sqrt{221}\approx 74.33$（海里）.

所以，第一艘船距灯塔 100 海里；第二艘船距灯塔约 55.90 海里；两艘船相距约 74.33 海里.

同步练习

1. 选择题.

(1)已知两点 $A(-4, 0)$和 $B(0, 5)$，则点 A 到点 B 的距离是(　　).

A. 25　　B. 5　　C. 20　　D. $\sqrt{41}$

(2)已知两点 $M(0, 1)$和 $N(6, 5)$，则线段 MN 的长度是(　　).

A. $2\sqrt{13}$　　B. 52　　C. 210　　D. $5\sqrt{2}$

2. 填空题.

(1)已知点 $A(9, -2)$和点 $B(-3, 3)$，则 $|AB|=$________$=$________.

(2)已知点 $M(1, 0)$和点 $N(-2, 3)$，则 $|MN|=$________$=$________.

(3)已知点 $A(0, 6)$和点 $B(0, -2)$，则 $|AB|=$________$=$________.

8.1.2　中点坐标公式

学习新知

已知线段 P_1P_2 两个端点的坐标为 $P_1(x_1, y_1)$，$P_2(x_2, y_2)$，设线段 P_1P_2 的中点为 $P(x, y)$，如图 8-4 所示. 那么中点 P 的坐标能否用点 P_1 和 P_2 的坐标表示出来呢?

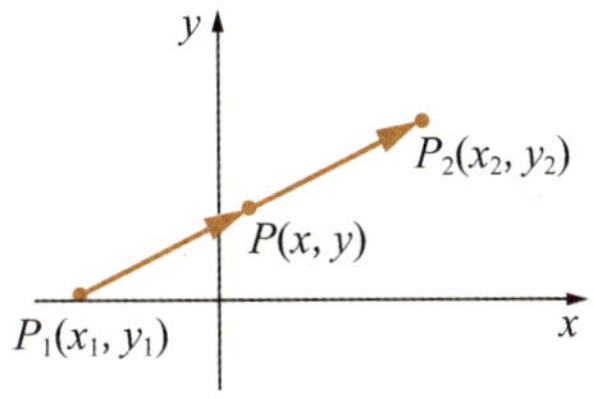

图 8-4

考察向量$\overrightarrow{P_1P}$和向量$\overrightarrow{PP_2}$，有

$$\overrightarrow{P_1P}=(x-x_1, y-y_1),$$
$$\overrightarrow{PP_2}=(x_2-x, y_2-y).$$

因为$\overrightarrow{P_1P}$和$\overrightarrow{PP_2}$是相等向量，其对应坐标分别相等，即

$$\begin{cases} x-x_1=x_2-x, \\ y-y_1=y_2-y. \end{cases}$$

解得

$$\begin{cases} x=\dfrac{x_1+x_2}{2}, \\ y=\dfrac{y_1+y_2}{2}. \end{cases}$$

这个公式叫作线段的**中点坐标公式**，简称**中点公式**.

运用新知

例 1　已知点 M 是点 $A(9, -2)$和点 $B(-3, 3)$所组成的线段 AB 的

中点，求点 M 的坐标.

解 设点 M 的坐标为 (x, y)，根据中点坐标公式，有

$$x=\frac{9+(-3)}{2}=\frac{6}{2}=3,\quad y=\frac{-2+3}{2}=\frac{1}{2}.$$

所以线段 AB 的中点 M 的坐标是 $\left(3, \frac{1}{2}\right)$.

例 2 已知线段 AB，它的中点坐标是 $(3, 2)$，端点 A 的坐标是 $(1, -4)$，求另一个端点 B 的坐标.

解 设端点 B 的坐标为 (x, y)，根据中点坐标公式，有

$$3=\frac{1+x}{2},\quad 2=\frac{-4+y}{2}.$$

解得 $x=3\times2-1=5$，$y=2\times2-(-4)=8$.

所以端点 B 的坐标为 $(5, 8)$.

例 3 已知三角形的三个顶点分别为 $A(1, 2)$，$B(-3, 4)$，$C(2, 6)$，如图 8-5 所示．求 $\triangle ABC$ 中 BC 边上的中线 AD 的长.

知识衔接

BC 边的中线是指连接 BC 的中点与 BC 所对顶点而成的线段.

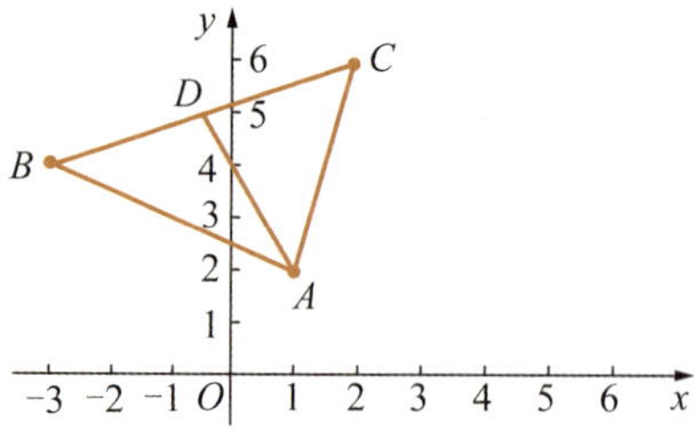

图 8-5

解 设 BC 边上的中点 D 的坐标为 (x, y)，根据中点坐标公式，可得

$$x=\frac{-3+2}{2}=-\frac{1}{2},\quad y=\frac{4+6}{2}=5.$$

所以点 D 的坐标为 $\left(-\frac{1}{2}, 5\right)$.

所以 $|AD|=\sqrt{\left(-\frac{1}{2}-1\right)^2+(5-2)^2}=\sqrt{\frac{9}{4}+9}=\frac{3}{2}\sqrt{5}$.

即 BC 边上的中线 AD 的长为 $\frac{3}{2}\sqrt{5}$.

同步练习

1. 填空题.

(1)已知原点 $O(0, 0)$ 和点 $P(6, -2)$，那么线段 OP 的中点坐标是________；

(2)已知点 $M(0, 3)$ 和点 $N(2, 0)$，那么线段 MN 的中点坐标

是________.

2. 已知线段 AB，它的中点坐标是$(-1,\ 2)$，端点 B 的坐标是$(-5,\ 7)$，求另一个端点 A 的坐标.

3. 三角形的三个顶点是 $A(2,\ 1)$，$B(-2,\ 3)$，$C(0,\ -1)$，求三条中线的长度.

习题 8.1

A 组

1. 选择题.

(1)已知两点 $A(-4,\ 0)$和 $B(2,\ 6)$，则点 A 到点 B 的距离(　　).

A. 10　　B. $6\sqrt{2}$　　C. 6　　D. $2\sqrt{13}$

(2)已知两点 $A(3,\ 4)$和 $B(5,\ -8)$，则线段 AB 的中点坐标为(　　).

A. $(4,\ -2)$　　B. $(8,\ -4)$　　C. $(1,\ -2)$　　D. $(-4,\ 2)$

2. 填空题.

(1)已知两点 $M(5,\ -1)$和 $N(-3,\ -7)$，则线段 MN 的长度为________.

(2)已知 $M(6,\ -4)$为线段 AB 的中点，且点 A 的坐标为$(4,\ -6)$，则点 B 的坐标为________.

3. 已知两点 $M(-3,\ m)$和 $N(n,\ -10)$，且线段 MN 的中点坐标是$(3,\ -4)$，求 m 和 n 的值.

4. 已知 x 轴上一点 P，它与点 $A(12,\ -5)$之间的距离为 13，求点 P 的坐标.

B 组

1. 已知点 $A(3,\ 2)$和点 $B(b,\ -1)$，且 $|AB|=5$，求 b 的值.

2. 已知点 $P(x,\ 2)$是点 $A(3,\ a)$和点 $B(-2,\ 1)$组成的线段的中点，求 x 和 a 的值.

3. 已知三角形的顶点分别为 $A(1,\ -3)$，$B(5,\ 2)$，$C(0,\ 4)$，求 $\triangle ABC$ 三条边的长及三条边中线的长.

4. 已知平行四边形的顶点坐标分别为 $A(1,\ -2)$，$B(2,\ -1)$，$C(3,\ -2)$，$D(4,\ -1)$.

(1)求 AC 和 AB 的长度；

(2)求对角线 AC 和 BD 的长度；

(3)求对角线 AC 与 BD 的交点 O 的坐标.

§ 8.2 直线的倾斜角及斜率

8.2.1 直线的倾斜角及斜率

学习新知

乘坐滑梯时，同样高度的滑梯，有的平缓而有的却很陡直，如何刻画滑梯的陡缓程度呢？观察滑梯，可以看出，滑梯与地面的夹角越小，滑梯越平缓，否则就越陡直.（图 8-6）

我们通常用角度来刻画滑梯的陡缓程度.

图 8-6

一般地，**在平面直角坐标系中，直线 l 向上的方向与 x 轴正方向所夹的最小正角叫作直线 l 的倾斜角，**通常用 α 表示.

观察图 8-7，我们来分析直线 l 的倾斜角 α 的取值范围.

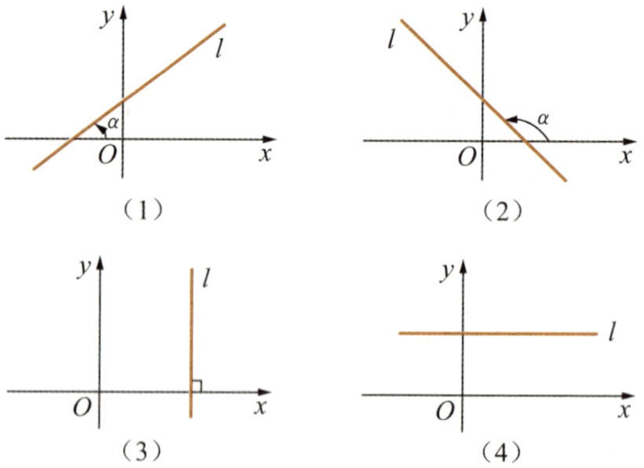

图 8-7

(1)当直线 l 的倾斜角是一个锐角时(如图 8-7(1))，$0°<\alpha<90°$；

(2)当直线 l 的倾斜角是一个钝角时(如图 8-7(2))，$90°<\alpha<180°$；

(3)当直线 l 与 x 轴垂直时(如图 8-7(3))，$\alpha=90°$；

(4)当直线 l 与 x 轴平行或重合时(如图 8-7(4))，规定 $\alpha=0°$.

因此，直线 l 的倾斜角 α 的取值范围是 $0°\leqslant\alpha<180°$（或 $0\leqslant\alpha<\pi$）.

在解析几何中我们通常用倾斜角 α 的正切值来反映直线的倾斜程度.

倾斜角不是 $90°$的直线，它的**倾斜角 α 的正切值叫作这条直线的斜率**. 直线的斜率通常用 k 表示，即

$$k=\tan\alpha.$$

因为 $\tan 90°$没有意义，所以**倾斜角是 $90°$的直线没有斜率.**

运用新知

例 1　已知直线的倾斜角，求直线的斜率 k.

(1)$\alpha=\frac{\pi}{6}$；　(2)$\alpha=\frac{\pi}{4}$；　(3)$\alpha=135°$；　(4)$\alpha=15°$.

解　(1)$k=\tan\frac{\pi}{6}=\frac{\sqrt{3}}{3}$；

(2)$k=\tan\frac{\pi}{4}=1$；

(3)$k=\tan 135°=-1$；

(4)$k=\tan 15°\approx 0.267\ 9$.（利用科学计算器计算）

例 2　已知直线的斜率 k，求直线的倾斜角 α.

(1)$k=\sqrt{3}$；　(2)$k=-\frac{\sqrt{3}}{3}$；　(3)$k=1$.

解　(1)因为 $k=\tan\alpha=\sqrt{3}>0$，所以 α 是锐角，$\alpha=60°$；

(2)因为 $k=\tan\alpha=-\frac{\sqrt{3}}{3}<0$，所以 α 是钝角，$\alpha=150°$；

(3)因为 $k=\tan\alpha=1>0$，所以 α 是锐角，$\alpha=45°$.

同步练习

1. 选择题.

(1)已知直线 l 的倾斜角 $\alpha=30°$，则直线 l 的斜率是(　　).

A. $\sqrt{3}$　　B. $-\sqrt{3}$　　C. $\frac{\sqrt{3}}{3}$　　D. $-\frac{\sqrt{3}}{3}$

(2)已知直线 l 的倾斜角 $\alpha=90°$，则直线 l 的斜率是(　　).

A. 1　　B. -1　　C. 不能确定　　D. 不存在

(3)已知直线 l 的斜率是$\sqrt{3}$，则直线 l 的倾斜角 $\alpha=$(　　).

A. $60°$　　B. $45°$　　C. $30°$　　D. $240°$

(4)已知直线 l 的斜率是 1，则直线 l 的倾斜角 $\alpha=$(　　).

A. $30°$　　B. $45°$　　C. $60°$　　D. $120°$

2. 填空题.

(1)当 $0°<\alpha<90°$时，斜率 k ________ 0.

(2)当 $90°<\alpha<180°$ 时，斜率 k ________ 0.

(3)当直线 l 与 x 轴平行或重合时，它的倾斜角 $\alpha=$ ________，斜率 $k=$ ________.

(4)当直线 l 与 y 轴平行或重合时，它的倾斜角 $\alpha=$ ________，斜率 k ________.

8.2.2 由直线上的两点求其斜率

学习新知

如图 8-8 所示，已知直线 l 经过两点 $P_1(x_1, y_1)$ 和 $P_2(x_2, y_2)$，$x_1\neq x_2$，如何求直线 l 的斜率 k 呢?

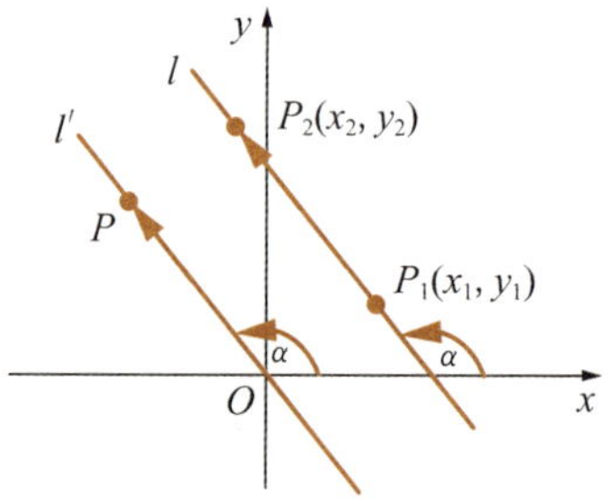

图 8-8

过原点 O 作直线 $l'\parallel l$，则直线 l' 的倾斜角也为 α. 在直线 l' 上作向量 $\overrightarrow{OP}=\overrightarrow{P_1P_2}$，则

$$\overrightarrow{OP}=\overrightarrow{P_1P_2}=(x_2-x_1, y_2-y_1).$$

从而可知点 P 的坐标为(x_2-x_1, y_2-y_1). 再由点 P 为角 α 终边上的一点及正切函数的定义，有

$$k=\tan\alpha=\frac{y_2-y_1}{x_2-x_1}\ (x_1\neq x_2).$$

于是，我们得到，已知直线 l 经过两点 $P_1(x_1, y_1)$ 和 $P_2(x_2, y_2)$，$x_1\neq x_2$，则求直线斜率的公式为

$$k=\frac{y_2-y_1}{x_2-x_1}\quad (x_1\neq x_2).$$

当 $x_1=x_2$ 时，直线 l 垂直于 x 轴，斜率不存在.

运用新知

例 1 求经过下列两点的直线的斜率和倾斜角.

(1) $A(-2, 0)$ 和 $B(1, 3)$；　　(2) $M(1, 4)$ 和 $N(3, 2)$.

解 (1)将点 A，B 的坐标代入公式 $k=\dfrac{y_2-y_1}{x_2-x_1}$ 中，得

$k=\frac{3-0}{1-(-2)}=1$，即 $\tan\alpha=1$，得 $\alpha=45°$.

因此，所求直线 AB 的斜率是 1，倾斜角是 45°.

(2)将点 M，N 的坐标代入公式 $k=\frac{y_2-y_1}{x_2-x_1}$ 中，得

$k=\frac{2-4}{3-1}=-1$，即 $\tan\alpha=-1$，得 $\alpha=135°$.

因此，所求直线 MN 的斜率是 -1，倾斜角是 135°.

例 2　已知三角形的顶点为 $A(0, 1)$，$B(4, 1)$，$C(1, 3)$，点 D 为边 AB 的中点，求直线 CD 的斜率.

解　设点 D 的坐标为 (x, y)，由中点坐标公式，得

$$x=\frac{0+4}{2}=2,\quad y=\frac{1+1}{2}=1.$$

所以点 D 的坐标为 $(2, 1)$.

所以直线 CD 的斜率为　$k_{CD}=\frac{3-1}{1-2}=-2$.

例 3　已知点 $A(6, -3)$，点 $B(5, 2m)$，直线 AB 的倾斜角为 45°，求 m 的值.

解　由点 $A(6, -3)$，$B(5, 2m)$，得 $k_{AB}=\frac{2m-(-3)}{5-6}=-2m-3$，

又由直线 AB 的倾斜角为 45°，得 $k_{AB}=\tan 45°=1$.

于是，$-2m-3=1$，解得 $m=-2$.

同步练习

1. 经过两点 $A(4, -1)$ 和 $B(-5, -1)$ 的直线的斜率是(　　).

A. 1　　　B. -1　　　C. 0　　　D. 不存在

2. 求经过两点 $A(5, -1)$ 和 $B(3, 7)$ 的直线的斜率，试判断该直线的倾斜角是锐角还是钝角？

3. 求经过两点 $M(-1, 3)$ 和 $N(-4, 0)$ 的直线的斜率和倾斜角.

4. 已知直线 l 的斜率为 2，且直线 l 通过点 $(1, 2)$ 和 $(t-1, t+1)$，求 t 的值.

习题 8.2

A 组

1. 若直线 l 的倾斜角 $\alpha=120°$，则直线 l 的斜率 $k=$________.

2. 若直线 l 的斜率 $k=1$，则直线 l 的倾斜角 $\alpha=$________.

3. 已知直线的斜率 k，求直线的倾斜角.

(1)$k=\frac{\sqrt{3}}{3}$；(2)$k=\sqrt{3}$.

4. 已知直线经过的两点，求其斜率 k.

(1)$A(5, 2)$，$B(2, 4)$；　　(2)$M(-1, -2)$，$N(-4, -2)$.

5. 已知三角形的三个顶点 $A(0, 1)$，$B(8, 3)$，$C(1, -1)$，分别求三角形三条边所在直线的斜率.

B 组

1. 经过原点和点 $P(3, 3)$的直线的斜率 $k=$________，倾斜角 $\alpha=$________.

2. 经过点(1，5)且与 x 轴平行的直线的斜率 $k=$________.

3. 试判断经过两点 $C(-8, 9)$，$D(-8, -4)$的直线的斜率 k 是否存在，如果存在，是多少？

4. 已知点 $P_1(4, 2)$，点 $P_2(-5, y)$，且过 P_1，P_2 的直线的斜率是 $\frac{1}{3}$，求 y 的值.

5. 如图，求 Rt△ABC 三条边所在直线的斜率和倾斜角.

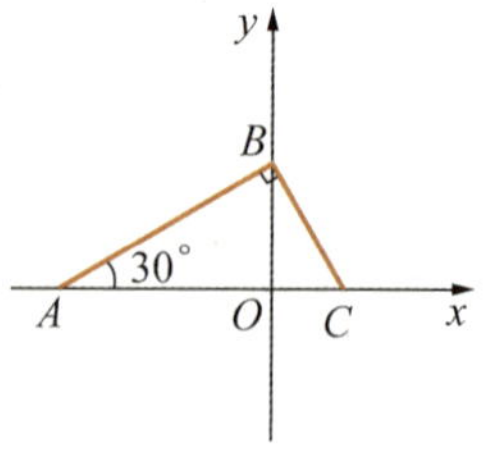

(第 5 题图)

6. 已知四边形四个顶点是 $A(1, 0)$，$B(0, 1)$，$C(-1, 0)$，$D(0, -1)$，求各边所在直线的斜率和倾斜角.

§8.3　直线方程

8.3.1　曲线与方程

学习新知

在初中我们学习过一次函数 $y=kx+b$，知道它的图像是一条直线，这条直线是以满足 $y=kx+b$ 的每一对 (x, y) 的值为坐标的点构成的.

以下，我们将进一步讨论曲线和方程的关系.

平面内的一条曲线(直线)，可以看作适合某种条件的点的集合. 在平面直角坐标系内，由于点可以用坐标 (x, y) 来表示，所以曲线(直线)上所有的点适合的条件可以用含有 x，y 的方程 $f(x, y)=0$ 来表示.

如果平面直角坐标系中的一条**曲线(直线)**与关于 x，y 的方程 $f(x, y)=0$ 之间有如下关系：

(1)曲线(直线)上所有的点的坐标都是方程 $f(x, y)=0$ 的解；

(2)以方程 $f(x, y)=0$ 的所有解为坐标的点都在这条曲线(直线)上.

那么，**方程 $f(x, y)=0$ 就叫作这条曲线(直线)的方程. 这条曲线(直线)也叫作方程 $f(x, y)=0$ 的曲线(直线).**

运用新知

例 1　判断点 $P(2, 1)$，$Q(0, 5)$ 是否在方程 $y=3x-5$ 表示的直线上.

解　将 $x=2$ 代入直线方程 $y=3x-5$ 中得

$$y=3\times2-5=1.$$

所以点 $P(2, 1)$ 在方程 $y=3x-5$ 表示的直线上.

将 $x=0$ 代入直线方程 $y=3x-5$ 中得

$$y=3\times0-5=-5\neq5.$$

所以点 $Q(0, 5)$ 不在方程 $y=3x-5$ 表示的直线上.

例 2　已知点 $P(2, 8)$ 在 $f(x)=a^x-1$ $(a>0$，且 $a\neq1)$ 的曲线上，求 $f(-1)$ 的值.

解　因为点 $P(2, 8)$ 在 $f(x)=a^x-1$ 的曲线上.

所以 $8=a^2-1$，得 $a^2=9$，又因为 $a>0$，所以 $a=3$.

所以 $f(x)=3^x-1$.

所以 $f(-1)=3^{-1}-1=-\dfrac{2}{3}$.

同步练习

1. 方程 $y=3x$ 表示的直线经过坐标原点吗？经过(1，1)点吗？

2. 判断点 $P(2，1)$，$Q(0，-2)$是否在方程 $2x^2+y^2-4=0$ 表示的曲线上.

3. 已知点 $P(-1，b)$在 $y=-\frac{1}{3}x+1$ 的直线上，求 b 的值.

8.3.2 直线的点斜式方程

一、与两坐标轴都相交的直线的点斜式方程

学习新知

我们学习平面几何时已经知道，经过直线外一点有且只有一条直线与已知直线平行. 这就是说，经过一个点并且有固定的倾斜度，直线也就唯一确定了. 如何来求直线的方程呢？

如图 8-9 所示，设直线 l 的斜率是 k，并且经过点 $P_1(x_1，y_1)$，$P(x，y)$是直线 l 上不与 $P_1(x_1，y_1)$重合的任意一点.

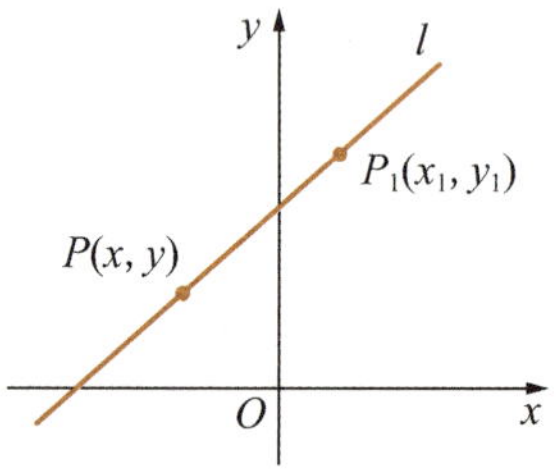

图 8-9

由直线的斜率公式，得

$$k=\frac{y-y_1}{x-x_1},$$

即 $y-y_1=k(x-x_1)$.

由于这个方程是由直线上的一点 $P_1(x_1，y_1)$和斜率 k 确定的，因此，这个方程叫作直线的**点斜式方程**.

直线与 x 轴垂直时，斜率不存在，因此与 x 轴垂直的直线没有点斜式方程.

运用新知

例 1 求经过点 $P(3，-1)$，倾斜角为 30°的直线的方程.

分析 应先由倾斜角求出斜率，然后再代入点斜式方程中.

解　由直线的斜率公式，得 $k=\tan 30°=\frac{\sqrt{3}}{3}$.

把斜率 k 的值和点 P 的坐标代入点斜式方程中，得

$$y-(-1)=\frac{\sqrt{3}}{3}(x-3)\Rightarrow y+1=\frac{\sqrt{3}}{3}(x-3),$$

所求的直线方程为 $y+1=\frac{\sqrt{3}}{3}(x-3)$.

例 2　已知直线经过 $P_1(-5,1)$，$P_2(3,-3)$ 两点，求这条直线的方程.

分析　先由已知两点求出斜率，然后在 P_1，P_2 中任选一点写出直线的点斜式方程.

解　由斜率计算公式，得 $k=\frac{-3-1}{3-(-5)}=-\frac{1}{2}$，

把斜率 k 的值和点 P_1 的坐标代入点斜式方程中，得

所求的直线方程为 $y-1=-\frac{1}{2}(x+5)$.

同步练习

1. 选择题.

(1) 已知直线的方程为 $y-5=-2(x+1)$，则该直线的斜率 k 是(　　).

A. -5　　B. -2　　C. 1　　D. 5

(2) 已知直线的方程为 $y+3=x-5$，则该直线的斜率 k 是(　　).

A. 3　　B. -5　　C. 不存在　　D. 1

2. 填空题.

(1) 已知直线的点斜式方程是 $y-\frac{1}{2}=3(x-1)$，则该直线的斜率 $k=$________，它所经过的点是________.

(2) 已知直线的点斜式方程是 $y=-4(x-3)$，则该直线的斜率 $k=$________，它所经过的点是________.

(3) 经过点 $P(-2,8)$ 且斜率 $k=\frac{1}{3}$ 的直线的点斜式方程是________.

3. 根据下列各直线满足的条件，求直线的点斜式方程.

(1) 直线的斜率为 5，过点 $M(-2,-2)$；

(2) 直线经过点 $P(1,2)$，倾斜角为 $60°$；

(3) 直线经过点 $P_1(4,-2)$ 和 $P_2(0,2)$.

二、与坐标轴垂直的直线的方程

学习新知

在图 8-10(1)和图 8-10(2)中，直线 l 的倾斜角分别为 0°和 90°，我们来讨论这两种特殊类型的直线方程.

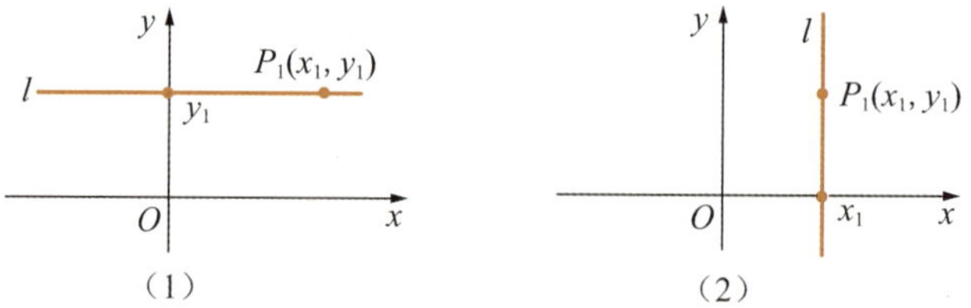

图 8-10

如图 8-10(1)，直线 l 与 y 轴垂直，这时直线 l 的倾斜角为 0°，斜率 $k=\tan 0°=0$，又因直线过点 $P_1(x_1, y_1)$，所以直线的点斜式方程为

$$y-y_1=0(x-x_1).$$

即 $y=y_1$.

即与 y 轴垂直的直线的方程就是 y 等于直线所经过的点的纵坐标 y_1.

特别，x 轴的方程是： $y=0$.

如图 8-10(2)，直线 l 与 x 轴垂直，这时直线 l 的倾斜角为 90°，直线没有斜率，它的方程不能用点斜式表示，但因为直线 l 上每一点的横坐标都等于 x_1，所以它的方程为

$$x=x_1.$$

即与 x 轴垂直的直线的方程就是 x 等于直线所经过的点的横坐标 x_1.

特别地，y 轴的方程是： $x=0$.

例如，如图 8-11 所示，过点 $P(-3, 2)$且垂直于 y 轴的直线方程是 $y=2$.

过点 $P(-3, 2)$且垂直于 x 轴的直线方程是 $x=-3$.

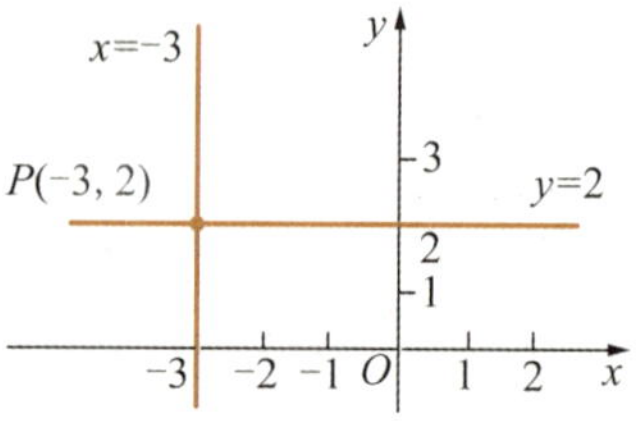

图 8-11

辨析 $y=y_1$ 是直线的点斜式方程，斜率 $k=0$；而 $x=x_1$ 不是直线的

点斜式方程，斜率 k 不存在.

运用新知

例 3　填空题.

(1)过点 $P(-1, 3)$且垂直于 y 轴的直线方程是________；

(2)过点 $P(-1, 3)$且平行于 y 轴的直线方程是________；

(3)过点 $P(-1, 3)$且垂直于 x 轴的直线方程是________；

(4)过点 $P(-1, 3)$且平行于 x 轴的直线方程是________.

解　(1)直线方程是 $y=3$；

(2)直线方程是 $x=-1$；

(3)直线方程是 $x=-1$；

(4)直线方程是 $y=3$.

例 4　(1)求经过点 $M(6, -2)$，且倾斜角为$\frac{\pi}{2}$的直线方程；

(2)求经过点 $M(6, -2)$，且倾斜角为 $0°$的直线方程.

解　(1)直线倾斜角为$\frac{\pi}{2}$，即直线与 x 轴垂直；

又因为过点 $M(6, -2)$，所以直线方程为 $x=6$；

(2)直线倾斜角为 $0°$，即直线与 y 轴垂直；

又因为过点 $M(6, -2)$，所以直线方程为 $y=-2$.

同步练习

1. 选择题.

(1)已知直线的方程是 $y=-5$，则该直线的倾斜角为(　　).

A. $0°$　　B. $45°$　　C. $90°$　　D. 不存在

(2)经过点 $Q(7, -1)$，且倾斜角为$\frac{\pi}{2}$的直线方程是(　　).

A. $y+1=x-7$　　B. $y=-1$

C. $x=7$　　D. $y=-1$ 和 $x=7$

(3)经过点 $A(-3, 5)$，且垂直于 y 轴的直线方程是(　　).

A. $x=-3$　　B. $x=3$　　C. $y=-5$　　D. $y=5$

(4)已知直线的方程是 $y=-5$，则该直线倾斜角为(　　).

A. $0°$　　B. $45°$　　C. $90°$　　D. 不存在

2. 填空题.

(1)经过点 $A(-1, 2)$，且平行于 x 轴的直线方程是________；

(2)经过点 $A(-1, 2)$，且平行于 y 轴的直线方程是________；

(3)x 轴的方程是________；

(4) y 轴的方程是________;

(5)直线的倾斜角为 0°,且过点 $P(1, 3)$,直线的方程为________;

(6)直线的倾斜角为 90°,且过点 $P(1, 3)$,直线的方程为________.

3. 在平面直角坐标系中作出下列直线.

(1) $y+1=0$; (2) $x-\frac{5}{2}=0$; (3) $2x-7=0$.

8.3.3 直线的斜截式方程

一、直线在坐标轴上的截距

学习新知

如图 8-12 所示,设直线 l 与 x 轴交于点 $A(a, 0)$,与 y 轴交于点 $B(0, b)$,则 a 叫作直线 l 在 x 轴上的截距(或横截距),b 叫作直线 l 在 y 轴上的截距(或纵截距).

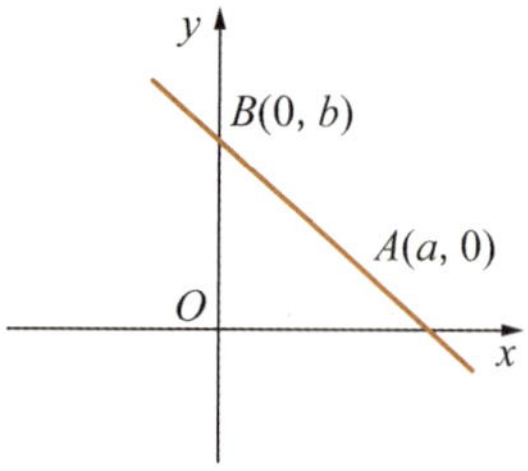

图 8-12

运用新知

例 1 已知直线方程 $y-2=3(x+1)$,求直线与 x 轴和 y 轴的交点坐标,以及在 x 轴和 y 轴上的截距.

解 (1)令 $y=0$,得 $x=-\frac{5}{3}$,所以直线与 x 轴的交点 A 的坐标为 $\left(-\frac{5}{3}, 0\right)$,直线在 x 轴上的截距为 $-\frac{5}{3}$;

(2)令 $x=0$,得 $y=5$,所以直线与 y 轴的交点 B 的坐标为 $(0, 5)$,直线在 y 轴上的截距为 5.

辨析 点 $A\left(-\frac{5}{3}, 0\right)$ 的横坐标 $-\frac{5}{3}$ 是横截距,$\left|-\frac{5}{3}\right|=\frac{5}{3}$ 才是点 $A\left(-\frac{5}{3}, 0\right)$ 到原点的距离. 截距可以是负数,距离不能是负数.

例 2 已知直线 l 的方程为 $y+2=2(x-1)$,求直线 l 与两条坐标轴围成的三角形的面积.

解　令 $y=0$，得 $x=2$，所以直线与 x 轴的交点 A 的坐标为 $(2, 0)$，得 $OA=2$.

令 $x=0$，得 $y=-4$，所以直线与 y 轴的交点 B 的坐标为 $(0, -4)$，得 $OB=4$.

所以直线 l 与两坐标轴围成的三角形的面积为

$$S_{\text{Rt}\triangle AOB}=\frac{1}{2}OA\cdot OB=\frac{1}{2}\times 2\times 4=4.$$

同步练习

1. 填空题.

(1)已知直线方程 $y-1=2(x+2)$，则直线与 x 轴的交点坐标为________，在 x 轴上的截距为________；

(2)已知直线方程 $y-1=2(x+2)$，则直线与 y 轴的交点坐标为________，在 y 轴上的截距为________.

2. 已知直线 l 的方程 $y-1=-(x+2)$，求直线 l 与两条坐标轴围成的三角形的面积.

二、直线的斜截式方程

学习新知

如图 8-13，已知直线 l 的斜率为 k，与 y 轴的交点是 $(0, b)$，你能求出直线 l 的方程吗?

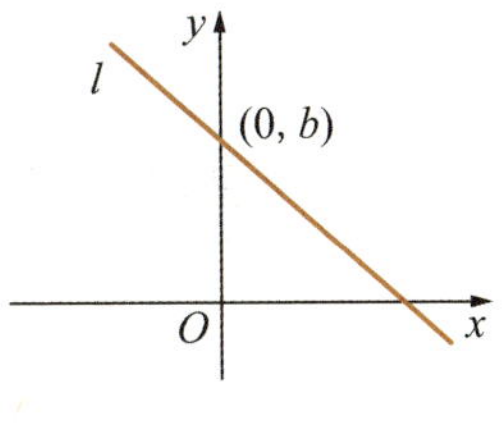

图 8-13

我们将点 $(0, b)$ 和 k 代入点斜式方程，得

$$y-b=k(x-0),$$

可整理为

$$y=kx+b.$$

由直线的斜率 k 和在 y 轴上的截距 b 确定的直线方程，叫作直线的**斜截式方程**.

运用新知

例 3 已知直线的倾斜角为$\frac{\pi}{4}$，在 y 轴上的截距是-3，求直线的方程.

解 由已知得 $k=\tan\frac{\pi}{4}=1$，$b=-3$，代入斜截式方程中，得

$$y=1\times x+(-3)，即\ y=x-3.$$

故所求的直线方程为 $y=x-3$.

例 4 已知直线与 y 轴的交点是$(0, 4)$，倾斜角为 $60°$，求直线的方程.

解 由已知得 $k=\tan 60°=\sqrt{3}$，$b=4$，代入斜截式方程中，得

$$y=\sqrt{3}x+4,$$

故所求的直线方程为 $y=\sqrt{3}x+4$.

例 5 已知一条直线 l 的倾斜角为 $120°$，直线 l 与直线 $y=2x-1$ 在 y 轴上的截距相等，求直线 l 的方程.

解 由已知得 $k=\tan 120°=-\sqrt{3}$.

由直线方程 $y=2x-1$ 可得 $b=-1$，代入斜截式方程中，得

$$y=-\sqrt{3}x-1,$$

故所求直线的方程为 $y=-\sqrt{3}x-1$.

例 6 把直线 l 的点斜式方程 $y+8=-2(x-1)$化成斜截式方程，并写出纵截距、直线与 y 轴的交点坐标和交点到原点的距离.

解 由 $y+8=-2(x-1)$，得 $y+8=-2x+2$，
所以斜截式方程为 $y=-2x-6$.

纵截距为 $b=-6$，直线与 y 轴的交点坐标为$(0, -6)$，交点到原点的距离为 6.

同步练习

1. 选择题.

(1)直线 l 的斜率为-2，在 y 轴上的截距为 1，其斜截式方程是(　　).

A. $y+2x=1$　　　　B. $-y=2x-1$

C. $y=-2x+1$　　　　D. $y=1+2x$

(2)直线 l 的斜率为 3，且与 y 轴的交点为$(0, -4)$，直线的方程是(　　).

A. $y=3x+4$　　B. $y=3x-4$

C. $y=-3x+4$　　D. $y=-3x-4$

(3)直线 l 的斜率为 3，且与 x 轴的交点为$(-4,0)$，直线的方程是(　　).

A. $y=3x+12$　　B. $y=3x-4$

C. $y=-3x+4$　　D. $y=-3x-4$

(4)已知直线 l 的点斜式方程是 $y+5=-4(x-2)$，则它的斜截式方程是(　　).

A. $y=-4x+3$　　B. $y=4x+3$

C. $y=-4x+13$　　D. $y=4x-13$

2. 填空题.

(1)已知直线 l 的斜截式方程是 $y=-\frac{1}{3}x+2$，则直线 l 的斜率 $k=$________，在 y 轴上的截距 $b=$________.

(2)已知直线 l 的斜截式方程是 $y=-x-\frac{1}{2}$，则直线 l 的斜率 $k=$________，倾斜角 $\alpha=$________，直线与 y 轴的交点是________.

3. (1)直线的倾斜角 $\alpha=\frac{3\pi}{4}$，且直线在 y 轴上的截距为 2，求直线的方程；

(2)直线的倾斜角 $\alpha=\frac{3\pi}{4}$，且直线在 x 轴上的截距为 3，求直线的方程.

8.3.4　直线的一般式方程

学习新知

我们学过了直线的点斜式方程和斜截式方程，请观察下列直线方程的变化情况.

$y-1=-\frac{1}{2}(x+5)$ 可以化成 $x+2y+3=0$；

$y=\sqrt{3}x+3$ 可以化成 $\sqrt{3}x-y+3=0$；

$x=-2$ 可以化成 $x+2=0$；

$y=4$ 可以化成 $y-4=0$.

可以看到，直线的点斜式方程、斜截式方程等都可化成二元一次方程的一般形式

$$Ax+By+C=0.$$

反过来，可以验证在平面直角坐标系中，二元一次方程 $Ax+By+C=0$(A，B 不同时为 0)的图像都是一条直线.

我们把方程

$$Ax+By+C=0 \quad (A,\ B \text{ 不同时为 } 0),$$

叫作直线的**一般式方程**.

此后，求出直线方程后，若无特别说明，通常都要化成直线的一般式方程.

运用新知

例 1 已知直线的一般式方程，求直线的斜率和在 y 轴上的截距.

(1) $5x+9y-2=0$；　　　　(2) $7x-3y=0$.

分析 只需将一般式方程化为斜截式方程，即可求出直线的斜率和在 y 轴上的截距.

解 (1)由 $5x+9y-2=0$，得 $9y=-5x+2$.

所以直线的斜截式方程为 $y=-\frac{5}{9}x+\frac{2}{9}$.

所以直线的斜率 $k=-\frac{5}{9}$，纵截距 $b=\frac{2}{9}$.

(2)由 $7x-3y=0$，得 $3y=7x$.

所以直线的斜截式方程为 $y=\frac{7}{3}x$.

所以直线的斜率 $k=\frac{7}{3}$，纵截距 $b=0$.

例 2 求直线 $x-2y+1=0$ 与 x 轴、y 轴的交点坐标，并写出直线分别在 x 轴和 y 轴上的截距.

解 对于直线方程 $x-2y+1=0$：

令 $y=0$，得 $x=-1$，所以直线与 x 轴的交点坐标是$(-1,0)$，在 x 轴上的截距是-1；

令 $x=0$，得 $y=\frac{1}{2}$，所以直线与 y 轴的交点坐标是$\left(0,\frac{1}{2}\right)$，在 y 轴上的截距是$\frac{1}{2}$.

例 3 已知直线经过点 $M(-1,2)$，斜率为$-\frac{3}{2}$，求符合下列要求的直线方程.

(1)点斜式方程；　　　　(2)一般式方程.

解 (1)将点 $M(-1,2)$，斜率 $k=-\frac{3}{2}$代入点斜式方程中，得

$$y-2=-\frac{3}{2}(x+1).$$

(2)化为一般式方程得

$$3x+2y-1=0.$$

例 4　已知三角形的三个顶点 $A(-5, 0)$，$B(3, -3)$，$C(0, 2)$. (1)求 BC 边所在的直线的方程；(2)求 BC 边上中线所在的直线的方程.

解　(1)过点 $B(3, -3)$，$C(0, 2)$的直线斜率为

$$k=\frac{2-(-3)}{0-3}=-\frac{5}{3}.$$

又因为直线过点 $C(0, 2)$，可得直线的点斜式方程为 $y-2=-\frac{5}{3}(x-0)$.

整理得 $5x+3y-6=0$.

所以 BC 边所在的直线的方程为 $5x+3y-6=0$.

(2)由中点坐标公式可得中点 M 的坐标为 $\left(\frac{3+0}{2}, \frac{-3+2}{0}\right)$，即$\left(\frac{3}{2}, -\frac{1}{2}\right)$.

过 $A(-5, 0)$，$M\left(\frac{3}{2}, -\frac{1}{2}\right)$的直线的斜率为

$$k=\frac{-\frac{1}{2}-0}{\frac{3}{2}+5}=-\frac{1}{13}.$$

将点 $A(-5, 0)$和斜率 $k=-\frac{1}{13}$代入点斜式方程中，得

$$y-0=-\frac{1}{13}(x+5).$$

整理得　$$x+13y+5=0.$$

所以 BC 边上中线所在的直线的方程为 $x+13y+5=0$.

同步练习

1. 选择题.

(1)直线 $3x-2y+8=0$ 的斜率和在 y 轴上的截距分别是(　　).

A. $\frac{3}{2}$和 4　　B. $-\frac{3}{2}$和 4　　C. $\frac{2}{3}$和 4　　D. $\frac{3}{2}$和-4

(2)斜率是-1，且与 y 轴的交点是$(0, 3)$的直线的一般式方程为(　　).

A. $y=-x+3$　　B. $x+y-3=0$

C. $x-y+3=0$　　D. $x+3y-1=0$

2. 填空题.

(1)$Ax+By+C=0$(A，B 不同时为 0)叫作直线的________方程.

(2)若直线 l 的一般式方程是 $2x-y+3=0$，则 $A=$________，$B=$________，$C=$________.

(3)已知直线 l 的方程为$\frac{1}{2}x-1=0$，则 $A=$________，$B=$________，$C=$________.

(4)已知直线 l 的方程为 $y=5$，则 $A=$________，$B=$________，$C=$________.

(5)已知直线 l 的斜截式方程是 $y=-\frac{1}{3}x+2$，则直线 l 的一般式方程是________.

(6)已知直线 l 的方程是 $Ax+By+C=0(B\neq 0)$，则直线 l 的斜率为________，纵截距为________.

3. 求直线 $2x-y-1=0$ 与 x 轴、y 轴的交点坐标，并写出在 x 轴和 y 轴上的截距.

4. 已知三角形的三个顶点 $A(4, 0)$，$B(0, -2)$，$C(-1, 1)$.

(1)求 BC 边所在的直线的方程；(2)求 BC 边上中线所在的直线的方程.

习题 8.3

A 组

1. 选择题.

(1)直线过点 $A(3, 4)$，其倾斜角为 $45°$，则直线的一般方程为(　　).

A. $x+y+7=0$　　B. $x-y-7=0$

C. $x-y-1=0$　　D. $x-y+1=0$

(2)直线倾斜角为 $60°$，且在 y 轴上的截距为 -1，则直线的一般方程为(　　).

A. $\sqrt{3}x-y-1=0$　　B. $\sqrt{3}x-3y-1=0$

C. $x-2y-1=0$　　D. $\sqrt{3}x-2y-1=0$

2. 填空题.

(1)已知直线方程为 $y=-\frac{3}{2}x+2$，则其斜率为________，在 y 轴上的截距为________.

(2)直线 l 的一般式方程为 $2x+5y-3=0$，直线的斜截式方程为________，斜率为________，在 y 轴上的截距为________.

3. 已知直线的倾斜角为 45°，在 y 轴上的截距是$\frac{1}{2}$，求直线的方程.

4. 求经过点 $M(1, 6)$，且斜率 $k=-4$ 的直线的方程.

5. 直线与 x 轴、y 轴的交点分别是$(4, 0)$和$(0, -3)$，求这条直线的一般的方程.

6. 已知直线经过点 $P(2, 1)$和 $P_2(4, -3)$，求这条直线的一般式方程.

7. 已知直线 $3x+4y-12=0$ 与两坐标轴围成一个三角形，求其面积.

B 组

1. 已知直线的方程是 $3x+2y-6=0$，求直线的斜率 k 和在 y 轴上的截距 b.

2. 已知一条直线与 y 轴的交点是 $A(0, -3)$，斜率为$\frac{1}{3}$，求这条直线的方程.

3. 求经过点 $P(0, 7)$，倾斜角为 60°的直线的方程.

4. 已知直线 l 经过两点 $A(0, -3)$和 $B(5, 0)$，求直线 l 的点斜式方程、斜截式方程和一般式方程.

5. 已知直线过点 $P(2, 4)$，斜率是直线 $y=-2x$ 的斜率的 2 倍，求该直线的方程.

6. 已知三角形 ABC 的三个顶点为 $A(-1, 5)$，$B(1, -3)$，$C(-5, 4)$，D 为 BC 边的中点，求中线 AD 所在的直线的方程.

*7. 已知直线 l 和 y 轴相交于点 $P(0, 2)$，且直线倾斜角的余弦值为$\frac{4}{5}$，求直线 l 的方程.

§8.4　两条直线的位置关系

8.4.1　平行、重合和相交的充要条件

在平面几何中，我们根据同位角是否相等来判断两条直线是平行还是相交. 这里我们来探索如何将几何条件代数化，通过直线的方程来判定两条直线的位置关系.

一、两条直线 l_1 与 l_2 的斜率 k_1 与 k_2 都存在的情况

学习新知

我们知道，在平面内两条直线有平行、重合和相交三种位置关系，如

图 8-14.

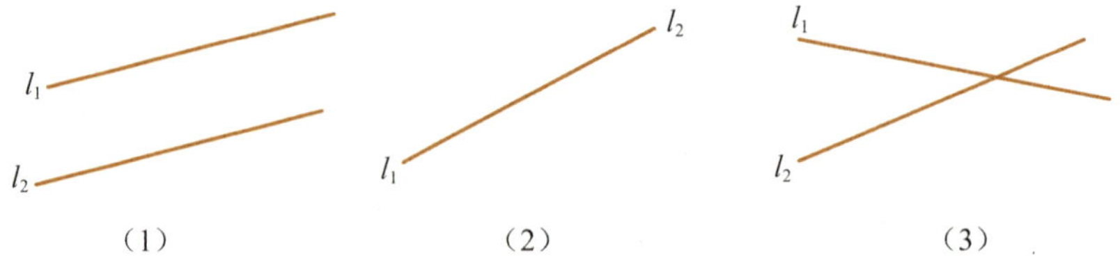

图 8-14

如图 8-15 所示，设直线 l_1 的方程为 $y=k_1x+b_1$，l_2 的方程为 $y=k_2x+b_2$，l_1 与 l_2 平行，k_1，k_2 都不为 0，它们的倾斜角分别是 α_1 和 α_2，在 y 轴上的截距分别是 b_1 和 b_2. 我们可以看出，α_1 和 α_2 是同位角. 由于 $l_1 /\!/ l_2$，故有 $\alpha_1=\alpha_2$.

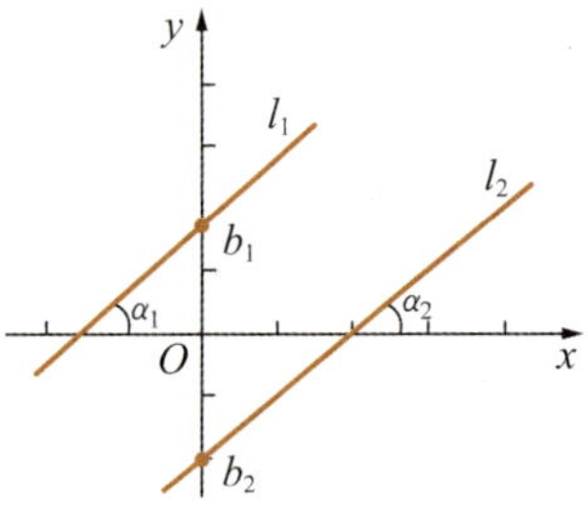

图 8-15

反之，若 $k_1=k_2$，$b_1\neq b_2$，即 $\tan\alpha_1=\tan\alpha_2$，由于 $0°\leqslant\alpha_1<180°$，$0°\leqslant\alpha_2<180°$，所以 $\alpha_1=\alpha_2$，则有 $l_1 /\!/ l_2$.

于是，我们得到下面的结论：

$$l_1 /\!/ l_2 \Leftrightarrow k_1=k_2 \text{ 且 } b_1\neq b_2.$$

当 $k_1=k_2=0$ 时，$l_1 /\!/ l_2 /\!/ x$ 轴，以上结论仍成立.

由以上讨论，显然有：

$$l_1 \text{ 与 } l_2 \text{ 重合} \Leftrightarrow k_1=k_2 \text{ 且 } b_1=b_2.$$

如图 8-16，当两条直线 l_1 与 l_2 相交时，有 $\alpha_1\neq\alpha_2$，$\tan\alpha_1\neq\tan\alpha_2$，于是我们可以得到 $k_1\neq k_2$；反过来，由 $k_1\neq k_2$ 也易得出 l_1 与 l_2 相交.

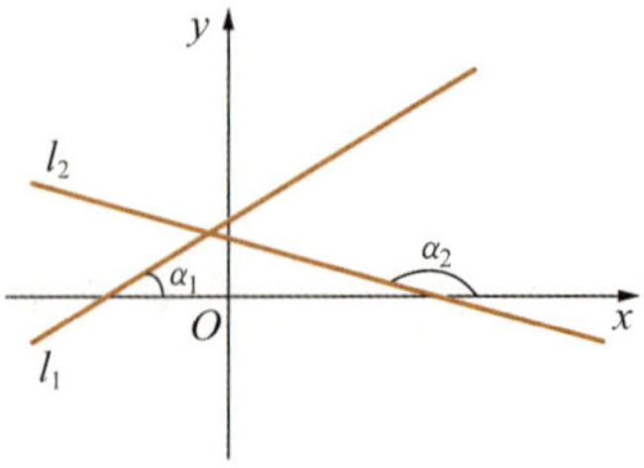

图 8-16

于是我们又得到以下结论：

$$l_1 \text{ 与 } l_2 \text{ 相交} \Leftrightarrow k_1 \neq k_2.$$

综上，设两条直线斜率都存在，l_1 与 l_2 的直线方程分别为 $y=k_1x+b_1$，$y=k_2x+b_2$，两条直线的位置关系可归纳起来，见表 8-1.

表 8-1

系数关系	$k_1 \neq k_2$	$k_1=k_2$	
		$b_1 \neq b_2$	$b_1=b_2$
位置关系	相交	平行	重合

运用新知

例 1　判断下列各组直线的位置关系.

(1)l_1：$y=2x+1$.　　l_2：$y=2x+1$.

(2)l_1：$y=\frac{1}{3}x$.　　l_2：$y=\frac{1}{3}x-2$.

(3)l_1：$x+y-1=0$.　　l_2：$2x-2y+1=0$.

解　(1)由直线 l_1，l_2 的方程，得

$$k_1=k_2=2 \text{ 且 } b_1=b_2=1,$$

所以 l_1 与 l_2 重合.

(2)由直线 l_1，l_2 的方程，得

$$k_1=k_2=\frac{1}{3} \text{ 且 } b_1=0\neq -2=b_2,$$

所以 $l_1 /\!/ l_2$ 平行.

(3)把直线 l_1，l_2 的方程化为斜截式方程，得

$$l_1 \text{ 为 } y=-x+1,\ l_2 \text{ 为 } y=x+\frac{1}{2}.$$

可以看出，$k_1=-1\neq 1=k_2$.

所以 l_1 与 l_2 相交.

例 2　求过点 $A(1, -4)$且与直线 $2x-4y+3=0$ 平行的直线的方程.

解　将已知直线的方程化为斜截式方程 $y=\frac{1}{2}x+\frac{3}{4}$，可知直线的斜率为$\frac{1}{2}$，由于所求直线与已知直线平行，因此所求直线的斜率也为$\frac{1}{2}$.

将直线的斜率 $k=\frac{1}{2}$和点 A 的坐标$(1, -4)$代入直线的点斜式方程中，可得

$$y-(-4)=\frac{1}{2}(x-1),$$

即 $$x-2y-9=0.$$

例 3 已知△ABC的顶点为$A(1,\ -1)$，$B(2,\ 0)$，$C(0,\ -2)$，求经过顶点A且与BC边所在的直线平行的直线l的方程.

解 BC边所在的直线的斜率为$k_{BC}=\dfrac{-2-0}{0-2}=1$.

因为直线l与BC边所在的直线平行，所以直线l的斜率为

$$k_l=k_{BC}=1.$$

又因为直线l过点$A(1,\ -1)$，代入点斜式方程中可得直线l的方程为

$$y-(-1)=1\times(x-1),$$

即 $x-y-2=0$.

同步练习

1. 选择题.

(1)直线$y=2x+1$与直线$y=2x-1$的位置关系是(　　).

A. 相交　　B. 平行　　C. 重合　　D. 平行或重合

(2)直线$x-y=1$与直线$y=3x+2$的位置关系是(　　).

A. 相交　　B. 平行　　C. 重合　　D. 平行或重合

(3)直线$2x-2y=4$与直线$y=x-2$的位置关系是(　　).

A. 相交　　B. 平行　　C. 重合　　D. 平行或重合

(4)两条直线$2x-3y+8=0$，$Ax+6y-7=0$互相平行，则A的值为(　　).

A. 3　　B. -3　　C. 4　　D. -4

2. 填空题.

(1)直线l_1的方程为$2x-y+2=0$，直线l_2的方程为$Ax+2y-3=0$，若l_1与l_2平行，则$A=$________;

(2)已知直线l_1的方程为$y=kx+1$，直线l_2的方程为$y-2x+1=0$，当$k=$________时，$l_1 /\!/ l_2$.

3. 已知直线l过点$P(0,\ -2)$，且与直线$x-2y+1=0$平行，求直线l的方程.

4. 已知△ABC的顶点$A(0,\ -1)$，$B(1,\ 2)$，$C(-2,\ 1)$，求经过顶点A且与边BC所在的直线平行的直线l的方程.

二、两条直线 l_1 与 l_2 的斜率不都存在的情况

学习新知

(1)若直线l_1和l_2的斜率都不存在，则直线l_1和l_2都与x轴垂直．可

设两条直线 l_1 与 l_2 的方程分别为：

$$x=x_1，\ x=x_2.$$

当 $x_1\neq x_2$ 时，$l_1 /\!/ l_2$；当 $x_1=x_2$ 时，l_1 与 l_2 重合.

(2)设直线 l_1 的斜率为 k_1，l_2 的斜率不存在，可设两条直线 l_1 与 l_2 的方程分别为：

$$y=k_1x+b_1，\ x=x_2.$$

这时直线 l_1 与 x 轴不垂直，直线 l_2 与 x 轴垂直. 所以 l_1 与 l_2 相交.

同步练习

1. 选择题.

(1)直线 $x=2$ 与直线 $x+3=0$ 的位置关系是(　　).

A. 相交　　B. 平行　　C. 重合　　D. 平行或重合

(2)直线 $x=-6$ 与直线 $y=3x+2$ 的位置关系是(　　).

A. 相交　　B. 平行　　C. 重合　　D. 平行或重合

(3)直线 $x=-1$ 与直线 $y=2$ 的位置关系是(　　).

A. 斜交(相交但不垂直)　　B. 平行

C. 重合　　D. 垂直相交

2. 填空题.

(1)直线 $y=2$ 与直线 $y=-3$ 的位置关系是________；

(2)若直线 $x=-1$ 与直线 $x+By=2$ 平行，则 $B=$________.

8.4.2　两条直线垂直

学习新知

两条直线垂直是相交的一种特殊情况，是一种常见且重要的位置关系，如何根据直线的方程来判断两条直线是否垂直呢？

(1)如图 8-17，设直线 l_1，l_2 都与 x 轴相交但不垂直，则直线 l_1，l_2 的斜率都存在且都不为 0. 则

$$k_1=\tan\alpha_1，\ k_2=\tan\alpha_2=\tan(180°-\alpha_3)=-\tan\alpha_3.$$

于是　$l_1\perp l_2 \Rightarrow \angle ACB=90°$

$$\Rightarrow k_1=\tan\alpha_1=\frac{BC}{AC}，\ k_2=-\tan\alpha_3=-\frac{AC}{BC}$$

$$\Rightarrow k_1\cdot k_2=\frac{BC}{AC}\cdot\left(-\frac{AC}{BC}\right)=-1.$$

反过来，由 $k_1\cdot k_2=-1$ 也能得到 $l_1\perp l_2$.

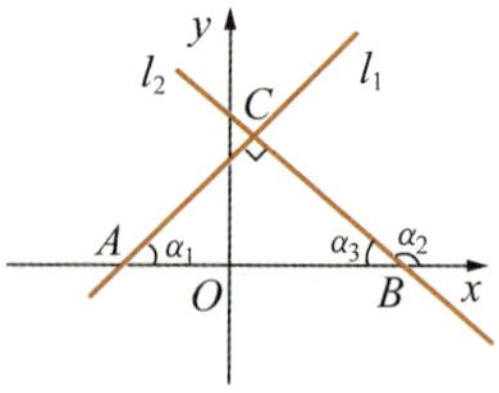

图 8-17

于是我们得到，直线 l_1，l_2 的斜率都存在且都不为 0 时，$l_1 \perp l_2$ 的充要条件：

$$l_1 \perp l_2 \Leftrightarrow k_1 \cdot k_2 = -1 \left(或\ k_2 = -\frac{1}{k_1}\right).$$

(2)如图 8-18，当 k_1，k_2 中有一个不存在时，不妨设 k_1 不存在，则 l_1 必垂直于 x 轴，l_2 平行于 x 轴，从而 $k_2=0$. 即在 k_1，k_2 中，其中一个不存在，另一个为 0 时，$l_1 \perp l_2$.

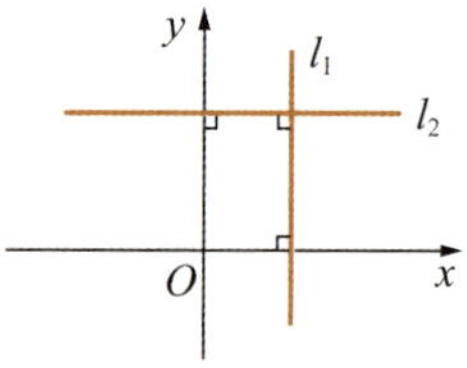

图 8-18

综上可得：

$l_1 \perp l_2 \Leftrightarrow k_2 = -\dfrac{1}{k_1}$($k_1$，$k_2$ 都存在且均不为 0)或在 k_1，k_2 中，其中一个不存在，另一个为 0.

运用新知

例 1 判断下列各对直线是否垂直.

(1)l_1：$y=3x+5$.　　l_2：$x+3y-1=0$.

(2)l_1：$2x-3y-6=0$.　　l_2：$4x+5y-2=0$.

解 (1)直线 l_1 的斜率 $k_1=3$，将直线 l_2 的方程化为斜截式

$$y=-\frac{1}{3}x+\frac{1}{3},$$

因此，直线 l_2 的斜率 $k_2=-\dfrac{1}{3}$.

因为 $$k_1 \cdot k_2 = 3 \times \left(-\frac{1}{3}\right) = -1,$$

所以 $l_1 \perp l_2$.

(2)将直线 l_1 的方程化为斜截式：$y=\frac{2}{3}x-2$.

将直线 l_2 的方程化为斜截式：$y=-\frac{4}{5}x+\frac{2}{5}$.

因此，直线 l_1 的斜率 $k_1=\frac{2}{3}$，直线 l_2 的斜率 $k_2=-\frac{4}{5}$.

因为 $k_1\cdot k_2=\frac{2}{3}\times\left(-\frac{4}{5}\right)=-\frac{8}{15}\neq-1$，

所以 l_1 与 l_2 不垂直.

例 2　判断下列各对直线是否垂直.

(1)l_1：$x=-2$.　　l_2：$y=3$.

(2)l_1：$x=4$.　　l_2：$y=3x+1$.

解　(1)因为 k_1 不存在，$k_2=0$，所以 $l_1\perp l_2$.

(2)因为 k_1 不存在，$k_2=3\neq0$，所以 l_1 与 l_2 不垂直.

另解　(1)由方程知，$l_1\perp x$ 轴，$l_2\perp y$ 轴，得 $l_1\perp l_2$.

(2)由方程知，$l_1\perp x$ 轴，l_2 与 x 轴相交，得 l_1 与 l_2 不垂直.

例 3　直线 l_1 的方程为 $y=-x+3$，l_2 的方程为 $y=(m-2)x+1$，l_1 与 l_2 垂直，求 m 的值

解　因为直线 l_1 的方程为 $y=-x+3$，l_2 的方程为 $y=(m-2)x+1$，l_1 与 l_2 垂直.

所以 $k_1\cdot k_2=-1\times(m-2)=-1$，

解得 $m=3$.

例 4　求过点 $M(-1,-2)$且垂直于直线 $3x-2y+1=0$ 的直线的方程.

解　由 $3x-2y+1=0$，得 $y=\frac{3}{2}x+\frac{1}{2}$.

因此，已知直线的斜率 $k_1=\frac{3}{2}$，

所以所求直线的斜率 $k_2=-\frac{1}{k_1}=-\frac{2}{3}$.

又因为直线过点 $M(-1,-2)$，由点斜式得所求直线方程为

$$y+2=-\frac{2}{3}(x+1)，即 2x+3y+8=0.$$

同步练习

1. 选择题.

(1)直线 l_1 的方程为 $y=2x+3$，l_2 的方程为 $y=-\frac{1}{2}x-1$，则 l_1 与 l_2 的位置关系是(　　).

A. 平行　　　　B. 相交但不垂直

C. 垂直　　　　D. 重合

(2)直线 l_1 的方程为 $3x+5y-1=0$，l_2 的方程为 $Ax-2y+3=0$，l_1 与 l_2 垂直，则 A 的值是(　　).

A. $\frac{5}{6}$　　B. $-\frac{5}{6}$　　C. $\frac{10}{3}$　　D. $-\frac{6}{5}$

2. 填空题.

(1)已知直线 l_1 的方程为 $y=-\frac{1}{3}x+2$，l_2 的方程为 $y=kx+2$. 若 $l_1\perp l_2$，则 $k=$________.

(2)已知直线 l_1 的方程为 $y=-4$，l_2 的方程为 $x-2=0$，则直线 l_1 与 l_2 的位置关系是________.

(3)已知直线 l_1 的方程为 $x=-4$，l_2 的方程为 $x-2=0$，则直线 l_1 与 l_2 的位置关系是________.

3. 判断下列各对直线是否垂直.

(1)$2x-y-1=0$ 与 $x-3y-5=0$；(2)$x-2y+5=0$ 与 $2x+y-3=0$.

4. 求过点 $M(1, -1)$且垂直于直线 $2x-y+1=0$ 的直线的方程.

习题 8.4

A 组

1. 直线 l_1 的方程为 $2x-y-3=0$，则 l_1 的斜截式方程为________，斜率是________，纵截距是________.

2. 判断下列各对直线的位置关系[平行、重合、垂直、斜交(相交但不垂直)].

(1)l_1：$2x-3y+1=0$.　　l_2：$4x-6y+2=0$.

(2)l_1：$3x+4y-2=0$.　　l_2：$4x-3y+1=0$.

(3)l_1：$x-5y+4=0$.　　l_2：$2x-10y-9=0$.

(4)l_1：$y-2=0$.　　l_2：$y=3$.

3. 求过原点且与直线 $5x-2y+13=0$ 平行的直线的方程.

4. 求过原点且与直线 $x+7y-11=0$ 垂直的直线的方程.

5. 求经过点 $P(-1, 4)$且与直线 $4x+3y-7=0$ 平行的直线的方程.

6. 求经过点 $M(1, -3)$且与直线 $3x-y+7=0$ 垂直的直线的方程.

B 组

1. 判断下列各对直线的位置关系[平行、重合、垂直、斜交(相交但不垂直)].

(1)l_1：$y=4x$.　　l_2：$2x+8y-11=0$.

(2)l_1：$2x-3y=5$.　　l_2：$4x-6y+3=0$.

(3)l_1：$3x+7y-12=0$.　　l_2：$6x+14y-24=0$.

(4)l_1：$y=5x-1$.　　l_2：$y=\frac{1}{5}x-1$.

(5)l_1：$x+y=1$.　　l_2：$3x-3y=4$.

2. 求过点 $P\left(\frac{1}{2}, -5\right)$且与直线 $2x-y+2=0$ 平行的直线的方程.

3. 求过点 $M(-1, 4)$且与直线 $5x+4y-13=0$ 垂直的直线的方程.

§8.5　两条相交直线的交点坐标

学习新知

上节我们学习了判定两条直线相交的条件，那么怎样求它们的交点坐标呢？

设两条直线 l_1 的方程为 $A_1x+B_1y+C_1=0$，l_2 的方程为 $A_2x+B_2y+C_2=0$，l_1 与 l_2 相交于点 $P(x_0, y_0)$(如图 8-19)，则交点 P 既在 l_1 上，也在 l_2 上. 所以交点 P 的坐标(x_0, y_0)既满足方程 $A_1x+B_1y+C_1=0$，又满足方程 $A_2x+B_2y+C_2=0$. 因此方程组$\begin{cases}A_1x+B_1y+C_1=0,\\A_2x+B_2y+C_2=0\end{cases}$的解就是直线 l_1 与 l_2 的交点坐标(x_0, y_0).

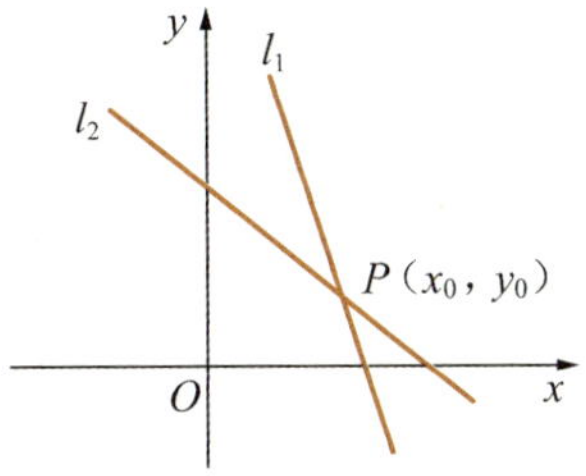

图 8-19

运用新知

例 1　求两条直线的交点，l_1 的方程为 $2x+3y-7=0$，l_2 的方程为 $5x-2y-8=0$.

解 解方程组$\begin{cases}2x+3y-7=0, & ①\\ 5x-2y-8=0. & ②\end{cases}$

①×2+②×3，得

$$19x-38=0\Rightarrow x=2.$$

代入①中，解得 $y=1$.

所以直线 l_1 和 l_2 的交点坐标是(2，1).

例 2 求直线 l 与坐标轴的交点坐标，l 的方程为 $3x+5y-15=0$.

解 坐标轴也是直线，x 轴的方程是 $y=0$，y 轴的方程是 $x=0$.

列联立方程组得

$$\begin{cases}3x+5y-15=0,\\ y=0.\end{cases} \text{解得}\begin{cases}x=5,\\ y=0.\end{cases} ①$$

$$\begin{cases}3x+5y-15=0,\\ x=0.\end{cases} \text{解得}\begin{cases}x=0,\\ y=3.\end{cases} ②$$

所以直线 l 与 x 轴的交点坐标是(5，0)；直线 l 与 y 轴的交点坐标是(0，3).

例 3 求经过两条直线 $x+3y-3=0$ 和 $3x-2y+2=0$ 的交点，且

(1)与直线 l_1 平行的直线的方程，l_1 的方程为 $3x-4y+12=0$.

(2)与直线 l_2 垂直的直线的方程，l_2 的方程为 $x+5y-6=0$.

解 解方程组

$$\begin{cases}x+3y-3=0,\\ 3x-2y+2=0,\end{cases} \text{得}\begin{cases}x=0,\\ y=1.\end{cases}$$

所以两条直线的交点坐标为(0，1).

(1)因为所求直线与 l_1 平行，l_1 的方程为 $3x-4y+12=0$，直线 l_1 的斜率 $k_1=\frac{3}{4}$，所以所求直线的斜率也是$\frac{3}{4}$. 由点斜式方程可得

$$y-1=\frac{3}{4}(x-0)，\text{即 } 3x-4y+4=0.$$

(2)因为所求直线垂直于 l_2，l_2 的方程为 $x+5y-6=0$，而直线 l_2 的斜率 $k_2=-\frac{1}{5}$，所以所求直线的斜率是5. 由点斜式方程可得

$$y-1=5(x-0)，\text{即 } 5x-y+1=0.$$

从事财经类工作时，有时也会遇到求两直线交点的问题，如盈亏问题、市场供需问题等，考虑其平衡点时，往往就属于这种情况.

例 4 某企业日产某产品的总成本 y(元)与该产品的产量 x(件)之间有成本函数 $y=10x+4\ 000$，而该产品的出厂价格为20元/件. 试问：该企业每日至少生产多少件这种产品且日产值为多少时才不亏本(求盈亏转折点)?

分析　所谓不亏本是指产出在全部销出的情况下总产值与总成本相等；当总产值大于总成本时是盈利；当总产值小于总成本时是亏损．

解　由已知，日产这种产品的总产值为

$$y=20x,$$

而总成本为 $y=10x+4\ 000$．

它们的图像都是直线，如图 8-20 所示．这两条直线相交，交点就是盈亏转折点．交点的坐标可通过解方程组来求出．

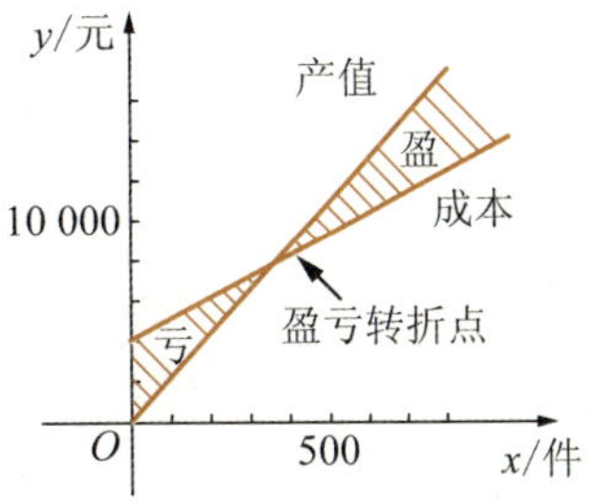

图 8-20

$$\begin{cases} y=20x, \\ y=10x+4\ 000. \end{cases}$$

解得 $\begin{cases} x=400, \\ y=8\ 000. \end{cases}$

即当日产量至少为 400 件且日产值至少为 8 000 元时，才不亏本．

同步练习

1. 填空题．

(1)直线 $4x+2y-1=0$ 与 x 轴的交点坐标是________，与 y 轴的交点坐标是________．

(2)直线 $x+2=0$ 和直线 $y+5=0$ 的交点坐标是________，

(3)直线 $x+y=0$ 和直线 $x-y=0$ 的交点坐标是________．

2. 求直线 $x+y+2=0$ 与直线 $3x+4y-2=0$ 的交点坐标．

3. 求经过直线 $3x-2y+12=0$ 与 y 轴的交点，且

(1)与 $4x+3y-1=0$ 平行的直线的方程；

(2)与直线 $3x-y-2=0$ 垂直的直线的方程．

4. 已知生产某产品的总成本 y(元)与该产品的产量 x(件)的关系为 $y=21x+450$，又知每件产品出厂价为 30 元．试求这项生产的盈亏转折点．

习题 8.5

A 组

1. 求直线 $x+y-4=0$ 与直线 $4x-3y+5=0$ 的交点坐标．

2. 求斜率为 -2 且经过两条直线 $2x+3y-3=0$ 和 $x-y=0$ 的交点的直线的方程．

3. 求经过直线 $3x-2y+12=0$ 与 y 轴的交点，且

(1)与直线 $4x+3y-1=0$ 平行的直线的方程；

(2)与直线 $3x-y-2=0$ 垂直的直线的方程.

4. 求经过直线 $3x-2y+12=0$ 与 x 轴的交点，且

(1)与直线 $3x+4y-7=0$ 平行的直线的方程；

(2)与直线 $x+5y-1=0$ 垂直的直线的方程.

B组

1. 直线 l 的方程为 $3x-4y+12=0$，求直线 l 与坐标轴的交点坐标，并求直线 l 与坐标轴所围成的三角形的周长和面积.

2. 求两条直线 $2x-y-5=0$，$x+y-1=0$ 和 x 轴所围成的三角形的面积.

3. 判断下列各对直线是否垂直.

(1)l_1：$y=-\frac{1}{2}x-3$.　　l_2：$y=2x+1$.

(2)l_1：$y=\sqrt{3}x-1$.　　l_2：$x-\sqrt{3}y+1=0$.

(3)l_1：$y-2=0$.　　l_2：$y=3$.

(4)l_1：$x-2=0$.　　l_2：$y=3$.

4. 求直线 $x-y+1=0$ 与直线 $2x+y+2=0$ 的交点坐标.

5. 直线 l_1 的方程为 $y=3x-1$，l_2 的方程为 $y=\left(k-\frac{2}{3}\right)x+1$，$l_1$ 与 l_2 垂直，求 k 的值.

6. 直线 l_1 的方程为 $2x-(m+1)y+m=0$，直线 l_2 的方程为 $mx-y+2=0$，求(1)当 m 为何值时，l_1 与 l_2 平行？(2)当 m 为何值时，l_1 与 l_2 垂直？

§8.6　点到直线的距离、两条平行线之间的距离

8.6.1　点到直线的距离

> **知识衔接**
>
> 从直线 l 外一点 P 向直线 l 作垂线，垂足为 Q，垂线段 PQ 的长叫点 P 到直线 l 的距离.

学习新知

如图8-21所示，在平面直角坐标系中，如果已知直线 l 的方程是 $Ax+By+C=0$，直线 l 外的一点 P 的坐标是 (x_0, y_0). 如何求点 P 到直线 l 的距离呢？

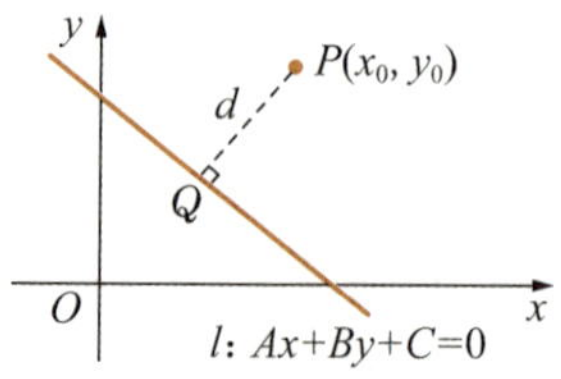

图 8-21

可以推导出(过程略)求点 $P(x_0, y_0)$ 到直线 $Ax+By+C=0$ 的距离 d 的公式为

$$d=\frac{|Ax_0+By_0+C|}{\sqrt{A^2+B^2}}.$$

特别地：如果直线与坐标轴垂直(平行)，下面的方法更为简捷.

如图 8-22(1)，易知点 $P(x_0,\ y_0)$到直线 $x=a$ 的距离为$d=|a-x_0|$.

如图 8-22(2)，易知点 $P(x_0,\ y_0)$到直线 $y=b$ 的距离为$d=|b-y_0|$.

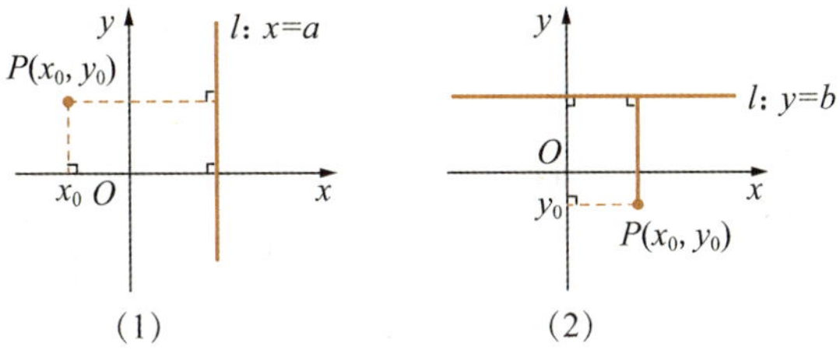

图 8-22

运用新知

例 1　已知点 $P(-1,\ 2)$，求

(1)点 P 到直线 $2x+y-5=0$ 的距离；

(2)点 P 到直线 $y=\frac{3}{2}x-1$ 的距离.

分析　对于第(2)题，首先应将直线的方程化成一般式.

解　(1)$d=\frac{|2\times(-1)+2-5|}{\sqrt{2^2+1^2}}=\frac{|-5|}{\sqrt{5}}=\sqrt{5}$.

(2)把 $y=\frac{3}{2}x-1$ 化成一般式，得 $3x-2y-2=0$.

$$d=\frac{|3\times(-1)+2\times2-2|}{\sqrt{3^2+(-2)^2}}=\frac{|-9|}{\sqrt{13}}=\frac{9\sqrt{13}}{13}.$$

方法　(1)题，把$(-1,\ 2)$直接代入$|2x+y-5|$中，得分子$|2(-1)+2-5|$. 不必把系数 A，B，C 先写出来，然后再把数值代入公式中.

例 2　(1)求点 $P(-1,\ 2)$到直线 $x=4$ 的距离；

(2)求点 $P(-1,\ 2)$到直线 $y=-1$ 的距离.

分析 1　首先将方程化成一般式. (1)题中 y 的系数 $B=0$，(2)题中 x 的系数 $A=0$.

解 1　(1)由直线方程 $x=4$，得 $x-4=0$，

$$d=\frac{|-1-4|}{\sqrt{1^2+0^2}}=\frac{|-5|}{1}=5.$$

(2)由直线方程 $y=-1$ 得 $y+1=0$，

$$d=\frac{|2+1|}{\sqrt{0^2+1^2}}=\frac{3}{1}=3.$$

分析2 由方程知，直线与坐标轴垂直(平行)，(如图8-23)下面的解法更简捷.

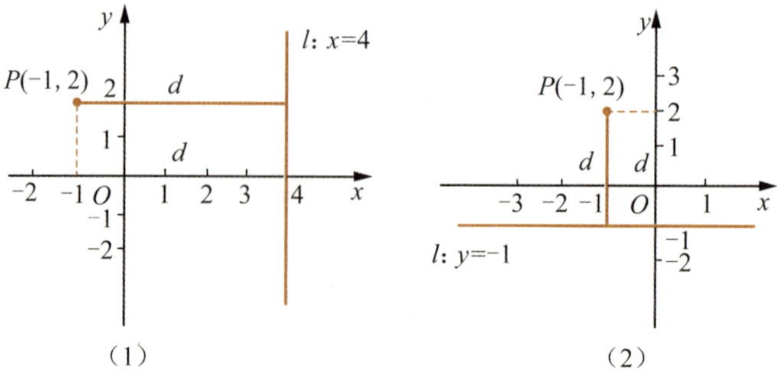

图 8-23

解2 (1)$d=|4-(-1)|=5$；(2)$d=|2-(-1)|=3$.

请同学们结合图形理解这种解法，实际做题过程中不必画图.

例3 已知点$P(a, -1)$到直线$x+2y-8=0$的距离等于$\sqrt{5}$，求a的值.

解 点$P(a, -1)$到直线$x+2y-8=0$的距离为

$$d=\frac{|a+2(-1)-8|}{\sqrt{1^2+2^2}}=\frac{|a-10|}{\sqrt{5}}=\sqrt{5}.$$

得 $$|a-10|=5，a-10=\pm 5，$$

所以 $a=15$ 或 $a=5$.

同步练习

1. 填空题.

(1)点$A\left(-\frac{1}{2}, 3\right)$到直线$y=-6$的距离为________；

(2)点$A\left(-\frac{1}{2}, 3\right)$到直线$x=-6$的距离为________.

2. 求点$A(0, 2)$到直线$x+3y-1=0$的距离.

3. 求点$A(-3, 2)$到直线$y=-2x+3$的距离.

4. 已知点$P(1, b)$到直线$3x+4y-2=0$的距离等于2，求b的值.

5. 已知点$Q(1, -1)$到直线$x-y+C=0$的距离等于$2\sqrt{2}$，求C的值.

8.6.2　两条平行线之间的距离

学习新知

若直线 l_1 与 l_2 平行，那么怎样求它们之间的距离呢？如图 8-24 所示.

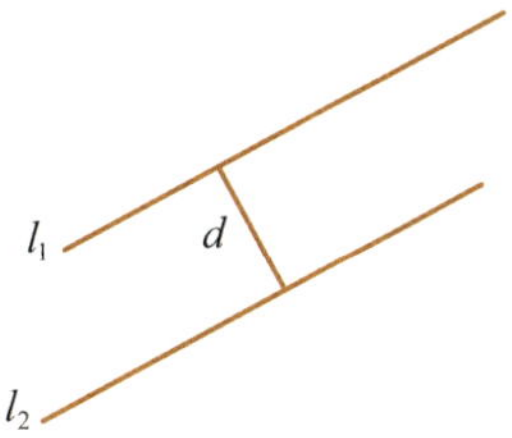

图 8-24

> **知识衔接**
> 两平行线间的距离处处相等．其中一条直线上的任一点到另一条直线的垂线段长叫两平行线之间的距离.

因为直线 l_1 与 l_2 平行，所以它们的斜率相等，故它们的方程可设成如下形式.

$$l_1:\ Ax+By+C_1=0.\qquad l_2:\ Ax+By+C_2=0.$$

从 l_1 上取一点 $P(x_0,\ y_0)$，再由点到直线的距离公式求出两条平行线间的距离

$$d=\frac{|Ax_0+By_0+C_2|}{\sqrt{A^2+B^2}},$$

因为点 $P(x_0,\ y_0)$在 l_1 上，故 $Ax_0+By_0+C_1=0$，所以有 $Ax_0+By_0=-C_1$.

代入上式中，得

$$d=\frac{|-C_1+C_2|}{\sqrt{A^2+B^2}}=\frac{|C_2-C_1|}{\sqrt{A^2+B^2}}.$$

故两条平行线之间的距离可表示为

$$d=\frac{|C_2-C_1|}{\sqrt{A^2+B^2}}.$$

运用新知

例 1　求平行直线 l_1 与 l_2 之间的距离. l_1 的方程为 $3x-4y-12=0$，l_2 的方程为 $3x-4y+6=0$.

解　由直线方程可知：$A=3$，$B=-4$，$C_1=-12$，$C_2=6$.

所以平行线 l_1 与 l_2 之间的距离为 $d=\dfrac{|-6-12|}{\sqrt{3^2+(-4)^2}}=\dfrac{18}{5}$.

例 2　求平行直线 l_1 与 l_2 之间的距离. l_1 的方程为 $4x+2y-1=0$，l_2 的方程为 $2x+y=-3$.

解　l_2 的方程为 $2x+y=-3$ 可转化为另一种形式 $4x+2y+6=0$.

所以 $A=4$，$B=2$，$C_1=-1$，$C_2=6$.

所以平行线 l_1 与 l_2 之间的距离为 $d=\frac{|6-(-1)|}{\sqrt{4^2+2^2}}=\frac{7}{\sqrt{20}}=\frac{7\sqrt{5}}{10}$.

提醒 要把两条平行线的方程都化成一般式，并且使两方程中 x，y 的系数对应相同，这样才能使用公式.

同步练习

1. 求平行直线 $y=-2x+1$ 与 $2x+y+3=0$ 之间的距离.
2. 求平行直线 $6x-8y-2=0$ 与 $3x-4y+3=0$ 之间的距离.

习题 8.6

A 组

1. 求点 $P(2,\ -1)$到直线 $3x-4y+5=0$ 的距离.
2. 求点 $P(-1,\ 3)$到直线 $y+2=0$ 的距离.
3. 已知点 $M(m,\ 0)$到直线 $x+y-3=0$ 的距离为$\sqrt{2}$，求 m 的值.
4. 已知点 $P(-1,\ 2)$到直线 $2x+y+C=0$ 的距离为$\sqrt{5}$，求 C 的值.

B 组

1. 已知点 $P(a,\ 0)$到直线 $2x-3y=5$ 的距离为 $\sqrt{13}$，求 a 的值.
2. 求平行直线 $3x-4y+2=0$ 与 $3x-4y-13=0$ 之间的距离.
3. 求平行直线 $3x-y+1=0$ 与 $3x-y=4$ 之间的距离.
4. 已知平行直线 $2x-y+1=0$ 与 $2x-y+C=0$ 之间的距离为 $2\sqrt{5}$，求 C 的值.

§8.7 圆的方程

在我们的日常生活中，圆形的物体随处可见，如天上的太阳、汽车的车轮、音箱的喇叭、艺术体操运动员手中的圆环、游乐场中的摩天轮等. 圆具有简洁对称的美，它不仅在现代生活中应用广泛，在古代，圆也常常被诗人用来描绘壮美的景象，如王维的“大漠孤烟直，长河落日圆”，白居易的“老住香山初到夜，秋逢白月正圆时”，等等.

如图 8-25，这是一座立交桥的图片，其中有四个圆形花坛. 人们在设计、施工时就要用到圆的相关知识.

图 8-25

在初中平面几何中我们学习过一些圆的知识，这里我们将用方程的方法进一步学习圆的相关知识.

8.7.1　圆的标准方程

学习新知

把一根短绳的一端固定在图板上，拉紧绳子，使另一端在图板上连续移动一周，画出的图形是什么？

画出的图形一定是以固定点为圆心、以短绳长为半径的圆.

设在平面直角坐标系下，圆的圆心坐标为 $C(a, b)$，半径为 r，点 $M(x, y)$ 是圆上任意一点，如图 8-26 所示.

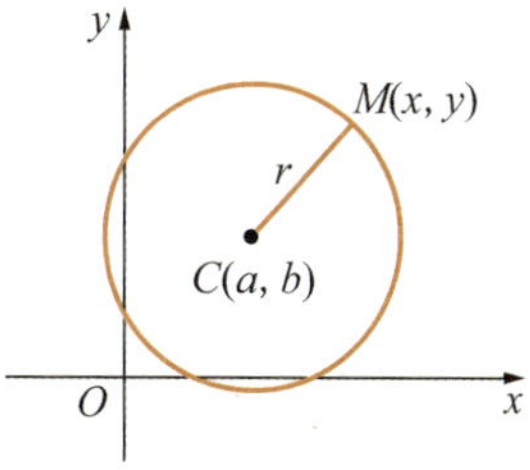

图 8-26

由圆的定义可知，点 M 满足的条件是

$$|CM|=r(r>0).$$

由两点间距离公式，点 M 的坐标满足的条件是

$$\sqrt{(x-a)^2+(y-b)^2}=r.$$

两边平方，即得

$$(x-a)^2+(y-b)^2=r^2.$$

这是点 M 的轨迹方程. 可以得出：曲线上任意一点的坐标 (x, y) 都满足方程. 反过来以方程 $(x-a)^2+(y-b)^2=r^2$ 的解 (x, y) 为坐标的点到定点 (a, b) 的距离一定是 r，因此点 $M(x, y)$ 一定在以 (a, b) 为圆心、以 r 为半径的圆上. 这样，圆和方程就形成了一个对应关系. 我们把方程

$$(x-a)^2+(y-b)^2=r^2$$

叫作以 (a, b) 为圆心、以 r 为半径的圆的方程，也叫作**圆的标准方程**.

特别地，当 $a=0$，$b=0$ 时，即圆心为原点时，圆的标准方程为

$$x^2+y^2=r^2.$$

运用新知

例1 根据下列圆的方程，确定圆心坐标和半径.

(1)$(x-2)^2+y^2=9$；　　(2)$(x+1)^2+(y-3)^2=10$；

(3)$x^2+y^2=12$.

解 (1)$(x-2)^2+y^2=9$ 可写成$(x-2)^2+(y-0)^2=3^2$.

所以圆心坐标是(2，0)，半径 $r=3$.

(2)$(x+1)^2+(y-3)^2=10$ 可写成

$$[(x-(-1))]^2+(y-3)^2=(\sqrt{10})^2.$$

所以圆心坐标是(−1，3)，半径 $r=\sqrt{10}$.

(3)$x^2+y^2=12$ 可写成$(x-0)^2+(y-0)^2=(\sqrt{12})^2$.

所以圆心坐标是(0，0)，半径 $r=\sqrt{12}=2\sqrt{3}$.

例2 写出以点 $C(-2,-1)$为圆心，半径 $r=3$ 的圆的标准方程中，并作图.

解 将 $a=-2$，$b=-1$，$r=3$ 代入圆的标准方程中，得

$$[(x-(-2))]^2+[y-(-1)]^2=3^2,$$

整理得，圆的标准方程为

$$(x+2)^2+(y+1)^2=9.$$

图像如图 8-27.

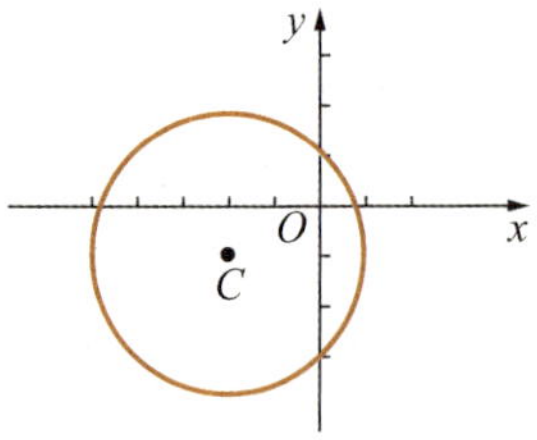

图 8-27

例3 求以点 $C(1,2)$为圆心且过点 $A(-1,0)$的圆的方程，并判断 $M(-3,3)$，$N(2,1)$和 $Q(3,0)$是在圆上、圆内还是在圆外.

分析 圆心到圆上任一点的距离都等于圆的半径，所以半径 $r=|CA|$. 再用初中学过的判断点与圆之间的位置关系的知识即可解答.

解 因为 $r=\sqrt{CA}=\sqrt{(-1-1)^2+(0-2)^2}=\sqrt{8}$.

$|CM|=\sqrt{(-3-1)^2+(3-2)^2}=\sqrt{17}>\sqrt{8}=r$.

$|CN|=\sqrt{(2-1)^2+(1-2)^2}=\sqrt{2}<\sqrt{8}=r$.

$|QM|=\sqrt{(3-1)^2+(0-2)^2}=\sqrt{8}=r$.

所以，点 M 在圆外，点 N 在圆内，点 Q 在圆上.

知识衔接

若点到圆心的距离为 d，圆的半径为 r，则

(1)$d<r\Leftrightarrow$点在圆内；

(2)$d=r\Leftrightarrow$点在圆上；

(3)$d>r\Leftrightarrow$点在圆外.

同步练习

1. 根据下列圆的标准方程，写出圆心坐标和半径.

(1)圆的标准方程为$(x+3)^2+\left(y+\frac{2}{3}\right)^2=16$，则圆心坐标为________，半径 $r=$________；

(2)圆的标准方程为 $x^2+(y-1)^2=3$，则圆心坐标为________，半径 $r=$________；

(3)圆的标准方程为 $x^2+y^2=8$，则圆心坐标为________，半径 $r=$________.

2. 写出下列圆的标准方程.

(1)圆心点 C 的坐标为 $(5, -2)$，半径 $r=1$，则圆的标准方程为________________；

(2)圆心点 C 的坐标为 $(-1, 0)$，半径 $r=2$，则圆的标准方程为________________；

(3)圆心为原点，即 $O(0, 0)$，半径 $r=\frac{1}{2}$，则圆的标准方程为________________；

(4)经过点 $P(5, 1)$，圆心点 C 的坐标为 $(8, -3)$，则圆的标准方程为________________.

3. 判断点 $M(-1, -4)$，$N(5, 2)$ 和 $Q(2, 0)$ 与圆 $(x-1)^2+(y+1)^2=13$ 的位置关系.

8.7.2　圆的一般方程

学习新知

将圆的标准方程 $(x-a)^2+(y-b)^2=r^2$ 展开，整理得

$$x^2+y^2-2ax-2by+(a^2+b^2-r^2)=0.$$

若令 $D=-2a$，$E=-2b$，$F=a^2+b^2-r^2$，得到方程

$$x^2+y^2+Dx+Ey+F=0.$$

观察可知，这个方程是关于 x，y 的二元二次方程，并且 x^2 和 y^2 的系数为 1(或为相等的不为 0 的实数)，没有 xy 项.

反之，若任意一个二元二次方程 $x^2+y^2+Dx+Ey+F=0$ 经过配方可变形为

$$\left(x+\frac{D}{2}\right)^2+\left(y+\frac{E}{2}\right)^2=\frac{D^2+E^2-4F}{4}.$$

(1)当 $D^2+E^2-4F>0$ 时，这个二元二次方程一定是圆的方程. 其圆心坐标为 $\left(-\frac{D}{2}, -\frac{E}{2}\right)$，半径 $r=\frac{\sqrt{D^2+E^2-4F}}{2}$.

(2)当 $D^2+E^2-4F=0$ 时，这个二元二次方程表示一个点，且点的坐标为 $\left(-\frac{D}{2}, -\frac{E}{2}\right)$.

(3)当 $D^2+E^2-4F<0$ 时，这个二元二次方程不表示任何图形.

于是，我们得到结论：

方程 $x^2+y^2+Dx+Ey+F=0$ 表示的图形是圆$\Leftrightarrow D^2+E^2-4F>0$.

当 $D^2+E^2-4F>0$ 时，方程 $x^2+y^2+Dx+Ey+F=0$ 叫作**圆的一般方程**. 其圆心坐标为$\left(-\frac{D}{2},\ -\frac{E}{2}\right)$，半径 $r=\frac{\sqrt{D^2+E^2-4F}}{2}$.

运用新知

例 1 判断下列方程是不是圆的方程?

(1)$x^2+y^2+x-2y+1=0$； (2)$x^2+y^2+2x-y+3=0$.

解 (1)由 $x^2+y^2+x-2y+1=0$，得 $D=1$，$E=-2$，$F=1$.

因为 $D^2+E^2-4F=1^2+(-2)^2-4\times1=1>0$.

所以 $x^2+y^2+x-2y+1=0$ 是圆的方程.

(2)由 $x^2+y^2+2x-y+3=0$，得 $D=2$，$E=-1$，$F=3$.

因为 $D^2+E^2-4F=2^2+(-1)^2-4\times3=-7<0$.

所以 $x^2+y^2+2x-y+3=0$ 不是圆的方程.

例 2 求下列各圆的圆心坐标和半径.

(1)$x^2+y^2-6y=0$； (2)$2x^2+2y^2+8x-10y=0$.

分析 由圆的一般方程求圆心坐标和半径有两种方法.

一是公式法：圆心坐标为$\left(-\frac{D}{2},\ -\frac{E}{2}\right)$，半径 $r=\frac{\sqrt{D^2+E^2-4F}}{2}$.

二是配方法：将圆的一般方程配成标准方程

$$(x-a)^2+(y-b)^2=r^2.$$

解法 1(公式法)

(1)由 $x^2+y^2-6y=0$ 得，$D=0$，$E=-6$，$F=0$.

$$-\frac{D}{2}=0,\quad -\frac{E}{2}=-\frac{(-6)}{2}=3.$$

$$r=\frac{\sqrt{D^2+E^2-4F}}{2}=\frac{\sqrt{0^2+(-6)^2-4\times0}}{2}=3.$$

所以圆心坐标为(0，3)，半径为 3.

(2)由 $2x^2+2y^2+8x-10y=0$，得 $x^2+y^2+4x-5y=0$，所以 $D=4$，$E=-5$，$F=0$.

所以$-\frac{D}{2}=-\frac{4}{2}=-2$，$-\frac{E}{2}=-\frac{(-5)}{2}=\frac{5}{2}$.

$$r=\frac{\sqrt{D^2+E^2-4F}}{2}=\frac{\sqrt{16+25-4\times0}}{2}=\frac{\sqrt{41}}{2}.$$

所以圆心坐标为$\left(-2,\ \frac{5}{2}\right)$，半径为$\frac{\sqrt{41}}{2}$.

解法 2(配方法)

(1)由 $x^2+y^2-6y=0$，得

$$x^2+y^2-6y+3^2=3^2,$$

$$x^2+(y-3)^2=3^2.$$

所以圆心坐标为(0，3)，半径为 3.

(2)由 $2x^2+2y^2+8x-10y=0$，得

$$x^2+y^2+4x-5y=0,$$

$$x^2+4x+2^2+y^2-5y+\left(\frac{5}{2}\right)^2=2^2+\left(\frac{5}{2}\right)^2,$$

$$(x+2)^2+\left(y-\frac{5}{2}\right)^2=\frac{41}{4}.$$

所以圆心坐标为$\left(-2,\ \frac{5}{2}\right)$，半径为$\frac{\sqrt{41}}{2}$.

同步练习

1. 判断题.

下列方程表示的图形是不是圆？是的打√，不是的打×.

(1)$x^2+y^2+4x-2y=0$.　(　　)

(2)$x^2+y^2+4x-2y+5=0$.　(　　)

(3)$x^2+y^2+4x-2y+6=0$.　(　　)

2. 填空题.

(1)圆 $x^2+y^2-3x=0$ 的圆心坐标是________，半径是________；

(2)圆 $x^2+y^2+4x-6y=0$ 的圆心坐标是________，半径是________.

3. 求过点(2，−3)，且与圆 $x^2+y^2-8x-6y-11=0$ 同心的圆的方程.

4. 求圆 $2x^2+2y^2+2x-2y-5=0$ 的周长和面积.

8.7.3　圆的方程的确定

一、方法要点

圆的方程包括圆的标准方程$(x-a)^2+(y-b)^2=r^2$ 和圆的一般方程 $x^2+y^2+Dx+Ey+F=0$. 求圆的标准方程，需要确定圆心坐标$(a,\ b)$和半径 r；求圆的一般方程，需要确定方程中一次项的系数 D，E 和常数项 F. 解决问题时，要综合运用直线和圆的相关知识，以及解方程(组)、待定系数法等方法.

二、运用举例

例1 求以 $A(2,5)$，$B(8,3)$两点连线为直径的圆的方程.

分析 圆心 $C(a,b)$是线段 AB 的中点，半径是圆心 C 到点 A 或点 B 的距离.

解 设圆心 C 的坐标为(a,b)，则

$$a=\frac{2+8}{2}=5,\ b=\frac{5+3}{2}=4.$$

所以圆心 C 的坐标为$(5,4)$，

再根据两点之间的距离公式，得出圆的半径为

$$r=|CA|=\sqrt{(2-5)^2+(5-4)^2}=\sqrt{10}.$$

因此，所求圆的方程是

$$(x-5)^2+(y-4)^2=10.$$

例2 已知一圆的圆心 C 为两条直线 l_1 和 l_2 的交点，l_1 和 l_2 的方程分别为 $2x+3y=0$，$x-y=5$，且圆经过点 $M(-2,3)$，求圆的方程.

分析 圆心 $C(a,b)$为两直线的交点，半径 $r=|CM|$.

解 由$\begin{cases}2x+3y=0,\\x-y=5,\end{cases}$解得$\begin{cases}x=3,\\y=-2.\end{cases}$

所以圆心坐标为$(3,-2)$.

半径 $r=|CM|=\sqrt{(-2-3)^2+(3+2)^2}=\sqrt{50}$.

因此，所求圆的方程是$(x-3)^2+(y+2)^2=50$.

例3 求与圆 $x^2+y^2-6x+8y-11=0$ 同心，且半径为4的圆的方程.

解 将方程 $x^2+y^2-6x+8y-11=0$ 配方，得

$$(x-3)^2+(y+4)^2=36.$$

可知已知圆的圆心坐标为$(3,-4)$，从而所求圆的圆心坐标也为$(3,-4)$.

又因为所求圆的半径为 $r=4$.

因此，所求圆的方程为$(x-3)^2+(y+4)^2=16$.

例4 求过三点 $A(2,2)$，$B(5,3)$，$C(3,-1)$的圆的方程，并求它的圆心坐标和半径.

> **知识衔接**
> 不在同一直线上的三点确定一个圆.

解 设过 A，B，C 三点的圆的一般方程为

$$x^2+y^2+Dx+Ey+F=0. \quad ①$$

因为 A，B，C 三点在圆上，所以它们的坐标都是方程的解，把它们的坐标依次代入方程①中，得到关于 D，E，F 的三元一次方程组

$$\begin{cases}2D+2E+F=-8,\\5D+3E+F=-34,\\3D-E+F=-10.\end{cases}$$

解这个方程组，得

$$D=-8,\ E=-2,\ F=12.$$

因此，所求圆的方程是

$$x^2+y^2-8x-2y+12=0.$$

配方，得

$$(x-4)^2+(y-1)^2=5.$$

所以所求圆的圆心坐标为(4，1)，半径为$\sqrt{5}$.

同步练习

1. 求以 $A(3,\ -2)$，$B(-5,\ 2)$两点连线为直径的圆的方程.

2. 已知一个圆与圆$(x-2)^2+(y-3)^2=11$ 同心，半径是圆 $x^2+y^2-2x-4y+1=0$ 的半径的 2 倍，求这个圆的方程.

3. 求经过三点 $A(-1,\ 5)$，$B(5,\ 5)$，$C(6,\ -2)$的圆的方程，并指出它的圆心坐标和半径.

习题 8.7

A 组

1. 填空题.

(1)与定点 $A(2,\ -3)$的距离等于 6 的点的轨迹方程是________.

(2)圆心为点(−1，3)，且半径为 1 的圆的方程是________.

(3)圆心为点(−1，2)，且过点(4，0)的圆的方程是________.

(4)圆$(x-3)^2+(y+2)^2=1$ 的圆心坐标为________，半径为________.

(5)圆 $x^2+y^2+8x-4y+18=0$ 的圆心坐标为________，半径为________.

2. 选择题.

(1)点 $A(-1,\ -2)$与圆 $x^2+y^2=4$ 的位置关系是(　　).

A. 在圆内　　B. 在圆上　　C. 在圆外　　D. 无法判断

(2)以 $A(-2,\ 1)$为圆心，2 为半径的圆的方程是(　　).

A. $(x-2)^2+(y+1)^2=2$　　B. $(x+2)^2+(y-1)^2=2$

C. $(x-2)^2+(y+1)^2=4$　　D. $(x+2)^2+(y-1)^2=4$

(3)若圆的方程为 $x^2+y^2+2x-6y+6=0$，则圆心坐标和半径是(　　).

A. (1，−3)，$r=2$　　B. (−1，3)，$r=2$

C. (1，−3)，$r=4$　　D. (−1，3)，$r=4$

3. 解答题.

(1)求圆心为(2，－2)且过原点的圆的方程.

(2)求以 $A(2,\ 5)$，$B(8,\ 3)$两点连线为直径的圆的方程.

(3)求与圆 $x^2+y^2-4x+6y-3=0$ 的半径相同，圆心为点(－2，1)的圆的方程.

(4)求过三点 $A(0,\ 0)$，$B(1,\ 1)$，$C(4,\ 2)$的圆的方程，并指出它的圆心坐标和半径.

B 组

1. 填空题.

(1)圆 $x^2+y^2-4x+2y+1=0$ 的圆心坐标是________，半径是________.

(2)圆 $(x-2)^2+(y-3)^2=25$ 在 x 轴上截得的弦的长为________.

(3)圆 $x^2+y^2-5x+2y=0$ 的面积是________，周长是________.

2. 解答题.

(1)求经过点 $A(-3,\ 0)$和 $B(2,\ -1)$且圆心在 x 轴上的圆的方程.

(2)已知三条直线 $x-2y=0$，$y+1=0$，$2x+y-1=0$ 两两相交，求过这三个交点的圆的方程.

(3)求过点(0，1)和点(2，1)，半径为$\sqrt{5}$的圆的方程.

§8.8 直线与圆的位置关系

8.8.1 直线与圆的位置关系的判定

一、相交、相切、相离的充要条件(一)

学习新知

你见过海上日出的景象吗？海的尽头就像一条直线，喷薄欲出的太阳就像一个圆，太阳从海面升起，经历了圆与直线的三种位置关系. 这就是我们初中学过的直线与圆相交、相切、相离.（图 8-28）

图 8-28

我们一起来回忆圆与直线相交、相切、相离的充要条件．如图 8-29，设圆心 C 到直线 l 的距离为 d，圆的半径为 r，则

(1)直线 l 与圆 C 相交$\Leftrightarrow d<r$；(如图 8-29(1))

(2)直线 l 与圆 C 相切$\Leftrightarrow d=r$；(如图 8-29(2))

(3)直线 l 与圆 C 相离$\Leftrightarrow d>r$．(如图 8-29(3))

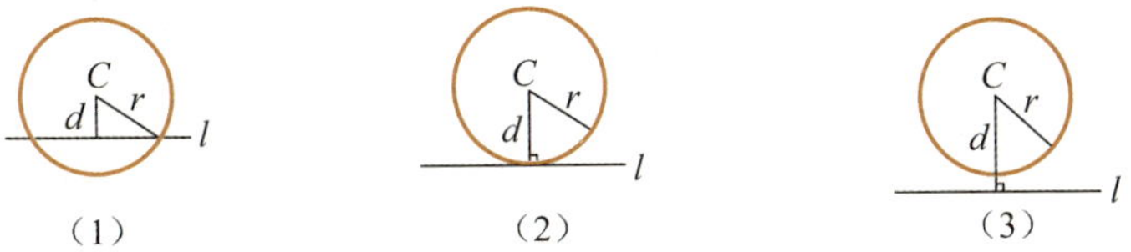

图 8-29

设圆的方程为 $(x-a)^2+(y-b)^2=r^2\ (r>0)$，其中圆心为 $C(a，b)$，半径为 r，直线方程为 $Ax+By+C=0$，则圆心 C 到直线的距离为

$$d=\frac{|Aa+Bb+C|}{\sqrt{A^2+B^2}}.$$

于是，只要根据圆与直线的方程计算出圆的半径 r 和圆心到直线的距离 d，再把 d 与 r 进行比较，就可判断圆与直线的位置关系了．

运用新知

例 1　判断下列各对直线和圆的位置关系．

(1)直线 $3x-4y+1=0$，圆 $x^2+y^2=25$；

(2)直线 $3x-4y+1=0$，圆 $x^2+(y+1)^2=1$；

(3)直线 $3x-4y+1=0$，圆 $(x-1)^2+(y+2)^2=1$．

解　(1)由 $x^2+y^2=25$，得圆心为 $O(0，0)$，半径为 $r=5$．

因为圆心 $O(0，0)$ 到直线 $3x-4y+1=0$ 的距离

$$d=\frac{|3\times0+4\times0+1|}{\sqrt{3^2+(-4)^2}}=\frac{1}{5}<5=r.$$

所以直线与圆相交．

(2)由 $x^2+(y+1)^2=1$，得圆心为 $C(0，-1)$，半径为 $r=1$．

因为圆心 $C(0，-1)$ 到直线 $3x-4y+1=0$ 的距离

$$d=\frac{|3\times0+4\times(-1)+1|}{\sqrt{3^2+(-4)^2}}=1=r.$$

所以直线与圆相切．

(3)由 $(x-1)^2+(y+2)^2=1$，得圆心为 $C(1，-2)$，半径为 $r=1$．

因为圆心 $C(1，-2)$ 到直线 $3x-4y+1=0$ 的距离

$$d=\frac{|3\times1-4\times(-2)+1|}{\sqrt{3^2+(-4)^2}}=\frac{12}{5}>1=r.$$

所以直线与圆相离.

例 2 已知圆 $x^2+y^2=2$. 试问：当直线 $y=x+b$ 中 b 在什么范围内取值时，圆与直线相交、相切、相离?

解 由 $x^2+y^2=2$ 得，圆心为 $O(0, 0)$，半径为 $r=\sqrt{2}$.

圆心 $O(0, 0)$ 到直线 $y=x+b$，即 $x-y+b=0$ 的距离为

$$d=\frac{|b|}{\sqrt{2}}.$$

所以，

当 $\frac{|b|}{\sqrt{2}}<\sqrt{2}$，即 $-2<b<2$ 时，圆与直线相交；

当 $\frac{|b|}{\sqrt{2}}=\sqrt{2}$，即 $b=-2$ 或 $b=2$ 时，圆与直线相切；

当 $\frac{|b|}{\sqrt{2}}>\sqrt{2}$，即 $b<-2$ 或 $b>2$ 时，圆与直线相离.(图 8-30)

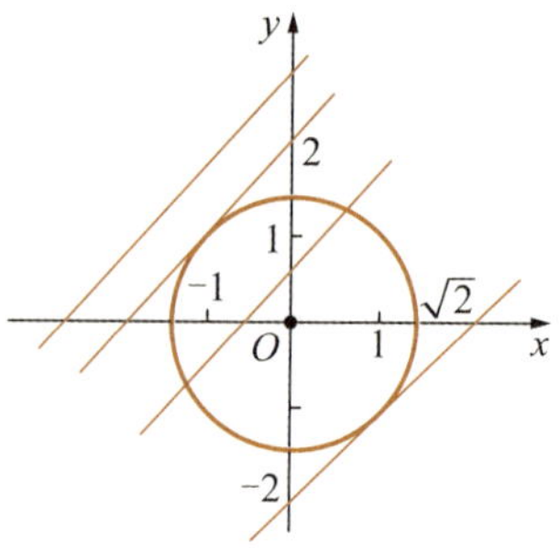

图 8-30

例 3 求圆心在点(4, 7)且与直线 $3x-4y+1=0$ 相切的圆的方程.

分析 圆心到切线的距离 d 等于圆的半径 r.

解 圆心(4, 7)到直线 $3x-4y+1=0$ 的距离为

$$d=\frac{|3\times4-4\times7+1|}{\sqrt{3^2+(-4)^2}}=\frac{15}{5}=3.$$

因为圆与直线相切，所以圆的半径为 $r=d=3$.

故圆的方程为 $(x-4)^2+(y-7)^2=9$.

同步练习

1. 填空题.

(1)直线 $x=-1$ 与圆 $(x-2)^2+y^2=16$ 的位置关系是________；

(2)直线 $x-2y-4=0$ 与圆 $x^2+y^2=1$ 的位置关系是________；

(3)直线 $y=5$ 与圆 $(x+1)^2+(y-4)^2=1$ 的位置关系是________；

(4)以点 $C(-2, -4)$ 为圆心且与 y 轴相切的圆的方程是________；

(5)以点 $C(-1, -5)$ 为圆心且与 x 轴相切的圆的方程是________.

2. 已知圆 $(x-1)^2+y^2=2$. 试问：当直线 $x-y-m=0$ 中的 m 在什么范围内取值时，圆与直线相交、相切、相离?

3. 求圆心在点(2, -1)且与直线 $x-y-1=0$ 相切的圆的方程.

二、相交、相切、相离的充要条件(二)

学习新知

我们知道，直线与圆的三种位置关系的充要条件也可用直线与圆的公共点的个数来表示：

(1)直线 l 与圆 C 相交⇔直线 l 与圆 C 有两个公共点，如图 8-31(1)；

(2)直线 l 与圆 C 相切⇔直线 l 与圆 C 有一个公共点，如图 8-31(2)；

(3)直线 l 与圆 C 相离⇔直线 l 与圆 C 没有公共点，如图 8-31(3).

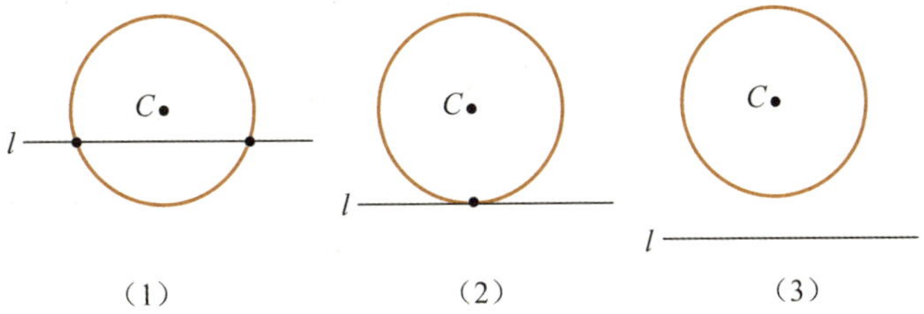

图 8-31

设直线 l 方程为 $Ax+By+C=0$，圆 C 的方程为 $f(x, y)=0$(一般式或标准式)，则方程组 $\begin{cases}Ax+By+C=0,\\ f(x, y)=0\end{cases}$ ①的解就是直线 l 与圆 C 交点的坐标. 于是上面的充要条件又可表述为：

(1)直线 l 与圆 C 相交⇔方程组①有两组实数解；

(2)直线 l 与圆 C 相切⇔方程组①有一组实数解；

(3)直线 l 与圆 C 相离⇔方程组①没有实数解.

运用新知

例 4　判断下列各对直线和圆的位置关系，若相交，求出交点坐标；若相切，求出切点坐标.

(1)直线 $y=x+1$，圆 $x^2+y^2=13$；

(2)直线 $y=x+1$，圆 $x^2+(y+1)^2=2$；

(3)直线 $y=x+1$，圆 $(x-1)^2+(y+2)^2=1$.

解　(1)解方程组 $\begin{cases}y=x+1,\\ x^2+y^2=13,\end{cases}$ 得 $\begin{cases}x=-3,\\ y=-2,\end{cases}$ 或 $\begin{cases}x=2,\\ y=3.\end{cases}$

因为方程组有两组实数解，所以直线与圆相交.

交点坐标为 $(-3, -2)$ 和 $(2, 3)$.

(2)解方程组 $\begin{cases}y=x+1,\\ x^2+(y+1)^2=2,\end{cases}$ 得 $\begin{cases}x=-1,\\ y=0.\end{cases}$

因为方程组有一组实数解，所以直线与圆相切.

切点坐标为(−1，0).

(3)解方程组$\begin{cases} y=x+1, & ① \\ (x-1)^2+(y+2)^2=1. & ② \end{cases}$

把方程①代入方程②中，

整理得 $2x^2+4x+9=0$.

因为 $\Delta=4^2-4\times2\times9=-56<0$.

所以方程组没有实数解，

故直线与圆相离.

注： 判断直线和圆的位置关系我们学习了两种方法. 方法 1：通过将圆心到直线的距离 d 与圆的半径 r 比较大小去判断. 方法 2：把直线和圆的方程组成方程组，根据解的组数去判断. 若题目只是要求判断位置关系，则选择方法 1，运算量较小；若题目要求求交点坐标，则选择方法 2.

同步练习

判断下列各对直线和圆的位置关系. 若相交，求出交点坐标；若相切，求出切点坐标.

(1)直线 $4x-3y-24=0$，圆 $x^2+y^2=25$；

(2)直线 $2x-y+5=0$，圆$(x-2)^2+y^2=1$；

(3)直线 $x+2y=1$，圆$(x+3)^2+(y-1)^2=\frac{4}{5}$.

8.8.2 圆的切线方程、相交弦问题

方法举例

例 1 求过圆$(x-3)^2+(y-4)^2=25$ 上一点 $A(6，8)$的圆的切线 l 的方程.

知识衔接

经过圆上一点有且只有一条直线与圆相切.

分析 求切线方程，也就是求直线方程. 已知直线上一点 $A(6，8)$，只需再求斜率. 因为过切点的半径垂直于切线，先求半径的斜率，利用垂直关系可得切线斜率.（图 8-32）

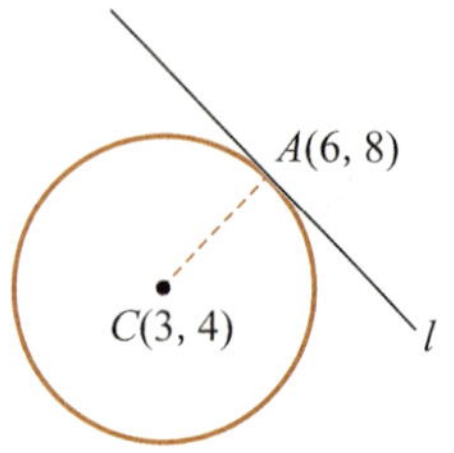

图 8-32

解　由圆的方程知，圆心为 $C(3, 4)$，则 $k_{CA}=\dfrac{8-4}{6-3}=\dfrac{4}{3}$.

因为 $CA\perp l$，所以 $k_l=-\dfrac{1}{k_{CA}}=-\dfrac{3}{4}$.

由点斜式得切线方程为 $y-8=-\dfrac{3}{4}(x-6)$. 即 $3x+4y-50=0$.

> **知识衔接**
> 经过圆心和切点的直线与切线垂直.

例 2　如图 8-33，求过圆 $x^2+y^2-2x-2y+1=0$ 外一点 $P(1, -1)$ 的圆的切线方程.

分析　此题与例 1 有所不同，点 $P(1, -1)$ 在圆外，不是切点，不能用例 1 的方法求斜率. 此题可设出直线的点斜式方程，用待定系数法求斜率 k.

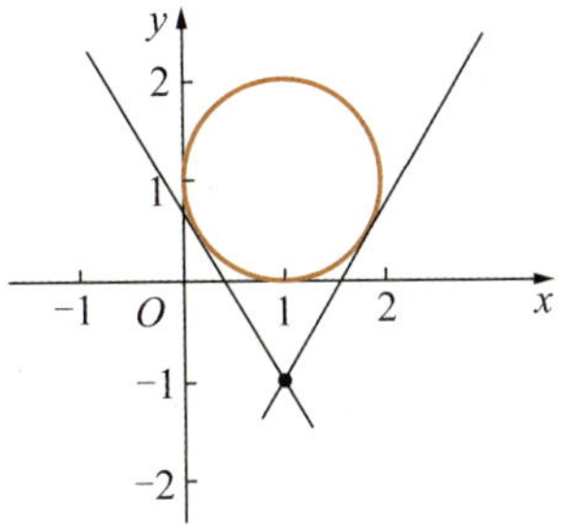

图 8-33

解　假设所求切线的斜率存在，设为 k，又因为切线过 $P(1, -1)$，则切线方程为 $y+1=k(x-1)$，即 $kx-y+(-1-k)=0$.

把圆的方程 $x^2+y^2-2x-2y+1=0$ 化为标准方程，即

$$(x-1)^2+(y-1)^2=1.$$

所以圆心 C 的坐标为 $(1, 1)$，半径 $r=1$.

圆心到切线的距离为 $d=\dfrac{|k-1+(-1-k)|}{\sqrt{k^2+(-1)^2}}=\dfrac{2}{\sqrt{k^2+1}}$,

由于圆心到切线的距离与半径相等 $d=r$，即 $\dfrac{2}{\sqrt{k^2+1}}=1$，解得 $k=\pm\sqrt{3}$.

故所求切线方程为 $y+1=\pm\sqrt{3}(x-1)$，即 $\sqrt{3}x-y-\sqrt{3}-1=0$ 或 $\sqrt{3}x+y-\sqrt{3}+1=0$.

例 3　已知圆 C 的圆心坐标为 $(4, -2)$，直线 $2x+y-1=0$ 与该圆相交得到的弦 AB 的长为 4，求圆的方程.

分析　本题的关键是求圆的半径. 如图 8-34，作 $CD\perp AB$ 于 D，在 $\mathrm{Rt}\triangle ACD$ 中可求 r.

> **知识衔接**
> 经过圆心垂直于弦的直线平分弦.

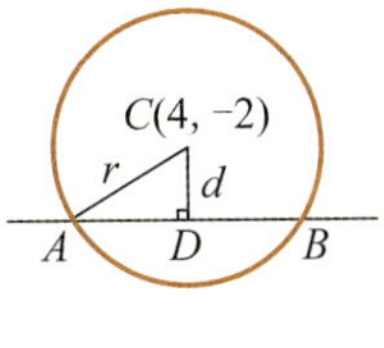

图 8-34

解 圆心到直线的距离为 $d=\frac{|2\times4-2-1|}{\sqrt{2^2+1^2}}=\sqrt{5}$，半弦长 $AD=\frac{1}{2}|AB|=2$.

在半径、半弦、弦心距构成的直角三角形中(图8-33)，由勾股定理有

$$r^2=d^2+\left(\frac{1}{2}|AB|\right)^2=9.$$

故所求圆的方程为$(x-4)^2+(y+2)^2=9$.

注： 对于直线与圆相交的问题，通常可考虑半径、弦心距、半弦构成的直角三角形，并利用勾股定理来求解.

例4 已知圆 C 的方程为 $x^2+y^2-4x-2y+1=0$，直线 l 的方程为 $x-my+m-1=0$.

(1)求证：对任意 $m\in\mathbf{R}$，直线 l 与圆 C 相交；

(2)直线 l 与圆 C 相交于 A，B 两点，若弦 AB 长为 $\sqrt{14}$，求此时直线 l 的方程.

分析 (1)要证对任意 $m\in\mathbf{R}$，直线 l 与圆 C 相交，就是要证对任意的 $m\in\mathbf{R}$，都有 $d<r$. 先将圆的方程化为标准方程，求出圆心坐标，计算圆心到直线的距离，判断 $d<r$，得出直线与圆相交. (2)对于直线与圆相交的问题，利用半径、弦心距、半弦构成的直角三角形来解.

解 (1)把 $x^2+y^2-4x-2y+1=0$ 配方，得$(x-2)^2+(y-1)^2=4$.

所以圆心坐标为(2，1)，半径 $r=2$.

圆心 $C(2，1)$到直线 $x-my+m-1=0$ 的距离为

$$d=\frac{|2-m+m-1|}{\sqrt{1^2+m^2}}=\frac{1}{\sqrt{1+m^2}}.$$

对任意 $m\in\mathbf{R}$，都有 $m^2+1\geqslant1$，则 $\sqrt{m^2+1}\geqslant1$.

所以$\frac{1}{\sqrt{1+m^2}}\leqslant1$，所以 $d\leqslant1<2=r$.

故直线 l 与圆 C 相交.

(2)在半径、弦心距、半弦构成的直角三角形中，由勾股定理有

$d^2+\left(\frac{\sqrt{14}}{2}\right)^2=r^2$，即$\left(\frac{1}{\sqrt{1+m^2}}\right)^2+\left(\frac{\sqrt{14}}{2}\right)^2=2^2$，

解得 $m=\pm1$.

故所求直线的方程为 $x-y=0$ 或 $x+y-2=0$.

同步练习

1. 求过圆$(x+1)^2+(y-3)^2=32$ 上一点 $M(3，-1)$的圆的切线方程.
2. 求过圆 $x^2+y^2-2x=0$ 外一点 $M(2，-2)$的圆的切线方程.

3. 已知圆心坐标为(3，1)，直线 $3x+4y+7=0$ 被圆截得的弦长为 6，求圆的方程.

习题 8.8

A 组

1. 填空题.

(1)圆 $(x-2)^2+(y-1)^2=9$ 的圆心坐标为________，半径为________，其圆心到直线 $3x+4y+6=0$ 的距离为________，圆与直线的位置关系为________.

(2)圆 $(x-1)^2+(y+2)^2=4$ 与直线 $x+y=0$ 有________个交点.

(3)圆 $(x-a)^2+(y-b)^2=r^2$ 与 y 轴相切的条件为________.

(4)以点(−2，3)为圆心，且与直线 $x-y+1=0$ 相切的圆的方程为________.

(5)已知直线 $x-y+m=0$ 与圆 $x^2+y^2=2$ 相切，则 m 的值为________.

2. 解答题.

(1)求圆 $x^2+y^2-2x+6y-15=0$ 被 x 轴所截得的弦的长.

(2)求半径是 3，圆心在 y 轴上，且与直线 $y=1$ 相切的圆的方程.

(3)c 为何值时，直线 $x-y-c=0$ 与圆 $x^2+y^2=4$ 相交、相切、相离？

(4)判断圆 $x^2+y^2=13$ 与直线 $x-y-1=0$ 是否相交，如果相交，求出交点的坐标.

B 组

1. 填空题.

(1)直线 $y=x+b$ 过圆 $x^2+y^2-4x+2y-4=0$ 的圆心，则 $b=$________.

(2)若圆 $x^2+y^2=1$ 与直线 $3x+4y+m=0$ 有交点，则 m 的取值范围是________.

2. 选择题.

(1)直线 $4x-3y+5=0$ 与圆 $x^2+y^2-4x-2y+m=0$ 无公共点的充要条件是(　　).

A. $0<m<5$　　B. $1<m<5$　　C. $m>1$　　D. $m<0$

(2)若直线 $x+y=m$ 与圆 $x^2+y^2=m(m>0)$ 相切，则 m 的值为(　　).

A. 2　　B. $\frac{1}{2}$　　C. $\sqrt{2}$　　D. $\frac{\sqrt{2}}{2}$

(3)过坐标原点与圆$(x-2)^2+y^2=1$相切的直线的斜率是(　　).

A. $\frac{\sqrt{3}}{3}$　　B. $\sqrt{3}$　　C. $\pm\frac{\sqrt{3}}{3}$　　D. $\pm\sqrt{3}$

(4)直线$x+y=0$与圆$x^2+y^2-2x+4y+1=0$交于A，B两点，那么弦AB的中点坐标是(　　).

A. $\left(-\frac{1}{2},\ \frac{1}{2}\right)$　　B. $\left(\frac{1}{2},\ -\frac{1}{2}\right)$

C. $\left(-\frac{3}{2},\ \frac{3}{2}\right)$　　D. $\left(\frac{3}{2},\ -\frac{3}{2}\right)$

3. 解答题.

(1)求圆心在直线$y=x$上，且与x轴相切于点$M(3,\ 0)$的圆的方程.

(2)求圆$x^2+y^2-2x+6y-19=0$被直线$x+y-1=0$所截得的弦的长.

(3)若直线$x+y+c=0$与圆$x^2+y^2=9$相切，求c的值.

(4)求过圆$x^2+y^2=10$上一点$M(2,\ \sqrt{6})$的圆的切线方程.

(5)已知圆的方程是$x^2+y^2=1$，求斜率等于1的圆的切线方程.

(6)设圆经过点$(2,\ -1)$，与直线$x-y-1=0$相切，并且圆心在直线$y+2x=0$上，求此圆的方程.

§8.9　圆的方程的简单应用

例题讲解

在前面的引例中，我们看到美丽的立交桥下有四个大小相同的圆形花坛. 可以看出，这些花坛构成的四个圆的位置呈对称状. 我们以四个圆构成的图形中心点为坐标原点，如图8-35，建立平面直角坐标系. 显然这四个圆构成的整体图形是关于x轴和y轴对称的.

例1　在图8-35中，若已知圆O_1的方程为

$$(x-40)^2+(y-30)^2=400,$$

试求圆O_2、圆O_3、圆O_4的方程.

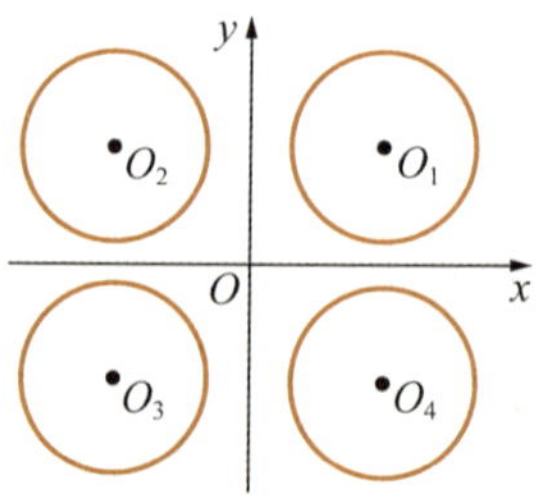

图 8-35

解　由圆O_1的方程，得圆心O_1的坐标为$(40,\ 30)$，半径为$r=20$.

因为点O_2，O_3，O_4与点O_1分别关于y轴、原点、x轴对称.

所以点O_2，O_3，O_4的坐标分别为$(-40,\ 30)$，$(-40,\ -30)$，$(40,\ -30)$.

又因为四个圆大小相同，所以半径都是 20.

所以：

圆 O_2 的方程为$(x+40)^2+(y-30)^2=400$.

圆 O_3 的方程为$(x+40)^2+(y+30)^2=400$.

圆 O_4 的方程为$(x-40)^2+(y+30)^2=400$.

例 2　如图 8-36 所示，一艘轮船在沿直线返回港口的途中，接到气象台的台风预报：台风中心位于轮船正西 70 km 处，受台风影响的范围是半径为 30 km 的圆形区域. 已知港口位于台风中心正北 40 km 处，如果这艘轮船不改变航线，那么它是否会受到台风的影响呢？

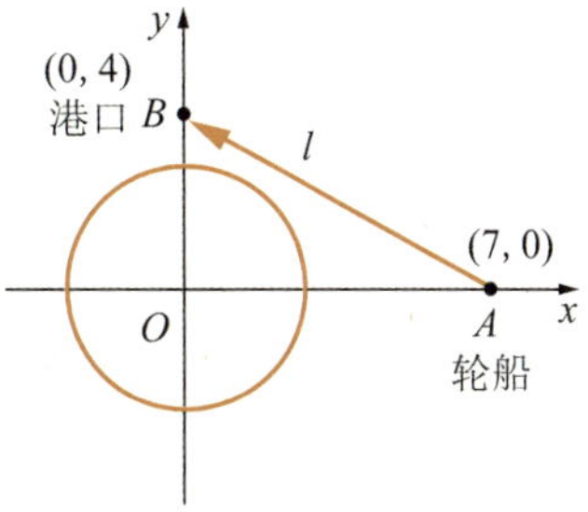

图 8-36

分析　以台风中心为原点 O，东西方向为 x 轴，南北方向为 y 轴，建立平面直角坐标系，其中取 10 km 为单位长度. 问题归结为圆 O 与直线 l 是否相离？

解　建立平面直角坐标系，如图 8-36.

则圆的圆心 O 为(0，0)，半径 $r=3$，圆的方程为 $x^2+y^2=9$，

直线 l 经过 $A(7,\ 0)$，$B(0,\ 4)$两点，斜率 $k=\dfrac{4-0}{0-7}=-\dfrac{4}{7}$.

由点 $A(7,\ 0)$和 $k=-\dfrac{4}{7}$得直线方程为

$$y-0=-\frac{4}{7}(x-7)\text{，即 } 4x+7y-28=0.$$

因为圆心 $O(0,\ 0)$到直线 $4x+7y-28=0$ 的距离

$$d=\frac{|4\times 0+7\times 0-28|}{\sqrt{4^2+7^2}}=\frac{28\sqrt{65}}{65}>3=r.$$

所以直线 l 与圆 O 相离.

所以该船不会受到台风影响.

例 3　图 8-37 是某圆拱桥一孔圆拱的示意图. 该圆拱的跨度 $AB=20$ m，拱高 $OP=4$ m，在建造时每隔 4 m 需用一根支柱支撑. 求支柱 A_2P_2 的长度(精确到 0.01 m).

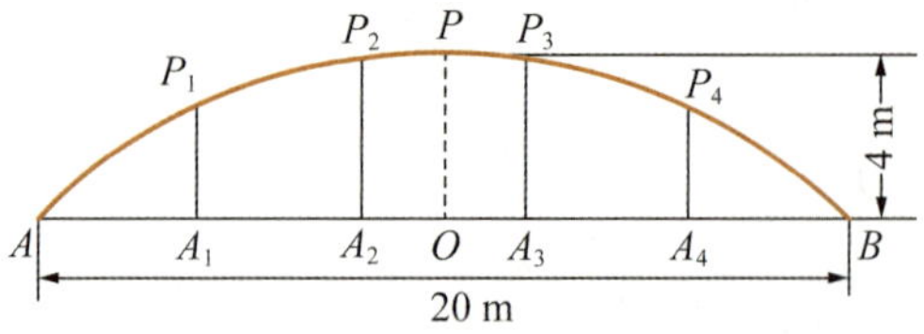

图 8-37

分析 解决这个问题，应先建立平面直角坐标系求出圆的方程，再求支柱 A_2P_2 的长度.

解 如图 8-38，以过点 A，B 的连线为 x 轴，线段 AB 的垂直平分线为 y 轴，建立平面直角坐标系.

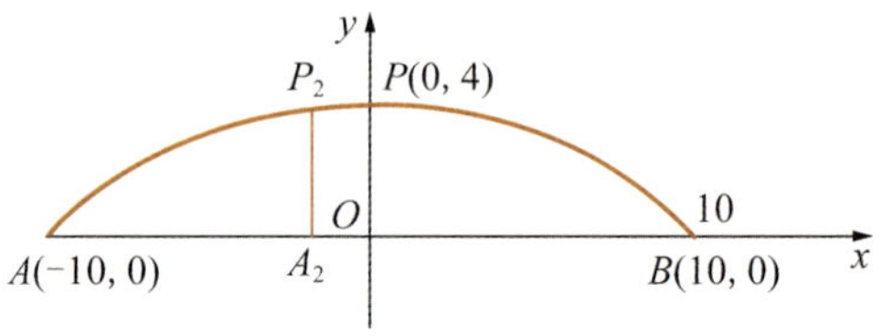

图 8-38

于是有 $A(-10, 0)$，$B(10, 0)$，$P(0, 4)$，$A_2(-2, 0)$，$P_2(-2, y)$.

设圆的方程为 $x^2+y^2+Dx+Ey+F=0$，由于 A，B，P 三点在圆上，故将它们的坐标代入圆的方程中，得方程组

$$\begin{cases}100-10D+F=0,\\100+10D+F=0,\\16+4E+F=0.\end{cases}$$

解得 $D=0$，$E=21$，$F=-100$.

所以拱弧所在圆的方程为

$$x^2+y^2+21y-100=0. \quad ①$$

配方，得 $$x^2+(y+10.5)^2=14.5^2. \quad ②$$

由于点 P_2 在圆拱上，因此把点 P_2 的横坐标 $x=-2$ 代入方程②中，得

$$(-2)^2+(y+10.5)^2=14.5^2.$$

移项得 $$(y+10.5)^2=14.5^2-(-2)^2,$$

所以 $$y+10.5=\pm\sqrt{14.5^2-(-2)^2}.$$

显然 $y>0$，等号右边应取正值，所以

$$\begin{aligned}y&=\sqrt{14.5^2-(-2)^2}-10.5\\&\approx 14.36-10.5\\&=3.86(\text{m}).\end{aligned}$$

答：支柱 A_2P_2 的长度约为 3.86 m.

例 4　在某传动机械中，有如图 8-39 所示的三只分别啮合的齿轮 A，B，C. 已知：主动轮 A 的圆心是 $O(0,0)$，其圆半径为 30；被动轮 B 的圆心是 $O_2(30,60)$，其圆半径为 20；齿轮 C 的圆半径也是 20. 试确定齿轮 C 的圆心 O_1 的坐标(精确到 0.01).

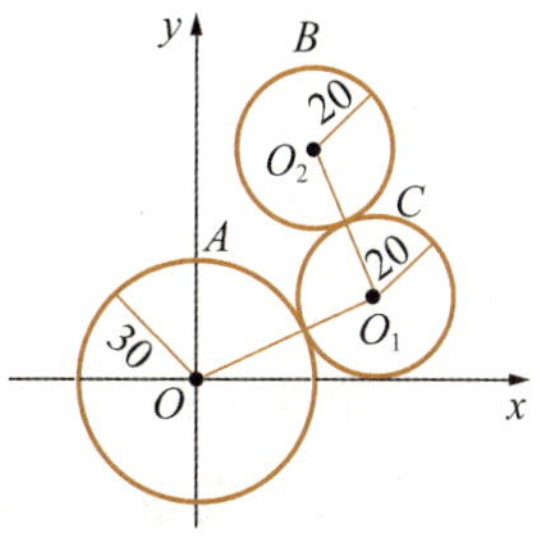

图 8-39

分析　由已知易知 $|OO_1|$ 及 $|O_1O_2|$，可由两点间的距离公式反求出点 O_1 的坐标.

解　设 O_1 的坐标为 (x,y)，则由两点间距离公式及题设所给出的圆的半径，得

$$|OO_1|=\sqrt{x^2+y^2}=30+20=50, \quad ①$$

$$|O_1O_2|=\sqrt{(30-x)^2+(60-y)^2}=20+20=40. \quad ②$$

将①②联立，得方程组

$$\begin{cases}\sqrt{x^2+y^2}=50,\\ \sqrt{(30-x)^2+(60-y)^2}=40.\end{cases}$$

整理得

$$\begin{cases}x^2+y^2=2\ 500, & ③\\ x^2-60x+y^2-120y=-2\ 900. & ④\end{cases}$$

③－④，整理得 $x=90-2y$.　⑤

将⑤式代入③式中，得

$$y^2-72y+1\ 120=0.$$

解得 $y=36-4\sqrt{11}$ 或 $y=36+4\sqrt{11}$(不符合题意，舍去).

将 y 值代入⑤式中，得

$$x=90-2\times(36-4\sqrt{11})=18+8\sqrt{11}\approx 44.53.$$

故求得圆心 O_1 的坐标为 $(18+8\sqrt{11}, 36-4\sqrt{11})$，即约为 $(44.53, 22.73)$.

同步练习

1. 一艘轮船在沿直线返回港口的途中，接到气象台的台风预报：台风中心位于轮船正西 60 km 处，受影响的范围是半径为 20 km 的圆形区域，已知港口位于台风中心正北 30 km 处，那么轮船是否会受到台风的影响呢？

2. 某圆拱桥的跨度是 37.4 m，圆拱高约 7.2 m，求这座圆拱桥拱圆的方程.（精确到 0.1 m）

习题 8.9

A 组

1. 为了修复一个残破的圆轮，需测出它的半径，将这个残破的圆轮放在平面直角坐标系中，测得圆轮边缘的三点坐标为(1，2)，(−1，0)，(0，$-\sqrt{3}$)，求这个圆轮的半径.（单位：dm. 精确到 0.01 dm）

2. 某公园建造了一座跨度 l 为 8 m，高度 h 和跨度 l 的比为 1∶4 的圆拱桥，每隔 1 m 竖一根撑柱，求撑柱 Q_5P_5 的高.（精确到 0.1 m）

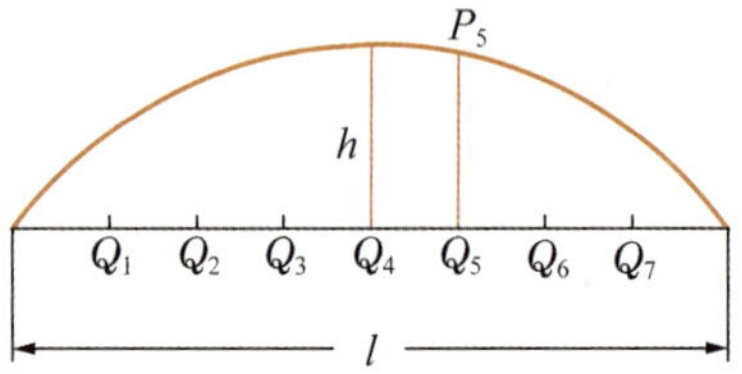

（第 2 题图）

B 组

1. 下图是一圆拱桥的示意图，在正常情形下水面宽 4 m，水面与桥拱最高点相距为 2 m. 某日降雨后，水面上升了 0.5 m，试确定水面的宽度.（精确到 0.1 m）

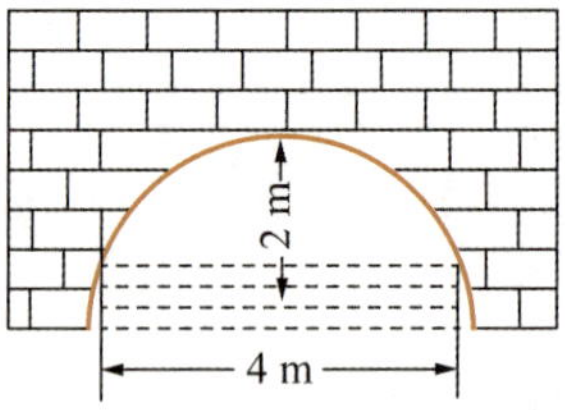

（第 1 题图）

2. 某工件尺寸如图所示，它的外缘由四段圆弧连接而成，求各段圆弧所在的圆的方程.

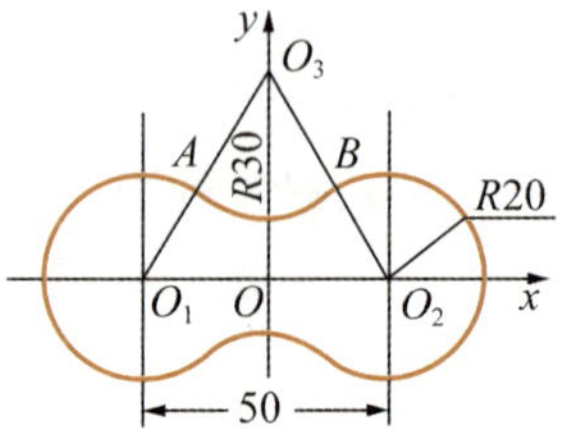

（第 2 题图）

数学园地

坐标世界

图 8-40

法国数学家笛卡儿(1596—1650)致力于把代数和几何联系起来的研究，于 1637 年在创立了坐标系后，又成功地创立了解析几何学，他的这一成就为微积分学的创立奠定了基础．解析几何直到现在仍是重要的数学方法之一．(图 8-40)

现在，不管什么样的知识领域，都会以某种形式与解析几何存在一定的联系．

体温曲线里就有解析几何．其中时间沿着横坐标轴移动，体温沿着纵坐标轴移动．看到这条体温曲线，医生马上就能对患者的病情变化有一个清晰的概念，至少在病症的某个方面是这样的．

宇宙飞船是沿着万有引力定律所确定的轨道飞行的．如果所说的是单独的一个宇宙飞船和它所围绕飞行的一颗行星，那么，轨道就是二次曲线中的一种．这样的轨道在和地球、太阳或各个“恒星”有联系的任意一种坐标系中，都有一个确定的方程式．解析几何为人们提供了找到这个方程式的工具，从而能够指出在某一瞬间宇宙飞船在某一位置的可能性．

但是，应当指出，每一颗行星，每一个宇宙飞船，都不是一个点，因此，宇宙飞船的运行轨道并不是按照万有引力定律得到的理想的二次曲线．同时，宇宙飞船运动不只是绕一颗行星转动那么简单，其轨道比基本的二次曲线要复杂得多．利用我们前面已经熟悉的解析几何来计算这样的轨道似乎是不可能的．对现代数学的研究使我们有更为有效的方法来解决这个问题，但是其中的许多方法的基础仍然是解析几何和坐标法．

复习小结与巩固提高

复习小结

一、直线方程

1. 两个基本公式

设 $P_1(x_1, y_1)$，$P_2(x_2, y_2)$，

(1) $|P_1P_2|=\sqrt{(x_2-x_1)^2+(y_2-y_1)^2}$；

(2)设 P_1P_2 的中点为 $M(x_0, y_0)$，则 $x_0=\frac{x_1+x_2}{2}$，$y_0=\frac{y_1+y_2}{2}$.

2. 直线的倾斜角

在平面直角坐标系中，直线 l 向上的方向与 x 轴的正方向所夹的最小正角叫作直线的倾斜角，记作 α. 当直线与 x 轴平行或重合时，规定 $\alpha=0$.

直线的倾斜角 α 的取值范围是：$0\leqslant\alpha<\pi$.

3. 直线的斜率

(1)当直线倾斜角 $\alpha\neq\frac{\pi}{2}$ 时，$\tan\alpha$ 叫作直线的斜率，常用 k 表示. 即 $k=\tan\alpha$；当 $\alpha=\frac{\pi}{2}$ 时，斜率 k 不存在.

(2)已知直线上的两个点 $M_1(x_1, y_1)$，$M_2(x_2, y_2)$，则直线的斜率 $k=\frac{y_2-y_1}{x_2-x_1}(x_1\neq x_2)$. 当 $x_1=x_2$ 时，斜率 k 不存在.

4. 直线方程的几种形式

(1)**点斜式**：已知直线上一点 $M(x_0, y_0)$，直线的斜率为 k，则直线的方程为

$$y-y_0=k(x-x_0).$$

(2)**斜截式**：已知直线斜率为 k，直线在 y 轴上的截距为 b，则直线的方程为

$$y=kx+b.$$

(3)**一般式**：$Ax+By+C=0$ (A，B 不全为零).

(4)**垂直(平行)于坐标轴的直线方程**：

过点 $M(x_0, y_0)$ 且垂直于 x 轴的直线方程为 $x=x_0$(特别地，y 轴的方程为 $x=0$).

过点 $M(x_0, y_0)$ 且垂直于 y 轴的直线方程为 $y=y_0$(特别地，x 轴的方程为 $y=0$).

5. 两直线的位置关系

(1)设两条直线 l_1 和 l_2 的斜率都存在，两条直线的方程分别为 $y=k_1x+b_1$，$y=k_2x+b_2$，则两条直线的位置关系如下表.（表 8-2）

表 8-2

系数关系	$k_1\neq k_2$		$k_1=k_2$	
	$k_1\cdot k_2\neq -1$	$k_1\cdot k_2=-1$	$b_1\neq b_2$	$b_1=b_2$
位置关系	不垂直相交	垂直相交	平行	重合

(2)设两条直线的斜率不全存在，则

若 l_1 的方程为 $x=a$，l_2 的方程为 $x=b(a\neq b)$，则 $l_1 /\!/ l_2$.

若 l_1 的方程为 $x=a$，l_2 的方程为 $y=b$，则 $l_1\perp l_2$.

若 l_1 的方程为 $x=a$，l_2 的方程为 $y=kx+b(k\neq 0)$，则 l_1 与 l_2 不垂直相交.

6. 度量关系

(1)点 $P(x_0, y_0)$到直线 $Ax+By+C=0$ 的距离为

$$d=\frac{|Ax_0+By_0+C|}{\sqrt{A^2+B^2}}.$$

(2)两条平行直线 l_1 的方程为 $Ax+By+C_1=0$，l_2 的方程为 $Ax+By+C_2=0$，则 l_1 与 l_2 之间的距离为

$$d=\frac{|C_2-C_1|}{\sqrt{A^2+B^2}}.$$

二、圆的方程

1. 圆的定义

在平面内与定点距离等于定长的点的轨迹叫作圆. 定点叫圆的圆心，定长叫圆的半径.

2. 圆的标准方程

圆心为点 $C(a, b)$，半径为 r 的圆的方程为

$$(x-a)^2+(y-b)^2=r^2.$$

特别地，圆心在原点 $O(0, 0)$，半径为 r 的圆的方程为

$$x^2+y^2=r^2.$$

3. 圆的一般方程

$$x^2+y^2+Dx+Ey+F=0(D^2+E^2-4F>0).$$

其中，圆心坐标为$\left(-\frac{D}{2}, -\frac{E}{2}\right)$，半径为 $r=\frac{\sqrt{D^2+E^2-4F}}{2}$.

三、直线与圆的关系

设圆心 C 到直线 l 的距离为 d，圆的半径为 r，则

(1)直线 l 与圆 C 相交$\Leftrightarrow d<r$;

(2)直线 l 与圆 C 相切$\Leftrightarrow d=r$;

(3)直线 l 与圆 C 相离$\Leftrightarrow d>r$.

设直线 l 的方程为 $Ax+By+C=0$,圆 C 的方程为 $f(x,y)=0$(一般式或标准式),则方程组$\begin{cases}Ax+By+C=0,\\f(x,y)=0,\end{cases}$①的解就是直线 l 与圆 C 交点的坐标.

(1)直线 l 与圆 C 相交$\Leftrightarrow$方程组①有两组实数解;

(2)直线 l 与圆 C 相切$\Leftrightarrow$方程组①有一组实数解;

(3)直线 l 与圆 C 相离$\Leftrightarrow$方程组①没有实数解.

巩固提高

例 1 如图 8-41,求点 $A(-3,2)$关于直线 l 的对称点 A'的坐标,l 的方程为 $x-2y+3=0$.

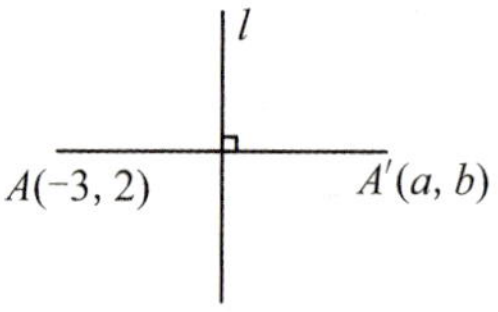

图 8-41

知识衔接

点 A 与点 A'关于直线 l 对称,则直线 l 垂直平分线段 AA'.

解 由 $x-2y+3=0$ 得,$y=\frac{1}{2}x+\frac{3}{2}$,则 $k_l=\frac{1}{2}$.

因为 $l\perp AA'$,所以 $k_{AA'}=-\frac{1}{k_l}=-2$.

设 A'的坐标为(a,b),由 $A(-3,2)$,得 $k_{AA'}=\frac{b-2}{a-(-3)}$,

所以 $\frac{b-2}{a-(-3)}=2$. ①

因为线段 AA'的中点$\left(\frac{a+(-3)}{2},\frac{b+2}{2}\right)$在直线 $x-2y+3=0$ 上,

所以 $\frac{a+(-3)}{2}-2\times\frac{b+2}{2}+3=0$. ②

由①②组成方程组,得$\begin{cases}\frac{b-2}{a-(-3)}=-2,\\\frac{a+(-3)}{2}-2\times\frac{b+2}{2}+3=0,\end{cases}$

解得 $a=-\frac{7}{5}$,$b=-\frac{6}{5}$.

因此点 A'的坐标为$\left(-\frac{7}{5},-\frac{6}{5}\right)$.

例 2　求过点 $A(6,\ 0)$ 和点 $B(1,\ 5)$，且圆心在直线 $2x-7y+8=0$ 上的圆的方程.

解　设圆心 C 的坐标为 $(a,\ b)$，则由题意得

$$\begin{cases}\sqrt{(a-b)^2+b^2}=\sqrt{(a-1)^2+(b-5)^2},\\ 2a-7b+8=0,\end{cases}$$

解得 $\begin{cases}a=3,\\ b=2.\end{cases}$

所以圆心为 $C(3,\ 2)$.

从而 $r=|AC|=\sqrt{(3-6)^2+(2-0)^2}=\sqrt{13}$.

因此所求圆的方程为 $(x-3)^2+(y-2)^2=13$.

例 3　求经过圆 $x^2+y^2=17$ 上一点 $M(-1,\ 4)$ 的圆的切线方程.

解法一　由圆的方程得圆心为 $O(0,\ 0)$，半径 $r=\sqrt{17}$.

直线 MO 的斜率为 $k_{OM}=\dfrac{4-0}{-1-0}=-4$.

所以所求切线的斜率为 $k=-\dfrac{1}{k_{OM}}=\dfrac{1}{4}$.

从而所求的切线方程为 $y-4=\dfrac{1}{4}(x+1)$，即 $x-4y+17=0$.

解法二　设所求切线方程为 $y-4=k(x+1)$，即 $kx-y+k+4-0$.

因为圆心 $O(0,\ 0)$ 到切线的距离 $d=r=\sqrt{17}$.

则 $d=\dfrac{|k+4|}{\sqrt{k^2+(-1)^2}}=\sqrt{17}$，解得 $k=\dfrac{1}{4}$.

所以所求的切线方程为 $\dfrac{1}{4}x-y+\dfrac{1}{4}+4=0$，即 $x-4y+17=0$.

例 4　求过圆 $(x-1)^2+(y-1)^2=1$ 外一点 $P(1,\ -1)$ 的圆的切线方程.

解　设所求的切线方程为 $y-(-1)=k(x-1)$，即 $kx-y-k-1=0$.

因为圆心 $C(1,\ 1)$ 到切线的距离 $d=r=1$.

则 $d=\dfrac{|k\times1-1-k-1|}{\sqrt{k^2+(-1)^2}}=1$，解得 $k=\pm\sqrt{3}$.

所以所求的切线方程为 $\sqrt{3}x-y-\sqrt{3}-1=0$ 或 $-\sqrt{3}x-y+\sqrt{3}-1=0$，即 $\sqrt{3}x-y-\sqrt{3}-1=0$ 或 $\sqrt{3}x+y-\sqrt{3}+1=0$.

***例 5**　求直线 $y=x-1$ 截圆 $x^2+y^2=4$ 所得的弦长.

解法一　解方程组 $\begin{cases}y=x-1,\\ x^2+y^2=4,\end{cases}$ 得 $\begin{cases}x_1=\dfrac{1+\sqrt{7}}{2},\\ y_1=\dfrac{\sqrt{7}-1}{2},\end{cases}$ 或 $\begin{cases}x_2=\dfrac{1-\sqrt{7}}{2},\\ y_2=\dfrac{-\sqrt{7}-1}{2}.\end{cases}$

所以交点 A，B 的坐标分别为 $\left(\frac{1+\sqrt{7}}{2}, \frac{\sqrt{7}-1}{2}\right)$，$\left(\frac{1-\sqrt{7}}{2}, \frac{-\sqrt{7}-1}{2}\right)$.

从而弦 AB 的长为

$$|AB|=\sqrt{\left(\frac{1+\sqrt{7}}{2}-\frac{1-\sqrt{7}}{2}\right)^2+\left(\frac{\sqrt{7}-1}{2}-\frac{-\sqrt{7}-1}{2}\right)^2}=\sqrt{14}.$$

解法二 如图 8-42 所示，过圆心 O 作直线 $y=x-1$ 的垂线，垂足为 C，连接 OA.

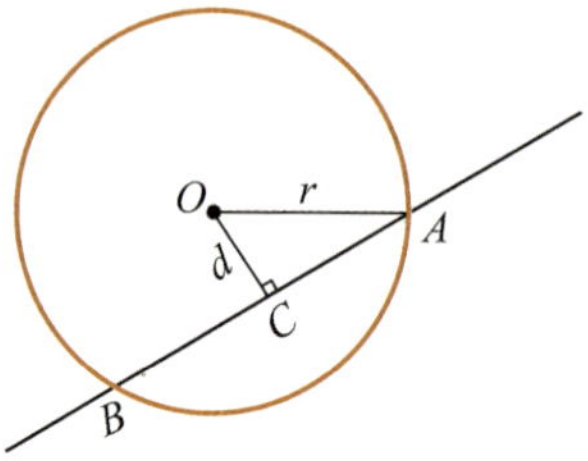

图 8-42

则 OC 的长为点 O 到直线 $y=x-1$ 的距离，OA 的长为圆的半径

所以 $|OA|=2$，$|OC|=d=\frac{|-1|}{\sqrt{1^2+(-1)^2}}=\frac{\sqrt{2}}{2}$.

在 $\mathrm{Rt}\triangle AOC$ 中，$|AC|^2=|OA|^2-|OC|^2=4-\frac{1}{2}=\frac{7}{2}$.

从而 $|AC|=\frac{\sqrt{14}}{2}$，因此弦长 $|AB|=2|AC|=\sqrt{14}$.

复习题八

A 组

1. 填空题.

(1)已知点 $A(3, -5)$，$B(-2, 2)$，则线段 AB 长为__________.

(2)已知点 $C(-3, 2)$，$D(2, -6)$，则线段 CD 的中点坐标是________.

(3)已知点 $M(-1, m)$在直线 $2x-y-1=0$ 上，则 $m=$________.

(4)直线 $2x+3y-4=0$ 的斜率是________.

(5)斜率是$\frac{1}{2}$，且经过点 $P(0, 3)$的直线的方程是________.

(6)点$(2, 1)$到直线 $3x+4y-25=0$ 的距离是________.

(7)圆心为$\left(-1, \frac{1}{2}\right)$，半径为 1 的圆的方程是________.

(8)圆 $x^2+y^2+4x-13=0$ 的圆心坐标是________，半径是________.

2. 选择题.

(1)经过两点 $P(-k, 3)$和 $Q(5, -k)$的直线的斜率等于 1，则 k 的值是(　　).

A. -4　　B. 4　　C. 1　　D. -1

(2)若直线 $3x+4y-11=0$ 与直线 $Ax-2y+7=0$ 垂直，则 A 的值是(　　).

A. -6　　B. $-\frac{3}{2}$　　C. $\frac{8}{3}$　　D. $-\frac{2}{3}$

(3)若圆$(x-a)^2+y^2=25$ 经过原点，则 $a=$(　　).

A. 0　　B. 5　　C. -5　　D. ± 5

3. 解答题.

(1)求过两点 $P(3, 2)$和 $Q(1, -4)$的直线的方程.

(2)已知点 $A(-3, y)$，$B(x, -10)$，$C(3, -4)$，若 C 是线段 AB 的中点，求 x 和 y.

(3)已知 $A(x, -5)$，$B(1, 2)$，$C(-4, 7)$三点共线，求 x 的值.

(4)求斜率是$\frac{1}{3}$，且在 y 轴上的截距为-4 的直线的方程.

(5)求过点 $A(1, -2)$且与直线 $2x+3y-5=0$ 平行的直线的方程.

(6)求直线 $2x+y+1=0$ 与直线 $3x-y-2=0$ 的交点坐标.

(7)求圆心在原点，并与直线 $4x+3y-70=0$ 相切的圆的方程.

B组

1. 填空题.

(1)经过点 $A(-1, -3)$，并且与 y 轴平行的直线的方程是________.

(2)若直线 $x+3y-1=0$ 与直线 $3x+By-2=0$ 平行，则 $B=$ ________.

(3)与点 $P(2, -3)$的距离等于5的动点的轨迹方程是________.

(4)圆 $x^2+y^2-6x+4y=0$ 的周长是________.

2. 选择题.

(1)若直线 $Ax+5y+2=0$ 与直线 $x+2y-3=0$ 垂直，则 A 的值是(　　).

A. -6　　B. -8　　C. 10　　D. -10

(2)两条平行直线 $3x+4y-7=0$ 和 $3x+4y+8=0$ 之间的距离是(　　).

A. 15　　B. $\frac{1}{5}$　　C. 3　　D. $3\sqrt{2}$

(3)直线 $y=-3x$ 与圆$(x+1)^2+y^2=7$ 的位置关系是(　　).

A. 相交不过圆心　　B. 相交过圆心

C. 相切　　D. 相离

3. 解答题.

(1)求直线 $2x+3y-24=0$ 与 x 轴、y 轴所围成的三角形的面积.

(2)求以 $M_1(2, -4)$和 $M_2(-3, 1)$两点连线为直径的圆的方程，并判断点 $A(2, -5)$是在圆内、圆上还是在圆外.

(3)求圆 $x^2+y^2=25$ 的圆心到直线 $3x-4y-5=0$ 的距离，并讨论该圆与该直线的位置关系.

(4)求经过点 $A(-1, 1)$与 $B(1, 3)$，圆心在 x 轴上的圆的方程.

第 9 章 · 立体几何

章前序语

现存的古代埃及著名的胡夫金字塔的形状是一个正四棱锥，它的高度为 146.5 m，底面是一个正方形，边长约为 230 m，四个侧面都是等腰三角形. 那么，胡夫金字塔的体积是多少呢？

国家游泳中心——水立方的主体框架是一个长 177 m，宽 177 m，高约 30 m 的长方体. 长方体除了我们知道的它有 6 个面、8 个顶点、12 条棱外，它还有哪些线面关系和性质呢？

学习了本章内容，你就能很轻松地找到这类问题的答案了.

立体几何是几何学的重要组成部分，它在我们的日常生活和生产实践中有着非常广泛的应用. 例如，土木建筑、工程制图、机械设计等，都需要用到立体几何的有关知识.

本章将在平面几何的基础上，进一步学习空间中的点、线、面的位置关系．并在此基础上研究柱、锥、球的结构特征，以及它们表面积和体积的计算方法．

学习向导

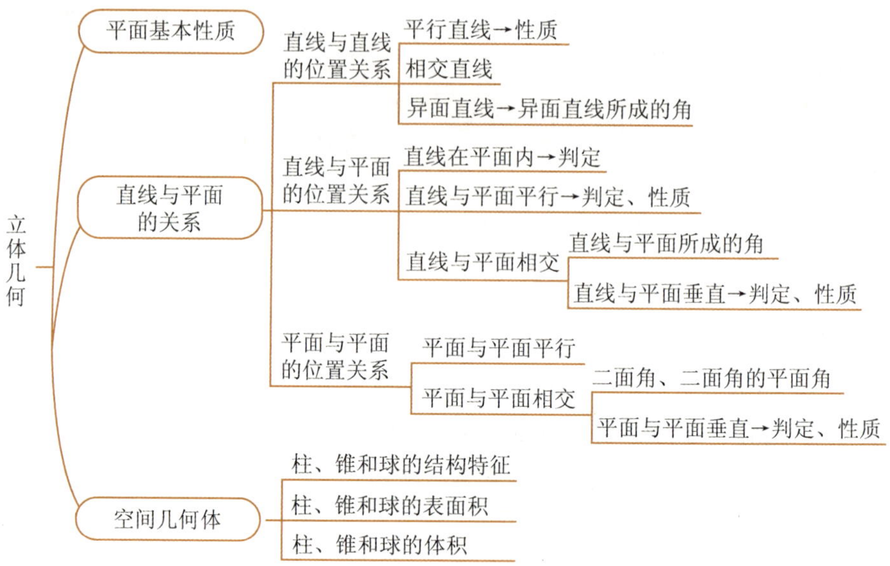

§9.1 平面的基本性质

9.1.1 点、线、面

一、构成空间图形的基本元素

学习新知

初中我们学过平面几何，平面内的图形都是由点和线构成的．而空间图形，除了点、线外，还有一个基本图形——平面．点、线、面是构成空间图形的三种基本元素．我们对点、线已经很熟悉了．这里，我们来初步认识一下平面．

观察生活中的玻璃面、平静的水面、黑板面等，会发现它们有一个共同的特征，光滑、平坦，这些特征都给我们展示了“平面”的形象，但是它们都是有限的．

几何中所说的平面，就是从这些物体中抽象出来的．几何里的平面是平坦、没有厚度，向四周无限延展的图形．也就是说，平面是没有大小限制的．

我们通常用一个平行四边形来代表平面．图 9-1 中，我们用平行四边形表示平面，并用小写希腊字母 α，β，γ，…来标记，把它写在表示平面的平行四边形的一个角上；还可以用表示平面的平行四边形的顶点字母来标记，或用表示平面的平行四边形的两个对角的顶点字母来标记．图 9-1 中的平面可记为平面 α、平面 β，平面 α 也可记为平面 $ABCD$，还可记为平面 AC.

此外，有时根据具体情况，也用其他的平面图形表示平面，如圆、三角形、梯形等．

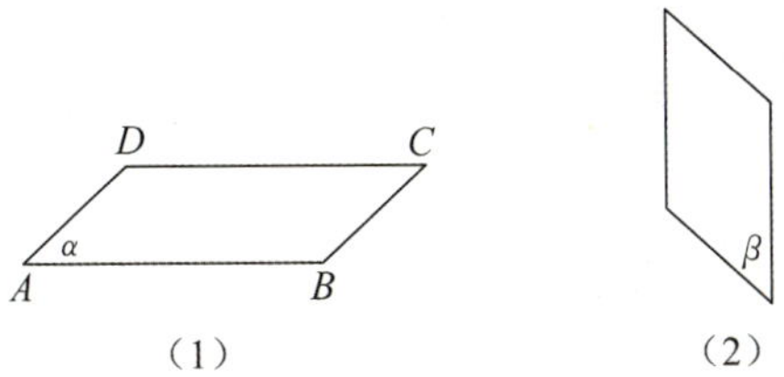

图 9-1

运用新知

例　表示出长方体 $ABCD$-$A_1B_1C_1D_1$（图 9-2）的 6 个面．

解　这 6 个面可以分别表示为：平面 AC，平面 A_1C_1，平面 AB_1，平面 DC_1，平面 AD_1，平面 BC_1.

试一试：你能换一种方法表示这 6 个面吗？

想一想：为什么图 9-2 中边 AD，DD_1，DC 为虚线？

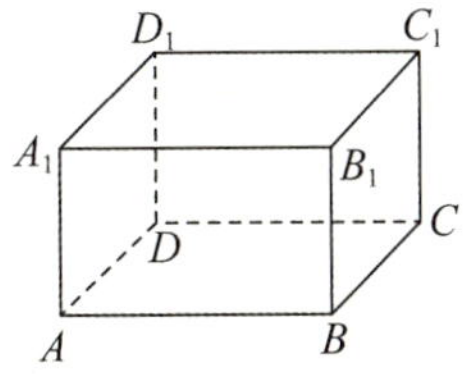

图 9-2

同步练习

1. 下列命题中，正确的是（　　）.

A. 3 个平面重叠起来，比 2 个平面叠起来厚

B. 墙面是平面

C. 一个平面的长是 200 cm，宽是 100 cm

D. 平面是可以无限延展的

2. 画出一个平面，并用字母表示这个平面．

3. 举出生活中平面的实例．

二、用集合语言表示点、线、面的关系

学习新知

直线和平面都可以看作是点的集合，因此可以用集合的符号表示点、线、面之间的关系.

如图 9-3，点 P 在直线 l 上，记作 $P\in l$；点 Q 在直线 l 外，记作 $Q\notin l$.

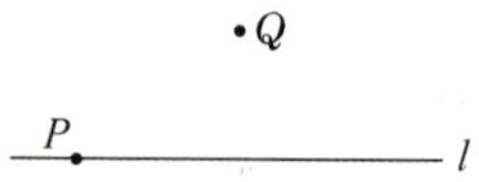

图 9-3

如图 9-4(1)，点 A 在平面 α 内，记作 $A\in\alpha$；点 B 在平面 α 外，记作 $B\notin\alpha$.

如图 9-4(1)，如果直线 l 上的所有点都在平面 α 内，就说直线 l 在平面 α 内，或说平面 α 经过直线 l，记作 $l\subsetneqq\alpha$；否则，就说直线 l 在平面 α 外，记作 $l\not\subseteq\alpha$(如图 9-4(2)(3)).

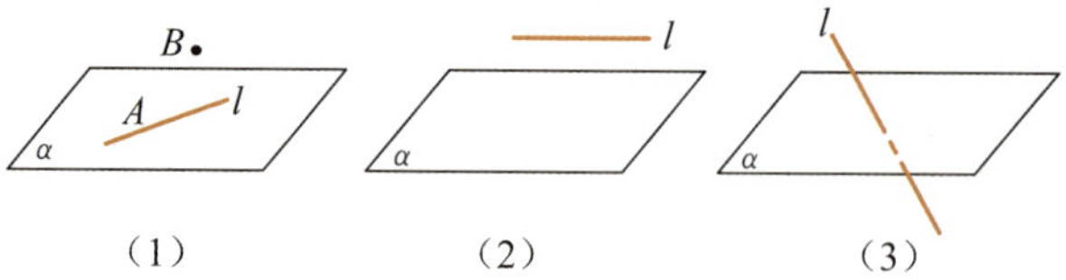

图 9-4

注： 点与直线、点与平面的关系是元素与集合的关系，是“属于($\in$)”或“不属于($\notin$)”的关系；直线与平面的关系是集合与集合的关系，是“真包含于($\subsetneqq$)”或“不包含于($\not\subseteq$)”的关系. 请同学们仔细区分符号的用法.

同步练习

用符号表示.

(1)点 A 在直线 l 上，记为________；

(2)点 B 不在直线 m 上，记为________；

(3)点 A 在平面 α 内，记为________；

(4)点 A 不在平面 β 内，记为________；

(5)直线 l 在平面 α 内，记为________；

(6)直线 l 不在平面 β 内，记为________.

9.1.2　平面的基本性质

学习新知

生活中，我们常常看到这样的现象，木工师傅检查桌面是否平整时，常把一把直尺压在桌面上移来移去，观察直尺和桌面之间是否有空隙；建筑工人铺水泥地面时，常用一把直尺在刚铺好水泥的地面上一刮，这样就能保证地面平整了. 这些事实和经验可以抽象总结出以下性质.

公理 1　如果一条直线上的两点在一个平面内，那么这条直线上的所有点都在这个平面内.

如图 9-5，由公理 1，$A\in l$，$B\in l$，$A\in\alpha$，$B\in\alpha\Rightarrow l\subsetneqq\alpha$.

知识衔接
两点确定一条直线.

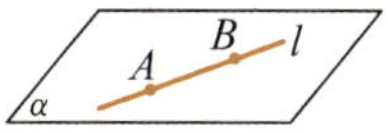

图 9-5

生活中我们常常可以看到这样的现象：三脚架可以把照相机支撑住，自行车靠两个轮胎和一个停车柱(俗称撑脚)就能站稳.（图 9-6(1)与图 9-6(2)）

(1)　　(2)

图 9-6

这些事实和经验可以抽象总结出以下性质.

公理 2　经过不在同一条直线上的三点，有且只有一个平面.

如图 9-7，A，B，C 三点不在同一直线上，经过这三点有一个平面，而且只有一个平面，这个平面可记作“平面 ABC”.

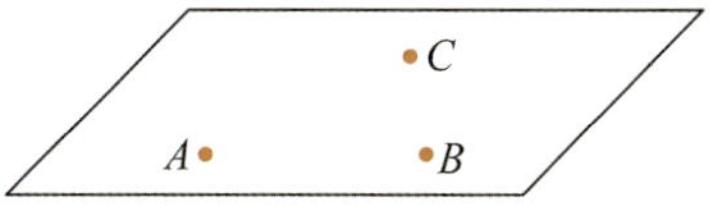

图 9-7

注：公理 2 中的“有且只有”包括两方面的意义：“有”是指存在，过不在同一直线上的三点一定有平面；“只有”是指唯一，过不在同一直线上的三点只有一个平面. 因此，可以说**不在同一直线上的三点确定一个平面.**

由公理 2 还可以推出下面三种常用的确定平面的方法.

推论1 **一条直线和这条直线外的一点可以确定一个平面.(图9-8)**

推论2 **两条相交直线可以确定一个平面.(图9-9)**

推论3 **两条平行直线可以确定一个平面.(图9-10)**

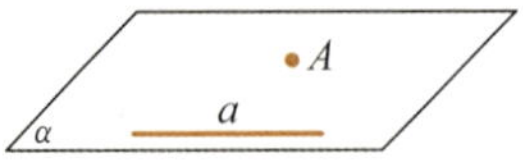

图 9-8

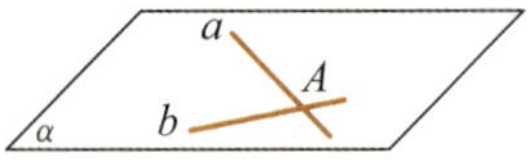

图 9-9

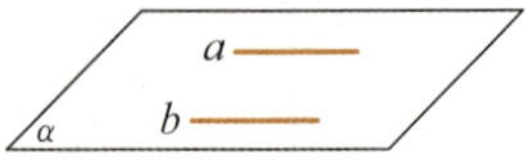

图 9-10

试一试:请同学们用公理1和公理2来说明这三个推论.

公理3 **如果不重合的两个平面有一个公共点,那么它们有且只有一条过这个点的公共直线.**

如图9-11,若平面α和平面β有一个公共点P,则平面α和平面β就一定有一条过点P的公共直线l,且这样的直线只有一条.

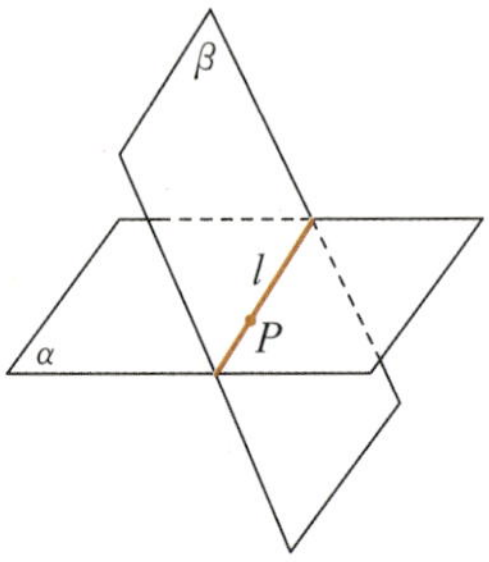

图 9-11

平面的这一性质反映了平面与平面的位置关系:如果两个平面有一个公共点,那么这两个平面就有一条公共直线.这时我们称这两个平面相交,这条公共直线叫作这两个平面的交线,记作$\alpha \cap \beta = l$.

运用新知

例 如图9-12和图9-13,观察图中点、直线和平面的位置关系,并用符号表示出来.

解 如图9-12,$\alpha \cap \beta = l$,$A \in m$,$B \in m$,$A \in \alpha$,$B \in \beta$,$m \not\subseteq \alpha$,$m \not\subseteq \beta$.

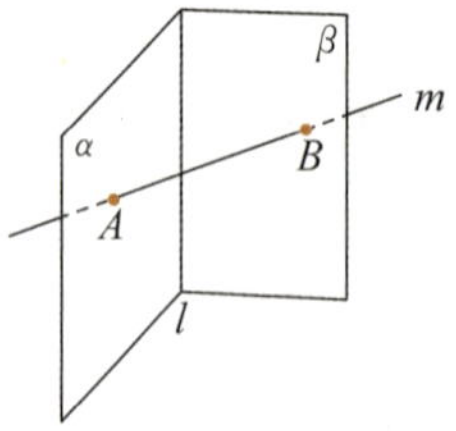

图 9-12

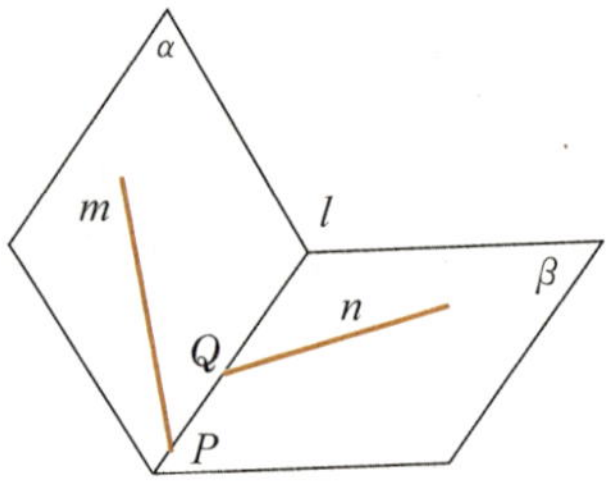

图 9-13

如图9-13,$\alpha \cap \beta = l$,$m \subsetneqq \alpha$,$n \subsetneqq \beta$,$m \cap l = P$,$n \cap l = Q$.

同步练习

1. 判断下列说法是否正确.

(1)三点确定一个平面.　(　　)

(2)平面 α 与平面 β 相交，它们只有有限个公共点.　(　　)

(3)两条相交直线确定一个平面.　(　　)

(4)若两个平面相交，则它们存在不在同一条直线上的三个公共点.　(　　)

2. 用符号表示平面 α 与平面 β 交于直线 l，并画出相应的图形.

习题 9.1

A 组

1. 在空间中，下列命题正确的是(　　).

A. 圆上三点确定一个平面

B. 圆心和圆上两点确定一个平面

C. 线段 AB 在平面 α 内，但直线 AB 不在平面 α 内

D. 两个平面相交于一条线段

2. 空间三条直线交于一点，则它们确定的平面数为(　　).

A. 1 个　　B. 1 个或 3 个

C. 1 个或 2 个或 3 个或 4 个　　D. 1 个或 2 个或 3 个

3. 当三条直线在同一平面内时，它们的位置关系有几种？画出各种情况.

4. 说出命题："直线 $a\subsetneqq$ 平面 α，直线 $a\cap$ 直线 $b=P\Rightarrow P\in\alpha$"所表示的含义，并画出图形.

5. 下列四个推理：(a，b 表示直线，α，β 表示平面)

①$A\in a$，$a\subsetneqq\alpha\Rightarrow A\in\alpha$；

②$A\in a$，$A\in\alpha\Rightarrow a\subsetneqq\alpha$；

③A，B，$C\in\alpha$，A，B，$C\in\beta\Rightarrow\alpha$ 与 β 重合；

④$a/\!/b$，a，$b\subsetneqq\alpha$，a，$b\subsetneqq\beta\Rightarrow\alpha$ 与 β 重合；

其中推理正确的有________.（只填序号）

B 组

1. 怎样检验一张桌子的四条腿下端是否在同一平面内？

2. 不在同一平面内的四点可以确定几个平面？

§9.2 空间直线与平面的关系

9.2.1 空间直线与直线之间的关系及性质

一、空间直线与直线之间的位置关系

学习新知

(1)如图 9-14，观察长方体 $ABCD\text{-}A_1B_1C_1D_1$ 中，棱 A_1B_1 与 AB，A_1B_1 与 A_1D_1，A_1B_1 与 BC，它们所在的直线的位置关系是怎样的?

(2)如图 9-15，观察涡轮减速机的两根轴所在的直线 l_1，l_2，它们的位置关系又是怎样的?

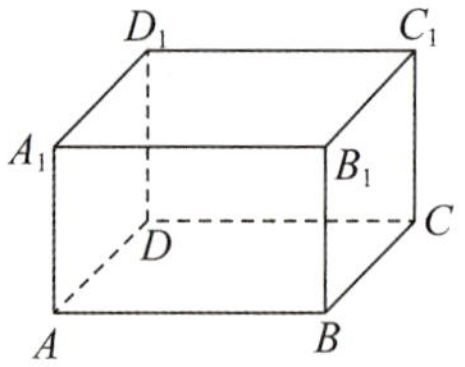

图 9-14

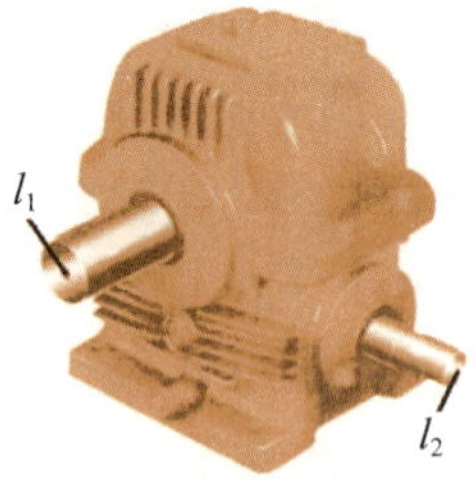

图 9-15

我们发现:

(1)棱 A_1B_1 与 AB，它们所在的直线在同一平面内，且 A_1B_1 与 AB 平行;

棱 A_1B_1 与 A_1D_1，它们所在的直线在同一平面内，且 A_1B_1 与 A_1D_1 相交;

棱 A_1B_1 与 BC 这两者所在的直线既不相交也不平行，也不可能在同一平面内.

(2)涡轮减速机的两根轴所在的直线 l_1 和 l_2，既不相交也不平行，也不可能在同一平面内.

我们把在同一平面内的直线，叫作**共面直线**，不同在任何一个平面内的两条直线叫作**异面直线**.

这样，空间中两条直线的位置关系有三种：相交直线、平行直线和异面直线. 并可按如下方式分类:

空间中两条直线的位置关系
- 共面直线
  - 相交直线——有且只有一个公共点.
  - 平行直线——没有公共点.
- 异面直线——没有公共点.

画异面直线时，为了显示它们不共面的特点，常常用平面做衬托，以加强直观性．如图 9-16(1)，图 9-16(2)．

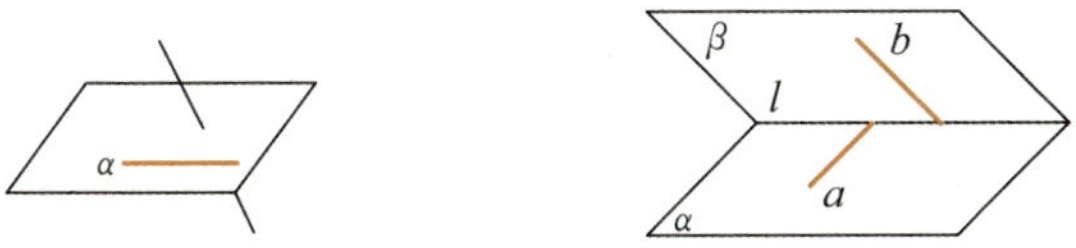

图 9-16

运用新知

例 1　如图 9-17，在正方体 $ABCD$-$A_1B_1C_1D_1$ 中，找出所在的直线与棱 A_1D_1 所在的直线成异面直线的棱．

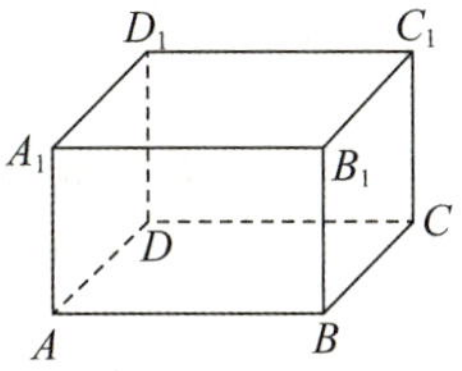

图 9-17

分析　一个正方体有 12 条棱，要找出所在的直线与棱 A_1D_1 所在的直线成异面直线的棱，就是从其余 11 条棱中找出与 A_1D_1 既不相交又不平行的棱．

解　所在的直线与棱 A_1D_1 所在的直线成异面直线的棱有 B_1B，C_1C，AB，CD．

同步练习

1. 如图，AB 是长方体的一条棱，长方体中与棱 AB 平行的棱共有________条，与棱 AC 成异面直线的棱共有________条．

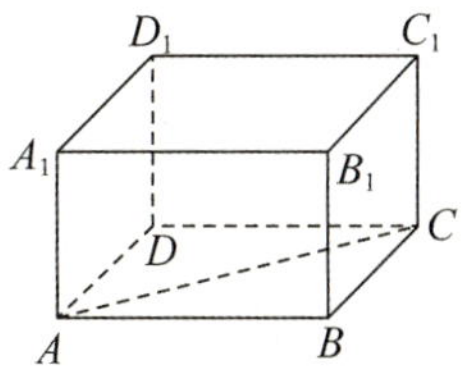

（第 1 题图）

2. 观察教室墙面与墙面的交线、墙面与地面的交线、墙面与顶面的交线，找出异面直线．

二、空间直线平行的性质

学习新知

观察如图 9-18，思考长方体的棱 AB，A_1B_1，D_1C_1，DC 所在的直线的位置关系.

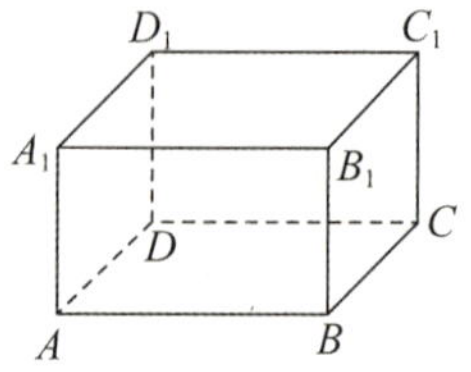

图 9-18

通过观察、思考可以归纳总结出以下性质.

公理 4　平行于同一条直线的两条直线相互平行.

如图 9-19，直线 $a/\!/c$ 直线，直线 $b/\!/c$，则有 $a/\!/b$.

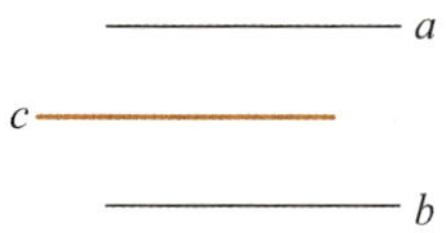

图 9-19

在平面内，如果一个角的两边与另一个角的两边分别平行，那么这两个角相等或互补.

如图 9-18，在长方体 $ABCD\text{-}A_1B_1C_1D_1$ 中，观察$\angle ABC$ 与$\angle A_1B_1C_1$，$\angle ABC$ 与$\angle A_1D_1C_1$，我们发现，这两对角的两边分别对应平行，并且

$$\angle ABC=\angle A_1B_1C_1,\ \angle ABC+\angle A_1D_1C_1=180°.$$

一般地，在空间中也有以下结论：

定理　如果一个角的两边和另一个角的两边分别对应平行，那么这两个角相等或互补.

运用新知

例 2　如图 9-20，已知四边形 $ABCD$ 是空间四边形(四个顶点不在同一平面内的四边形)，E，F，G，H 四点分别是空间四边形 $ABCD$ 各边的中点，则四边形 $EFGH$ 是什么四边形，并说明理由.

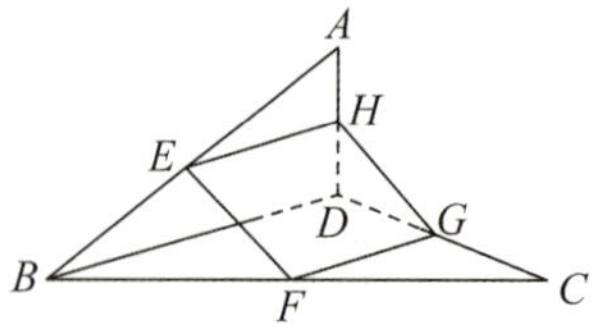

图 9-20

解 连接 BD，因为 E，H 分别是 AB，AD 的中点，所以 EH 为三角形 ABD 的中位线.

于是有 $EH /\!/ BD$ 且 $EH=\frac{1}{2}BD$.

同理可得 $FG /\!/ BD$ 且 $FG=\frac{1}{2}BD$.

所以 $EH /\!/ FG$ 且 $EH=FG$.

所以四边形 $EFGH$ 是平行四边形.

> **知识衔接**
> 连接三角形两边中点的线段叫三角形的中位线. 三角形的中位线平行于第三边并且长度等于第三边的一半.

同步练习

1. 把一张长方形的纸同方向对折两次，打开后这些折痕所在的直线是否平行，为什么？

三、异面直线所成的角

学习新知

如图 9-21(1)，已知空间中的两条异面直线 a，b，在空间中任取一点 O，过点 O 作直线 $a' /\!/ a$，$b' /\!/ b$，(如图 9-21(2)) a' 与 b' 所成的锐角(或直角) θ 叫作**异面直线 a 与 b 所成的角(或夹角)**.

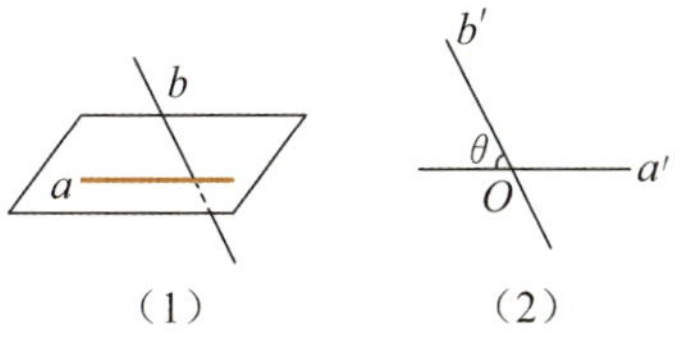

图 9-21

如图 9-22，为了方便，有时将点 O 取在两条异面直线中的任意一条上，如取在直线 a 上，则只要过点 O 作直线 b 的平行线 b'，a 和 b' 所成的锐角(或直角)就是异面直线 a 和 b 所成的角.

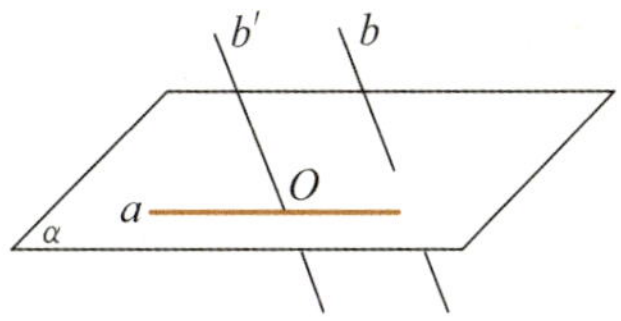

图 9-22

由异面直线所成的角的定义可知，异面直线 a，b 所成的角 θ 满足 $0°<\theta\leqslant 90°$，当异面直线 a，b 所成的角是直角时，我们说这两条异面直线互相垂直，记作 $a\perp b$.

想一想：两条异面直线所成的角为什么不能为 $0°$？

运用新知

例 3 如图 9-23，在正方体 $ABCD\text{-}A_1B_1C_1D_1$ 中，

(1)求棱 BD 与 A_1D_1、棱 AB 与 CC_1 所在的直线所成的角；

(2)哪些棱所在的直线与 AB 垂直？

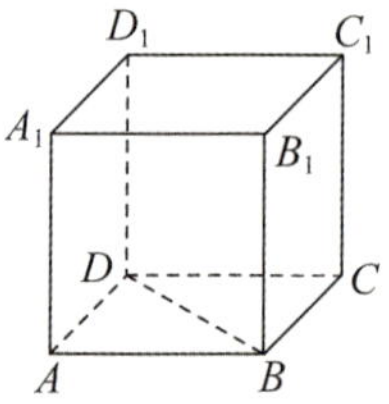

图 9-23

分析 棱 BD 与 A_1D_1 所在的直线为异面直线，求这两条异面直线所成的角，关键是要用平移的方法把异面直线所成的角转化成两条相交直线的夹角；所在的直线与 AB 垂直的棱除了与 AB 相交垂直的，还有与 AB 异面垂直的.

解 (1)连接 BD. 因为 $A_1D_1 /\!/ AD$，所以 $\angle ADB$ 为棱 BD 与 A_1D_1 所成的角.

因为 $ABCD$ 是正方形，所以 $\angle ADB=45°$，即棱 BD 与 A_1D_1 所在的直线所成的角是 45°.

因为 $C_1C /\!/ B_1B$，所以 $\angle ABB_1$ 为棱 AB 与 C_1C 所成的角，因为 $AB\perp B_1B$，所以 $\angle ABB_1=90°$.

所以棱 AB 与 CC_1 所在的直线所成的角是 90°.

(2)与 AB 垂直的棱有 AD，BC，A_1D_1，B_1C_1，AA_1，BB_1，CC_1，DD_1.

同步练习

1. 如图，在正方体 $ABCD\text{-}A_1B_1C_1D_1$ 中，求 AC 与 A_1B_1，AC 与 B_1D_1 所成的角.

2. 如图，写出与 AD 垂直的棱.

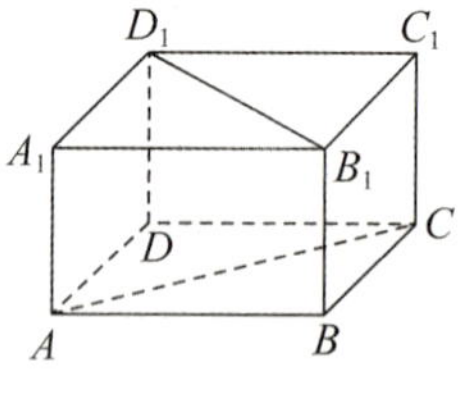

(第 1、2 题图)

9.2.2 空间直线与平面之间的位置关系

学习新知

想象手中的笔所在的直线和桌面所在的平面，它们可能有几种位置关系？

我们可以发现空间直线与平面有且只有三种不同的位置关系：

(1)**直线在平面内——直线和平面有无数个公共点**；(图 9-24(1))

(2)**直线与平面平行——直线和平面没有公共点**；(图 9-24(2))

(3)**直线与平面相交——直线和平面只有一个公共点**．(图 9-24(3))

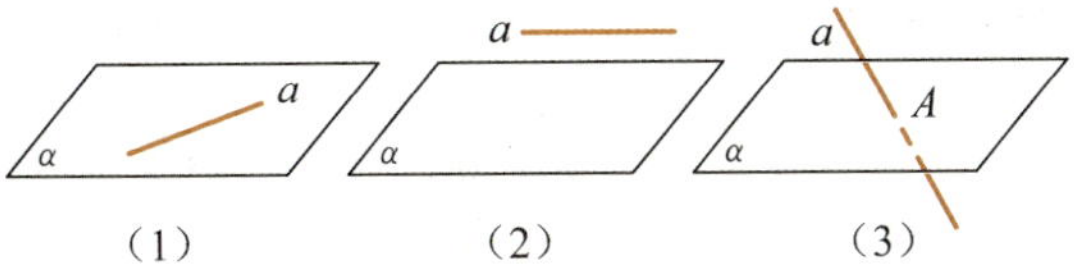

图 9-24

我们把直线与平面相交或平行的情况统称为**直线在平面外**．

直线 a 与平面 α 相交于点 A 记作 $a\cap\alpha=A$；

直线 a 与平面 α 平行记作 $a/\!/\alpha$．

运用新知

例　下列说法是否正确，正确的说明理由，不正确的举出反例．

(1)如果直线 l 上有无数个点不在平面 α 内，那么 $l/\!/\alpha$．

(2)如果直线 l 与平面 α 不平行，那么 l 一定与平面 α 相交．

(3)如果直线 l 在平面 α 外，那么 $l/\!/\alpha$．

(4)如果直线 $l/\!/$平面 α，那么 l 与平面 α 内的所有直线都平行．

分析　可借助长方体，找出满足条件的线和面，再观察它们的位置关系．

解　观察图 9-25 中的长方体 $ABCD\text{-}A_1B_1C_1D_1$．

(1)不正确．例如，在长方体 $ABCD\text{-}A_1B_1C_1D_1$ 中，棱 AA_1 所在的直线上除了点 A 外，其余的点都在平面 $ABCD$ 外，但棱 AA_1 所在的直线与平面 $ABCD$ 相交．

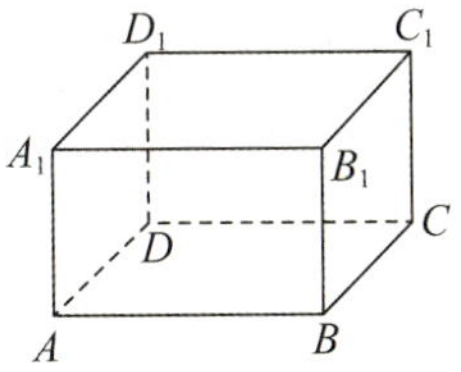

图 9-25

(2)不正确．如果直线 l 与平面 α 不平行，那么直线 l 与平面 α 相交或直线 l 在平面 α 内．

(3)不正确．如果直线 l 在平面 α 外，那么直线 l 与平面 α 有可能平行，也有可能相交．

(4)不正确．例如，在长方体 $ABCD\text{-}A_1B_1C_1D_1$ 中，A_1B_1 所在的直线平行于平面 $ABCD$，A_1B_1 显然不平行于 BC．

同步练习

1. 直线与平面平行是指(　　)．

A. 直线与平面内的无数条直线都没有公共点

B. 直线与平面没有公共点

C. 直线与平面内的无数条直线是异面直线

D. 直线不在平面内

2. 如果直线 l∥平面 α，则直线 l 与平面 α 内的(　　).

A. 一条直线不相交　　B. 两条直线不相交

C. 无数条直线不相交　　D. 任意一条直线都不相交

9.2.3　空间平面与平面之间的位置关系

学习新知

我们知道，教室的墙面所在的平面和地面所在的平面是相交的，教室的顶面所在的平面和地面所在的平面无论怎么延展都没有公共点. 我们把没有公共点的两个平面叫作**平行平面**. 一般地，空间中两个不重合的平面有且只有两种不同的位置关系：

(1)**两个平面平行——两平面没有公共点**；(图 9-26(1))

(2)**两个平面相交——两平面有一条公共直线**. (图 9-26(2))

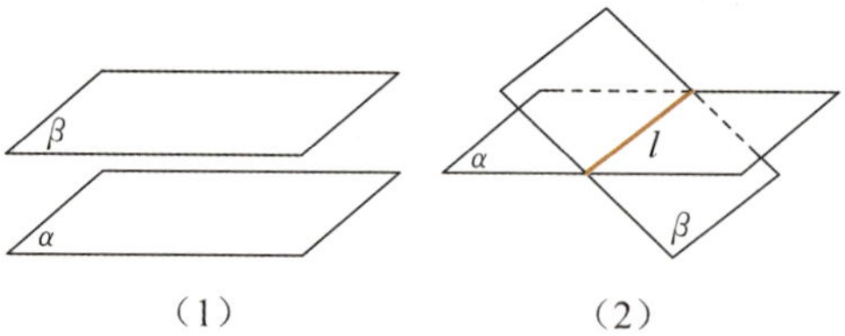

图 9-26

平面 α 平行于平面 β 记作 $\alpha \parallel \beta$.

画两个互相平行的平面时，要注意使表示平面的两个平行四边形的对应边互相平行.

运用新知

例　如图 9-27，已知长方体 $ABCD\text{-}A_1B_1C_1D_1$，

(1)在 6 个面中，找出与棱 AB 所在的直线平行的平面；

(2)在 6 个面中，找出互相平行的平面；

(3)在 6 个面中，找出与平面 AC 相交的平面，并说出它们的交线.

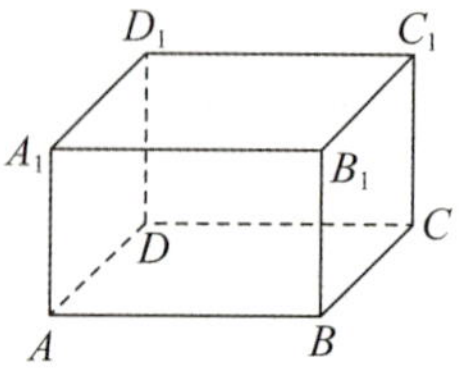

图 9-27

解　(1)观察可知，棱 AB // 平面 A_1C_1，棱 AB // 平面 DC_1；

(2)观察可知，平面 AC // 平面 A_1C_1，平面 BC_1 // 平面 AD_1，平面 AB_1 // 平面 DC_1；

(3)观察可知，平面 $AC\cap$平面 AD_1 = 直线 AD，平面 $AC\cap$平面 BC_1 = 直线 BC，平面 $AC\cap$平面 AB_1 = 直线 AB，平面 $AC\cap$平面 DC_1 = 直线 DC.

同步练习

1. 如图 9-27，已知长方体 $ABCD\text{-}A_1B_1C_1D_1$，

(1)在 6 个面中，找出与棱 AA_1 所在的直线平行的平面；

(2)在 6 个面中，找出与平面 AD_1 相交的平面，并说出它们的交线.

2. 已知平面 α // 平面 β，直线 a，b 满足 $a\subsetneqq\alpha$，$b\subsetneqq\beta$，讨论直线 a 与 b 有哪几种位置关系？

习题 9.2

A 组

1. 如图，在正方体 $ABCD\text{-}A_1B_1C_1D_1$ 中，

(1) A_1B 所在的直线与 D_1C 所在的直线的位置关系是________；

(2) A_1B 所在的直线与 B_1C 所在的直线的位置关系是________；

(3) B_1B 所在的直线与 D_1C 所在的直线的位置关系是________；

(4) AB 所在的直线与 B_1C 所在的直线的位置关系是________.

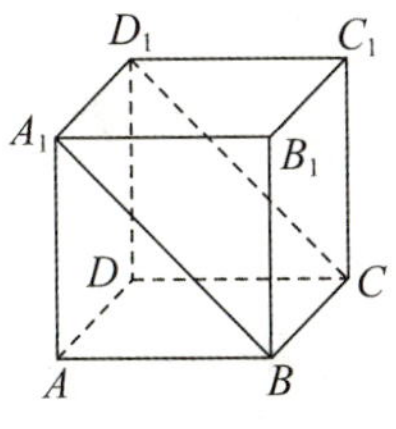

(第 1 题图)

2. 如图，AA_1 是长方体的一条棱，在长方体中与 AA_1 垂直的棱共有________条，它们分别是________.

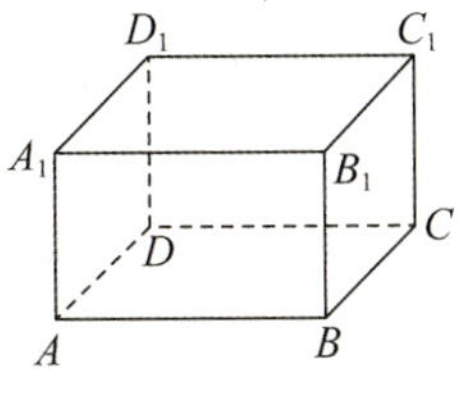

(第 2 题图)

3.(1)若直线 $a\parallel b$，a 与 c 是异面直线，则 b 与 c 的位置关系是________；

(2)若直线 $a\parallel b$，$a\parallel$ 平面 α，则 b 与 α 的位置关系是________.

4. 作图，并分别满足下列条件.

(1)平面 $\alpha\parallel$ 平面 β，直线 $a\subset\alpha$，直线 $b\subset\beta$；

(2)平面 $\alpha\cap$ 平面 $\beta=$ 直线 l，直线 $a\subset\alpha$，直线 $b\subset\beta$，$a\cap l=A$，$b\parallel l$.

5. 下列说法正确的有(　　).

两条异面直线所成的角是指：①两条相交直线所成的角；②过空间中的任意一点与两条异面直线分别平行的两条相交直线所成的锐角或直角；③过其中一条直线上的一点作与另一条直线平行的直线，这两条相交直线所成的锐角或直角；④两条直线既不平行又不相交，无法成角.

A. ①②　　B. ③④　　C. ②③　　D. ①④

6. 用符号表示图中点、直线和平面的位置关系.

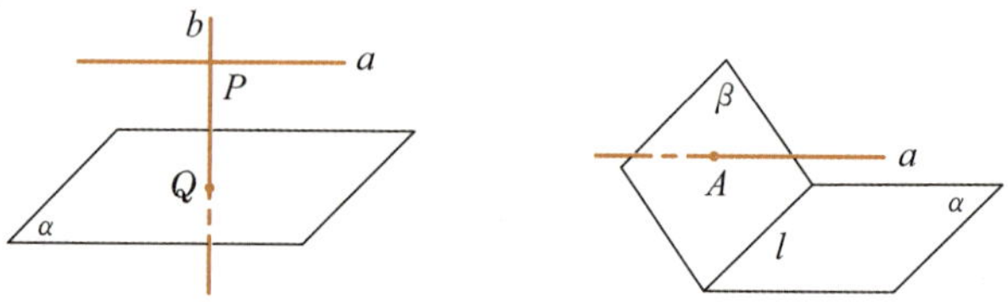

(第6题图)

7. 如图，在长方体 $ABCD\text{-}A_1B_1C_1D_1$ 中，已知 $AB=3$，$BC=3$，$AA_1=1$. 求：

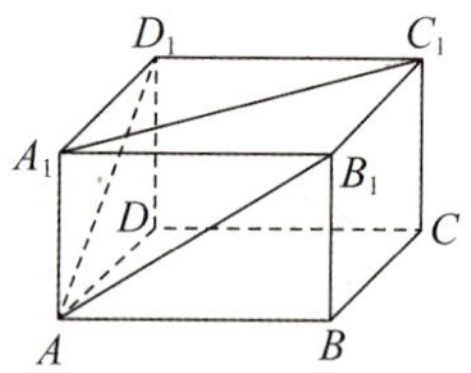

(第7题图)

(1)棱 A_1C_1 与棱 BC 所成的角；

(2)棱 AD_1 与棱 C_1C 所成的角；

(3)棱 AB_1 与棱 C_1D_1 所成的角.

B组

1. 如图，在正方体 $ABCD\text{-}A_1B_1C_1D_1$ 中，AB 的中点为 M，DD_1 的中点为 N，则棱 B_1M 与 CN 所在的直线所成的角是(　　).

A. 0°　　B. 45°　　C. 60°　　D. 90°

2. 如图，已知 AA'，BB'，CC' 不在同一平面内，且 $AA'\parallel BB'\parallel CC'$，$AA'=BB'=CC'$. 求证：$\triangle ABC\cong\triangle A'B'C'$.

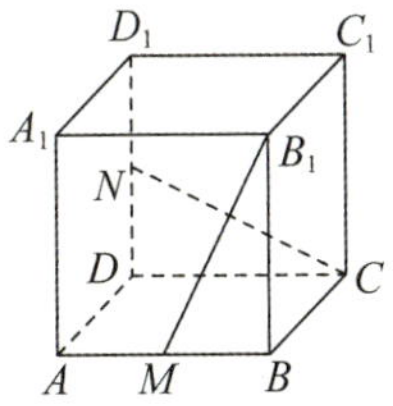

（第 1 题图）

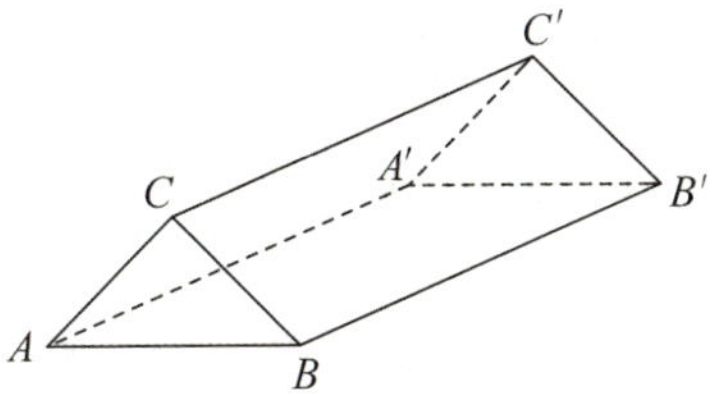

（第 2 题图）

§9.3　直线与平面平行的判定及性质

9.3.1　直线与平面平行的判定

学习新知

观察图 9-28 所示的笔记本电脑．我们把电脑屏幕所在的平面记为 α，上边缘所在的直线记为 AB，键盘所在的平面记为 β，α 与 β 的交线记为 CD（如图 9-29）．

图 9-28

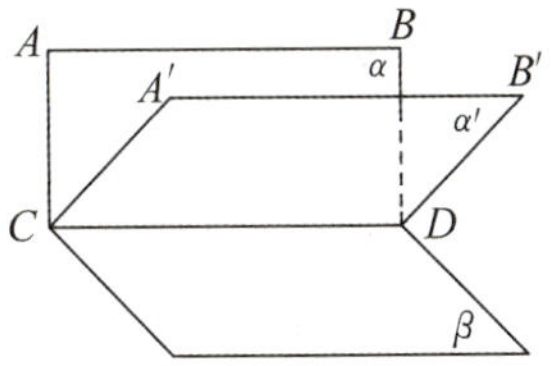

图 9-29

当平面 α（也就是屏幕）以 CD 为轴转动时，直线 AB 与平面 β 有怎样的位置关系？

我们发现，无论平面 α 怎样转动，AB 与 CD 始终在同一平面内，且是平行的，因此，只要 α 与 β 不重合，AB 与 β 就不可能有交点，即 AB 与 β 平行．

一般地，我们有下面的结论：

定理　若平面外的一条直线与平面内的一条直线平行，则平面外的这条直线与此平面平行．

这个定理通常称为直线与平面平行的判定定理，它将线与面平行的问题转化为线与线平行的问题．

图 9-30

如图 9-30，直线 l // 直线 a，$a \subsetneqq$ 平面 α，$l \not\subset \alpha$，

则有 $l /\!/ \alpha$.

例 1 如图 9-31，在长方体 $ABCD\text{-}A_1B_1C_1D_1$ 中，E，F 分别是 C_1D_1，B_1C_1 的中点. 求证：直线 $EF /\!/$ 平面 $ABCD$.

分析 证明直线 EF 与平面 $ABCD$ 平行，关键是在平面 $ABCD$ 内找到一条直线与直线 EF 平行. 若已知条件中涉及中点，则可利用中位线的性质找线线平行.

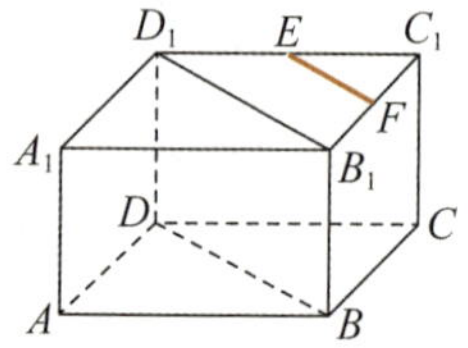

图 9-31

解 如图 9-31，连接 B_1D_1，BD.

在四边形 D_1DBB_1 中，因为 $D_1D /\!/ B_1B$，且 $D_1D=B_1B$，所以四边形 D_1DBB_1 是平行四边形. 所以 $B_1D_1 /\!/ BD$.

在 $\triangle B_1C_1D_1$ 中，因为 E，F 分别是 C_1D_1，B_1C_1 的中点，所以 $EF /\!/ B_1D_1$. 所以 $EF /\!/ BD$.

$$\left.\begin{array}{l} EF /\!/ BD \\ BD \subsetneq \text{平面} ABCD \\ EF \not\subset \text{平面} ABCD \end{array}\right\} \Rightarrow EF /\!/ \text{平面} ABCD.$$（直线与平面平行的判定定理）

同步练习

1. 一块正方形纸板 $ABCD$，将其一边 AB 紧靠桌面并将纸板绕 AB 转动，则 AB 的对边 CD 转动到不同的位置时，是不是都与桌面所在的平面平行？为什么？

2. 如图，在长方体 $ABCD\text{-}A_1B_1C_1D_1$ 中，

(1)与 AB 平行的平面有________________；

(2)与 AA_1 平行的平面有________________；

(3)与 BC 平行的平面有________________；

(4)与 AC 平行的平面有________________.

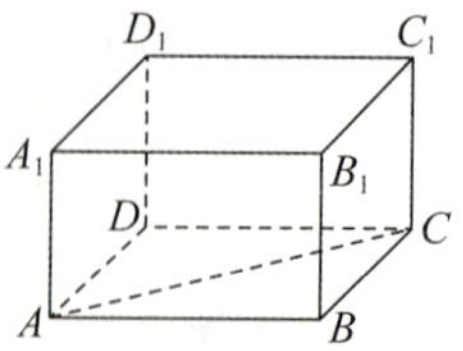

（第 2 题图）

3. 平行于同一个平面的两条直线的位置关系是(　　).

A. 平行　　B. 相交　　C. 异面　　D. 以上三种情况都有可能

4. 判断下列说法是否正确.

(1)如果一条直线和一个平面平行，那么这条直线就和这个平面内所有的直线都平行. ( )

(2)过平面外一点可以作无数条直线和这个平面平行. ( )

(3)过直线外一点只能作一个平面和这条直线平行. ( )

5. 如图，在空间四边形 $ABCD$ 中，E，F 分别是 AB，BC 的中点，则 EF 与平面 ACD 有怎样的位置关系？请说明理由.

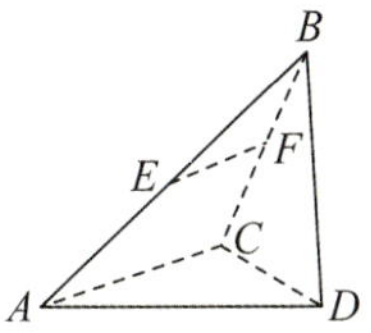

(第 5 题图)

9.3.2 直线与平面平行的性质

学习新知

在前面的学习中我们发现，如图 9-29 所示，只要 α 与 β 不重合，AB 就与 β 平行. 这时，AB 和 β 内的所有直线也都没有公共点，从而 AB 与 β 内的所有直线只有异面和平行两种位置关系.

如图 9-32，直线 $l /\!/$ 平面 α，过直线 l 作一个平面 β 和平面 α 相交，交线为 a.

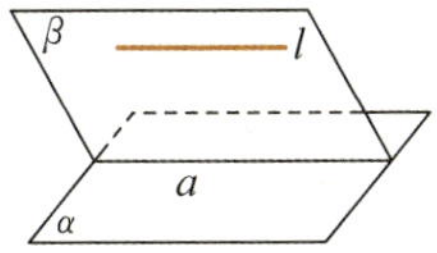

图 9-32

因为 $l /\!/ \alpha$，所以 l 和 α 没有公共点.

因为 $a \subsetneqq \alpha$，所以 l 和 a 没有公共点.

因为 $l \subsetneqq \beta$，$a \subsetneqq \beta$，所以由平行直线的意义有 $l /\!/ a$.

直线与平面平行的性质定理　如果一条直线和一个平面平行，那么经过这条直线的平面和已知平面相交的交线与这条直线平行.

如图 9-32，直线 $l /\!/$ 平面 α，$l \subsetneqq$ 平面 β，$\alpha \cap \beta =$ 直线 a，则有 $l /\!/ a$.

运用新知

例 1 如图 9-33，已知直线 $AB//$平面 α，$AC//BD$，$C\in\alpha$，$D\in\alpha$. 求证：$AC=BD$.

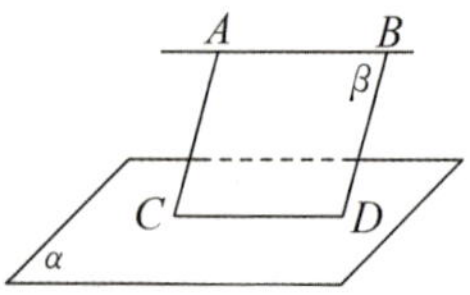

图 9-33

分析 要证明 $AC=BD$，只要证明四边形 $ABCD$ 是平行四边形.

证明 因为 $AC//BD$，所以 AC 与 BD 确定一个平面，记为 β，则$AB\subsetneqq\beta$，$CD\subsetneqq\beta$.

又因为 $C\in\alpha$，$D\in\alpha$，所以 $CD\subsetneqq\alpha$. 所以 $\alpha\cap\beta=CD$.

因为 $AB//\alpha$，所以 $AB//CD$.（直线与平面平行的性质定理）

所以四边形 $ABDC$ 是平行四边形，从而 $AC=BD$.

例 2 如图 9-34，有一块木料，已知棱 $BC//$平面 $A_1B_1C_1D_1$，要经过平面 $A_1B_1C_1D_1$ 内一点 P 和棱 BC 将木料锯开，木工师傅应该怎样画线？所画的线与平面 $ABCD$ 是什么位置关系？

分析 木工师傅要过点 P 和棱 BC 将木料锯开，也就是要经过 BC 和 BC 外一点 P 作截面，所要画的线就是截面和木料表面的交线. 因为已知条件中有平行关系，所以可以利用直线与平面平行的判定定理和性质定理来解决.

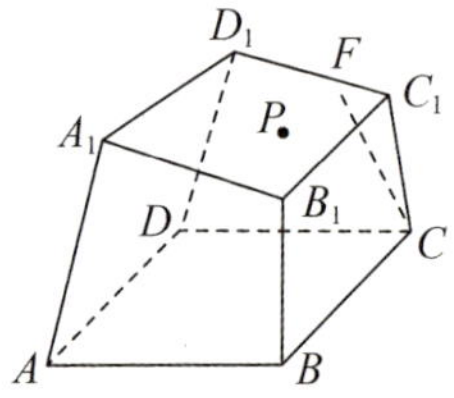

图 9-34

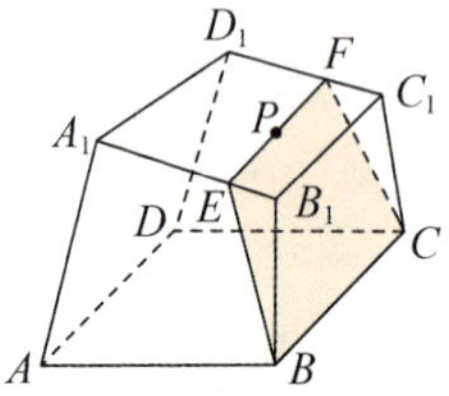

图 9-35

解 如图 9-35，在平面 $A_1B_1C_1D_1$ 内，过点 P 作直线 $EF//B_1C_1$，EF 分别交棱 A_1B_1，C_1D_1 于 E，F，连接 BE，CF，则 EF，BE，CF 就是所要画的线.

显然 BE，CF 与平面 $ABCD$ 是相交的.

$$\left.\begin{array}{l} BC//\text{平面 } A_1B_1C_1D_1 \\ BC\subsetneqq\text{平面 } BCC_1B_1 \\ \text{平面 } BCC_1B_1\cap\text{平面 } A_1B_1C_1D_1=B_1C_1 \end{array}\right\}\Rightarrow BC//B_1C_1\text{（直线与平面平行的性质定理）},$$

$$\left.\begin{array}{l} BC//B_1C_1 \\ EF//B_1C_1 \end{array}\right\}\Rightarrow EF//BC\text{（公理 4）}.$$

$$\left.\begin{array}{l}EF /\!/ BC \\ EF \not\subseteq \text{平面 } ABCD \\ BC \subsetneqq \text{平面 } ABCD\end{array}\right\} \Rightarrow EF /\!/ \text{平面 } ABCD\text{(直线与平面平行的判定定理)}.$$

同步练习

1. 判断下列说法是否正确.

(1)如果一条直线和一个平面平行，那么这条直线就和这个平面内无数条直线平行.（　　）

(2)如果直线 $a /\!/ b$，那么 a 平行于经过 b 的所有平面.（　　）

(3)若直线 $m \subsetneqq$ 平面 α，直线 $l /\!/ m$，则 $l /\!/ \alpha$.（　　）

(4)如果平面外的两条平行直线中的一条平行于这个平面，那么另一条与这个平面也平行.（　　）

2. 如图，在空间四边形 $ABCD$ 中，E，F 是 AB，AD 上的点，若 $EF /\!/$ 平面 BCD，判定 EF 与 BD 的位置关系，并说明理由.

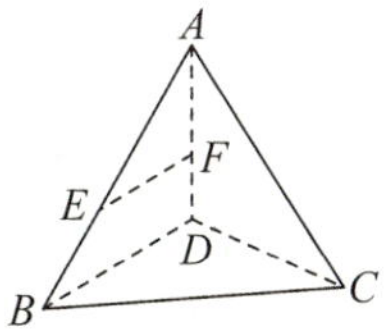

（第 2 题图）

9.3.3　平面与平面平行的判定及性质

学习新知

生活中我们常见到书架(图 9-36)，由经验可知，书架每一层的隔板所在的平面是互相平行的．那么如何判定两个平面平行呢？

图 9-36

观察图 9-37 中的长方体，思考下面问题：

(1)如果一个平面内有一条直线和另一个平面平行，那么这两个平面平行吗？

(2)如果一个平面内有两条直线都和另一个平面平行，那么这两个平面平行吗？

如图 9-37，观察长方体 $ABCD\text{-}A_1B_1C_1D_1$：

对于(1)，这两个平面不一定平行．例如，$AB /\!/ C_1D_1$，$AB \subsetneqq$ 平面 AB_1，$AB /\!/$ 平面 A_1C_1，但平面 A_1C_1 与平面 AB_1 相交，交线为 A_1B_1.

对于(2)，如果一个平面内的两条直线是互相平行的，那么这两个平面不一定平行. 在平面 ABB_1A_1 内作一条与 AB 平行的直线 EF(EF 与 A_1B_1 不重合)，则 EF，A_1B_1 都与平面 $ABCD$ 平行，但平面 ABB_1A_1 与平面 $ABCD$ 是相交的. 如果一个平面内两条直线是相交的，那么这两个平面互相平行.

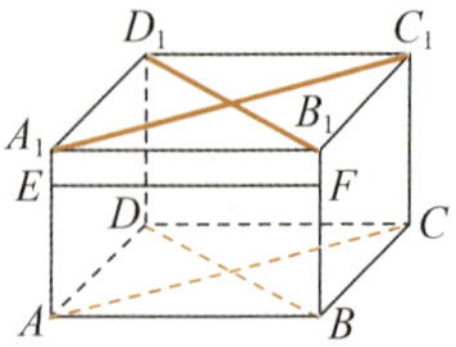

图 9-37

平面与平面平行的判定定理　如果一个平面内的两条相交直线都与另一个平面平行，那么这两个平面平行.

如图 9-38，直线 $a \subsetneqq$ 平面 β，直线 $b \subsetneqq \beta$，$a \cap b = P$，$a //$ 平面 α，$b //$ 平面 α，则有 $\alpha // \beta$.

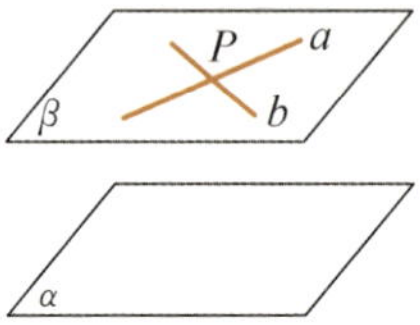

图 9-38

我们知道，如果平面 $\alpha //$ 平面 β，那么 α 内的直线和 β 内的直线就没有公共点，从而 α 内的直线与 β 内的直线之间的位置关系只有平行和异面.

一般地，我们有下面的平面与平面平行的性质定理：

平面与平面平行的性质定理　如果两个平行平面同时和第三个平面相交，那么它们的交线平行.

如图 9-39，平面 $\alpha //$ 平面 β，平面 $\alpha \cap$ 平面 $\gamma =$ 直线 a，平面 $\beta \cap$ 平面 $\gamma =$ 直线 b，则有 $a // b$.

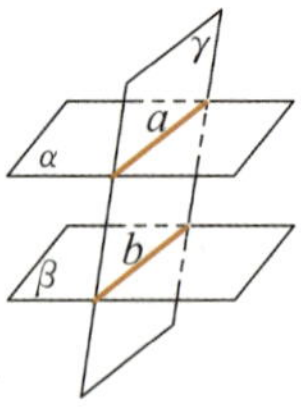

图 9-39

运用新知

例 1　如图 9-40，已知 E，M，N 分别是 PC，AC，BC 的中点. 求证：平面 $EMN //$ 平面 PAB.

分析　要证明平面 $EMN //$ 平面 PAB，只要在平面 EMN 内找两条相交直线，证明它们都平行于平面 PAB 即可. 注意到条件中的中点，可利用中位线定理.

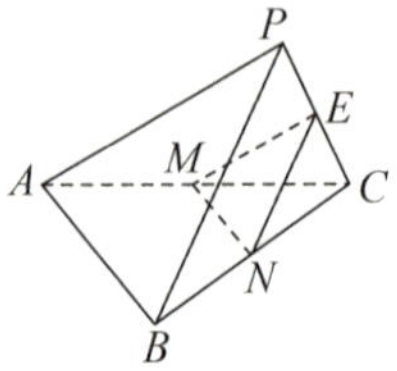

图 9-40

证明　在$\triangle PBC$中，由E，N分别为PC，BC中点得$EN /\!/ PB$.

因为$EN \not\subset$平面PAB，

所以$EN /\!/$平面PAB.（直线与平面平行的判定定理）

同理$EM /\!/$平面PAB.

又因为$EM \cap EN = E$，

所以平面$EMN /\!/$平面PAB.（平面与平面平行的判定定理）

例 2　如图 9-41，已知平面$\alpha /\!/$平面β，点A，$C \in \alpha$，点B，$D \in \beta$，且$AB /\!/ CD$. 求证：$AB = CD$.

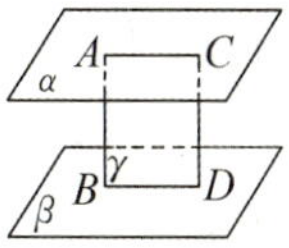

图 9-41

证明　因为$AB /\!/ CD$，所以AB，CD可以确定一个平面，记为γ. 则$\alpha \cap \gamma = AC$，$\beta \cap \gamma = BD$.

因为$\alpha /\!/ \beta$，所以$AC /\!/ BD$.（平面与平面平行的性质定理）

所以四边形$ABDC$是平行四边形，$AB = CD$.

例 3　如图 9-42，已知平面$\alpha /\!/$平面β，点A，$C \in \alpha$. B，$D \in \beta$，$AB \cap CD = S$.

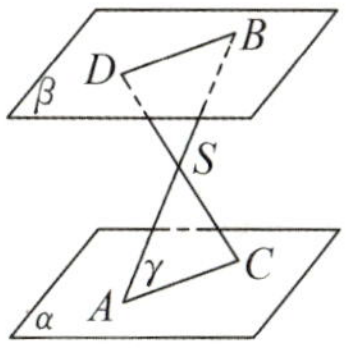

图 9-42

(1)求证：$AC /\!/ BD$；

(2)设$SA = 8$，$SB = 9$，$CD = 34$，求SC的长.

分析　(1)由于AB，CD是相交直线，所以AB，CD确定一个平面，这个平面与已知的两个平行平面α，β的交线分别是AC和BD，由两平面平行的性质就可以得到AC与BD平行.

(2)由AC与BD平行可得到相似三角形，利用已知线段的长，即可求出SC.

解　(1)因为AB与CD相交于S，所以AB与CD可确定一个平面，设为γ，则$\alpha \cap \gamma = AC$，$\beta \cap \gamma = BD$.

因为$\alpha /\!/ \beta$，所以$AC /\!/ BD$.

(2)在平面γ内，因为$AC /\!/ BD$，所以$\triangle SAC \backsim \triangle SBD$.

从而有$\dfrac{SA}{SB} = \dfrac{SC}{SD}$，即有$\dfrac{SA}{SB} = \dfrac{SC}{CD - SC}$，

所以$\dfrac{8}{9} = \dfrac{SC}{34 - SC}$，解得$SC = 16$.

同步练习

1. 如果一个平面内的两条相交直线和另一个平面内的两条相交直线分别平行，那么这两个平面平行吗？与同学交流讨论.

2. 平行于同一平面的两个平面平行吗？与同学交流讨论.

习题 9.3

A 组

判断下列说法是否正确.

(1)如果一个平面内的任何一条直线都平行于另一个平面，那么这两个平面平行. ( )

(2)如果两个平面平行，那么其中一个平面内的直线必平行于另一个平面. ( )

(3)分别在两个平行平面内的两条直线一定平行. ( )

(4)如果平面 α 内两条不平行的直线都平行于另一平面 β，那么 $\alpha /\!/ \beta$. ( )

(5)若一直线与两个平行平面中的一个相交，则必与另一个相交. ( )

(6)若一个平面与两个平行平面相交，则交线必平行. ( )

B 组

如图，平面 $ABC /\!/$ 平面 $A_1B_1C_1$，且 $AA_1 /\!/ BB_1 /\!/ CC_1$.

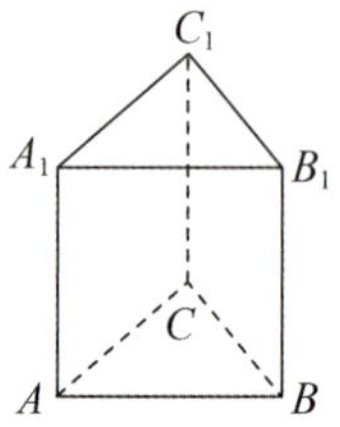

(B 组题图)

求证：

(1) $AB /\!/ A_1B_1$，$BC /\!/ B_1C_1$，$AC /\!/ A_1C_1$；

(2) $AA_1 = BB_1 = CC_1$；

(3) $\triangle ABC \cong \triangle A_1B_1C_1$.

§9.4 直线与平面垂直的判定及性质

9.4.1 直线与平面垂直的判定

学习新知

如图 9-43，同学们，我们经常在学校参加升旗仪式，大家观察学校操场上的旗杆，它与地面是垂直的；我国古代计时用的日晷的晷针和晷面是垂直的．生活当中我们还可以举出很多类似的直线与平面垂直的例子．那么，什么是直线与平面垂直呢？如何判定直线与平面垂直呢？直线与平面垂直又有哪些性质呢？

图 9-43

一般地，如果直线 l 和平面 α 内的任意一条直线都垂直，那么称直线 l 和平面 α **互相垂直**，记作 $l\perp\alpha$．这时，直线 l 叫作平面 α 的**垂线**，平面 α 叫作**直线 l 的垂面**，直线 l 与平面 α 的唯一的公共点 P 叫作**垂足**．

画直线与平面垂直时，通常把直线画成与表示平面的平行四边形的一组对边垂直．（图 9-44）

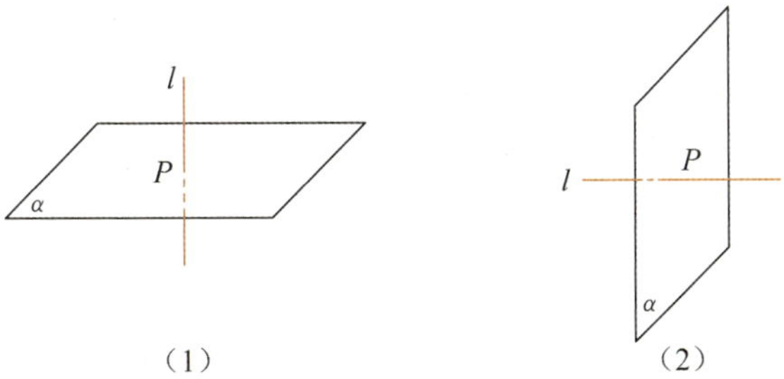

图 9-44

由直线与平面垂直的意义可知，若一条直线垂直于一个平面，则这条直线与这个平面内的所有直线都是垂直的．

如图 9-45，把直角三角尺的一条直角边 AB 放在桌面 α（平面）上，以另一直角边 AC 为轴旋转，在旋转过程中，始终保持 AB 在桌面上，观察作为轴的直角边 AC 与另外一条直角边 AB 在平面 α 内转动所得出的任意一条直线 AB' 的位置关系．

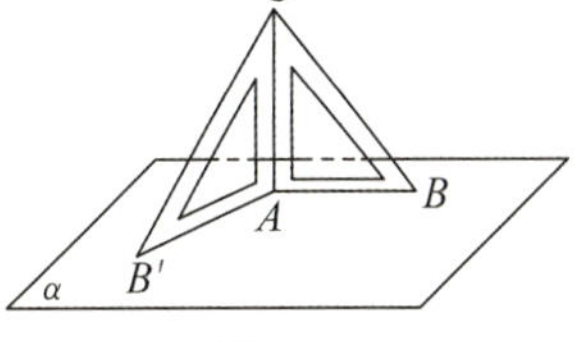

图 9-45

AC 始终与 AB' 垂直．事实上，AC 与平面 α 内任意一条不过点 A 的直线也是垂直的．这时，我们说直线 AC 与平面 α 垂直．

直线与平面垂直的判定定理　如果一条直线垂直于一个平面内的两条相交直线，那么这条直线与这个平面垂直.

如图 9-46，直线 $m \subsetneqq$ 平面 α，直线 $n \subsetneqq \alpha$，$m \cap n = A$，直线 $l \perp m$，$l \perp n$，则有 $l \perp \alpha$.

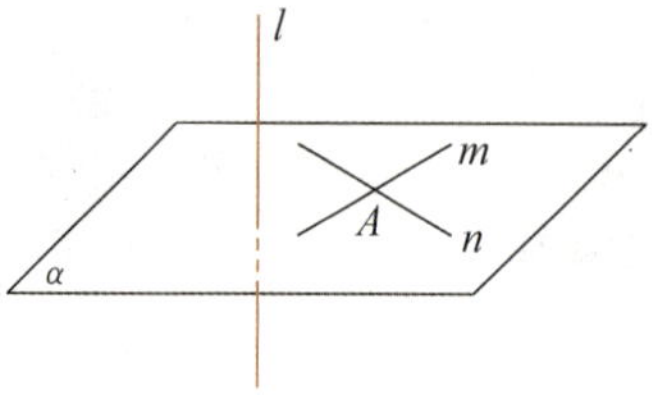

图 9-46

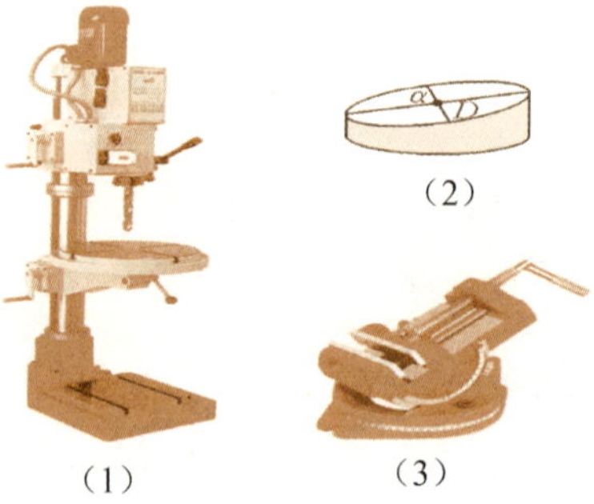

图 9-47

生活中有很多实例，图 9-47(1)是工业生产中用来钻孔的立式钻床，图 9-47(2)是上、下面不平行的工件，要在工件上钻一个与面 α 垂直的孔，需要用图 9-47(3)中的可倾钻床夹具将工件固定在钻床工作台上，但怎样才能使钻头垂直于工件面 α 呢？工人师傅的做法是：先画线确定钻孔位置(如图 9-47(2))，然后找一把直角尺，让直角尺的一条直角边紧贴面 α 上的一条直线，调整夹具的倾度，使直角尺的另一边紧贴钻头(或与钻头平行)；再让直角尺的一条直角边紧贴面 α 上的另一条直线，调整夹具的倾度，使直角尺的另一边紧贴钻头(或与钻头平行). 这样钻头就能与面 α 垂直了.

运用新知

例 1　如图 9-48，已知平面 $\alpha \cap$ 平面 $\beta = CD$，$EA \perp \alpha$，垂足是 A，$EB \perp \beta$，垂足是 B. 求证：$CD \perp AB$.

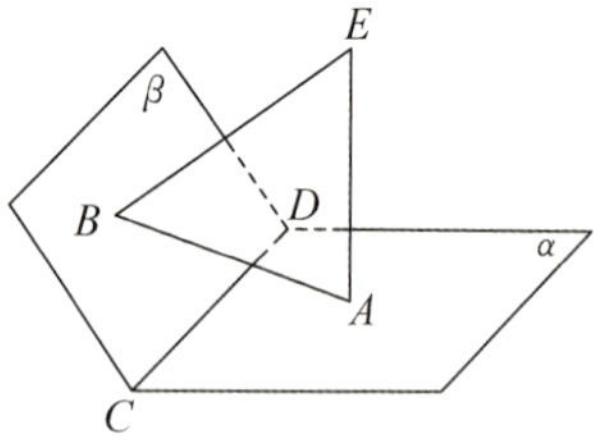

图 9-48

分析　要证 $CD \perp AB$，而 $AB \subset$ 平面 ABE，因此，只要证 $CD \perp$ 平面 ABE 即可. 由于 AE，BE 是平面 ABE 内的两条相交直线，由判定定理，只要证 $CD \perp AE$，$CD \perp BE$ 即可.

证明　因为 $EA \perp \alpha$，$CD \subsetneqq \alpha$，所以 $EA \perp CD$.

因为 $EB \perp \beta$，$CD \subsetneqq \beta$，所以 $EB \perp CD$.

所以 $CD \perp$ 平面 ABE.（直线与平面垂直的判定定理）

又因为 $AB \subsetneqq$ 平面 ABE，

所以 $CD \perp AB$.

同步练习

1. 判断下列说法是否正确.

(1)用一张硬纸做一个$\triangle ABC$，并沿 BC 边的高 AD 翻折，然后将其立在桌面上，使点 B，C，D 均落在桌面上，这时线段 AD 与桌面垂直.
（　　）

(2)如果两条平行直线中的一条垂直于一个平面，那么另一条也垂直于这个平面.（　　）

(3)如果一条直线垂直于一个平面内的两条直线，那么这条直线垂直于这个平面.（　　）

(4)如果一条直线垂直于一个平面，那么这条直线与这个平面内的任何直线都垂直.（　　）

(5)如果一条直线与一个平面不垂直，那么这条直线与这个平面内的任何直线都不垂直.（　　）

(6)如果一条直线垂直于一个平面内的无数条直线，那么这条直线与这个平面垂直.（　　）

2. 如图，在正方体$ABCD\text{-}A_1B_1C_1D_1$ 中，与棱 AA_1 垂直的平面有________，与平面 $ABCD$ 垂直的棱有________.

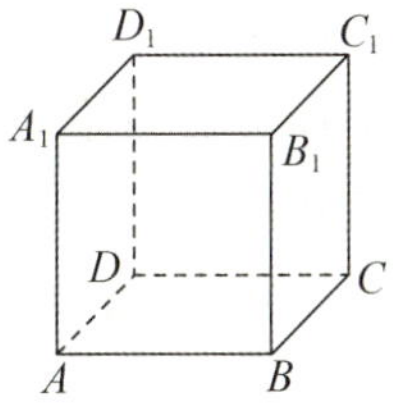

（第 2 题图）

9.4.2　直线与平面垂直的性质

学习新知

生活中常见到这样的现象，如图 9-49，人民大会堂的廊柱都垂直于地面，而廊柱看起来都互相平行. 那么，它们真的是平行的吗？

图 9-49

直线与平面垂直的性质定理　垂直于同一个平面的两条直线平行.

如图 9-50，直线 $m\perp$ 平面 α，直线 $n\perp\alpha$，则有 $m/\!/n$.

如图 9-51，划竹筏时，船工先是用力将撑竿垂直插入河底，随着船的前行，撑竿就会越来越倾斜，我们仍然用“角”来刻画撑竿相对于水面的倾斜程度，这就是直线与平面所成的角.

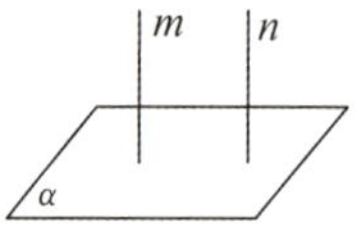

图 9-50

图 9-51

如图 9-52，如果一条直线 l 和一个平面 α 相交但不垂直，我们把这条直线 l 叫作平面 α 的一条**斜线**，斜线和平面的交点 P 叫作**斜足**. 在直线 l 上任取一点 A(异于斜足 P)，过点 A 向平面 α 作垂线 AO，O 为垂足，则过垂足 O 和斜足 P 的直线 PO 叫作斜线 l 在平面 α 内的**射影**，我们把 $\angle APO$ 叫作直线 l 与平面 α 所成的角. 也就是：平面的一条斜线和它在平面内的射影所成的锐角，叫作**直线与平面所成的角**.

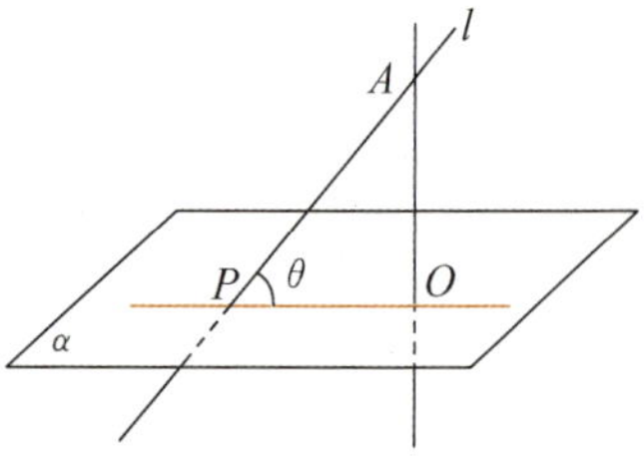

图 9-52

当直线与平面垂直时，我们说直线与平面所成的角是直角；当直线和平面平行或直线在平面内时，我们说直线与平面所成的角是 0°. 因此，直线与平面所成的角 θ 满足 $0°\leqslant\theta\leqslant 90°$.

在划竹筏时，撑竿先和水面是垂直的，随着船的前行，撑竿与水面所成的角越来越小. 类似地，生活中的滑梯的陡直，实际上也和直线与平面所成的角的大小有关.

运用新知

例 1 如图 9-53，在长方体 $ABCD\text{-}A_1B_1C_1D_1$ 中，$C_1C=1$，$AB=2$，$BC=1$. 求直线 AC_1 与平面 $ABCD$ 所成的角.

分析 求直线 AC_1 与平面 $ABCD$ 所成的角，先要找到直线 AC_1 在平面 $ABCD$ 内的射影.

解 连接 AC，因为 $C_1C\perp$ 平面 $ABCD$，所以 AC 为 AC_1 在平面 $ABCD$ 内的射影，则 $\angle C_1AC$ 为直线 AC_1 与平面 $ABCD$ 所成的角.

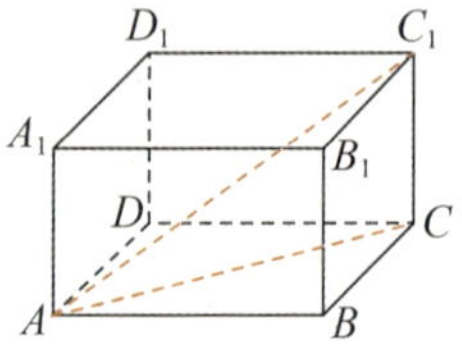

图 9-53

由已知可得 $AC=\sqrt{3}$.

在 Rt$\triangle C_1CA$ 中，$\tan\angle C_1AC=\dfrac{1}{\sqrt{3}}$，所以$\angle C_1AC=30°$.

所以直线 AC_1 与平面 $ABCD$ 所成的角为 $30°$.

同步练习

1. 判断下列说法是否正确.

(1)梯形的两边可以垂直于同一个平面.　(　　)

(2)垂直于同一条直线的两个平面平行.　(　　)

(3)直线 $m\perp$平面 α，直线 $n\perp m\Rightarrow n/\!/\alpha$.　(　　)

(4)垂直于同一个平面的两条直线平行.　(　　)

(5)垂直于同一条直线的两条直线平行.　(　　)

(6)垂直于同一条直线的两个平面平行.　(　　)

2. 已知直线 a，b 和平面 α，且 $a\perp b$，$a\perp\alpha$，则 b 与 α 的位置关系是________.

3. 如图，在正方体 $ABCD$-$A_1B_1C_1D_1$ 中，求 AC 与正方体各面所成的角；BD_1 与面 BCC_1B_1 所成角的正切值.

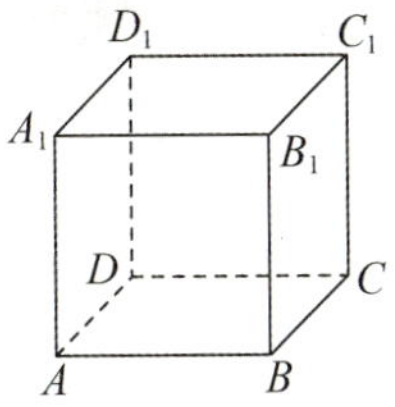

（第 3 题图）

9.4.3　平面与平面垂直的判定

学习新知

每当我们把合着的笔记本电脑打开时，就能看到屏幕和键盘所在的两个相交的平面. 随着屏幕的转动，这两个相交平面的相对位置也在变化，我们同样用“角”来刻画两个相交平面的相对位置.

平面内的一条直线把这个平面分成两部分，其中的每一部分都叫作半平面.

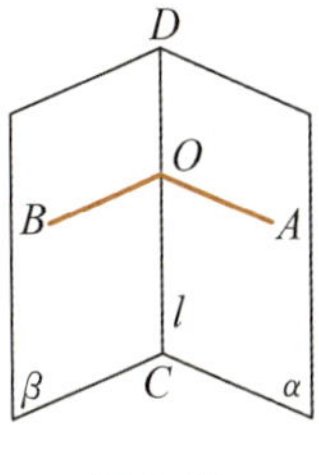

图 9-54

如图 9-54，从一条直线出发的两个半平面所组成的图形叫作**二面角**，这条直线叫作**二面角的棱**，这两个半平面叫作**二面角的面**. 以 CD 为棱、α 和 β 为两个半平面的二面角，记作二面角 α-CD-β. 如果二面角的棱为 l，也可记作 α-l-β.

在二面角的棱 l 上任取一点 O，以点 O 为垂足，在半平面 α 和半平面 β 内分别作垂直于棱 l 的射线 OA，OB，则射线 OA，OB 所成的 $\angle AOB$ 叫作**二面角的平面角**.

二面角的大小可以用它的平面角来度量，二面角的平面角是多少度，就说这个二面角是多少度. 当二面角的两个半平面重合时，规定二面角为 $0°$，当二面角的两个半平面合并成一个平面时，规定二面角为 $180°$. 平面角为直角的二面角叫作**直二面角**. 二面角的平面角 θ 的取值范围是 $0°\leqslant\theta\leqslant180°$.

如图 9-55，我们看到，房屋四周的墙面与地面相交，它们所成的二面角是直二面角，我们常说墙面直立于地面上.

图 9-55

一般地，如果两个相交平面所成的二面角是直二面角，就说这两个平面互相垂直.

平面 α 与平面 β 垂直记作 $\alpha\perp\beta$.

画两个互相垂直的平面时，通常把直立平面的竖边画成与水平平面的横边垂直，如图 9-56 所示.

一般地，我们有：

平面与平面垂直的判定定理　如果一个平面经过另一个平面的垂线，那么这两个平面垂直.

如图 9-57，直线 $a\perp$ 平面 α，直线 $a\subsetneqq$ 平面 β，则有 $\beta\perp\alpha$.

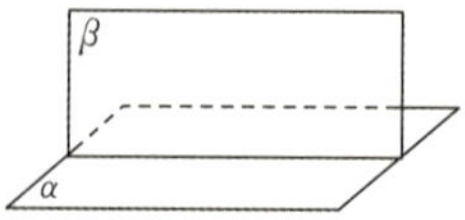

图 9-56

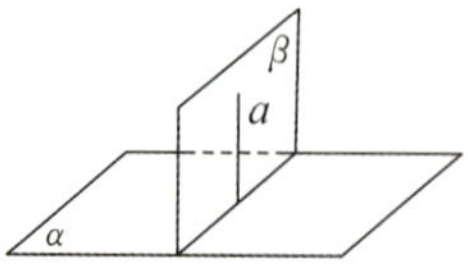

图 9-57

运用新知

例 1　如图 9-58，建筑工人在用砖砌墙时，经常用下面挂有铅锤的一根线来检查所砌的墙面是否与地面垂直，你知道这是什么道理吗？

图 9-58

答：建筑工人运用的原理就是平面与平面垂直的判定定理. 把铅锤的线看成是一条直线，这条直线与地面垂直，把墙面当作一个平面，当墙面经过这条直线时，可以肯定墙面垂直于地面. 若墙面不经过这条直线，则说明墙没有砌直.

同步练习

1. 打开或关闭教室门时，无论门在什么位置，门所在的平面和地面总是相互垂直的. 请说说，这是为什么？

2. 同桌的两名同学共同合作用硬纸来制作互相垂直的两个平面和两两垂直的三个平面.

3. 画互相垂直的两个平面；试着画两两垂直的三个平面.

4. 如图，已知 $ABCD$ 是正方形，$SB\perp$ 平面 $ABCD$，连接 S 和正方形的各顶点，再连接 BD，图中的直二面角共有几个？请把它们写出来.

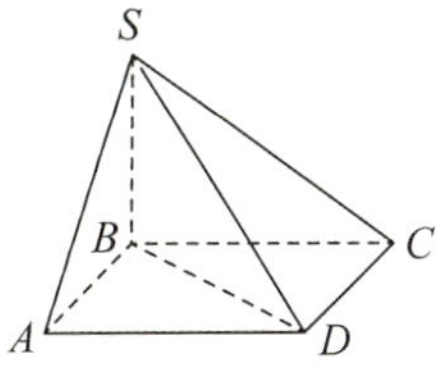

（第 4 题图）

9.4.4　平面与平面垂直的性质

学习新知

如图 9-59，在长方体 $ABCD\text{-}A_1B_1C_1D_1$ 中，平面 ABB_1A_1 与平面 $ABCD$ 垂直，平面 ABB_1A_1 内的直线 EF 垂直于交线 AB，那么，EF 垂直平面 $ABCD$ 吗？

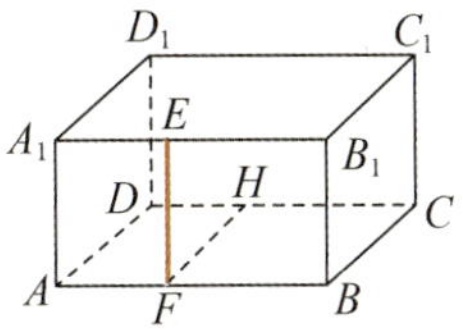

图 9-59

平面与平面垂直的性质定理　**如果两个平面垂直，那么一个平面内垂直于交线的直线与另一个平面垂直.**

如图 9-60，平面 $\alpha\perp$ 平面 β，$\alpha\cap\beta=$ 直线 l，直线 $a\subsetneqq\alpha$，$a\perp l$，则有 $a\perp\beta$.

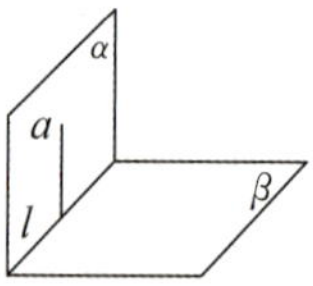

图 9-60

运用新知

例 1 如图 9-61，已知 $\triangle ABC$ 为直角三角形，$\angle ACB=90^\circ$，平面 $PBC\perp$ 平面 ABC. 求证：$AC\perp PB$.

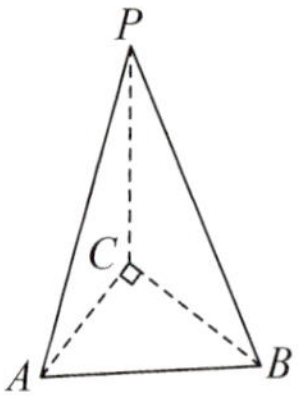

图 9-61

分析 要证 $AC\perp PB$，而 $AC\subsetneqq$ 平面 ABC，$PB\subsetneqq$ 平面 PBC，所以要利用直线与平面垂直来转化.

证明 因为 $\angle ACB=90^\circ$，所以 $AC\perp BC$.

又因为平面 $ABC\perp$ 平面 PBC，平面 $ABC\cap$ 平面 $PBC=BC$，所以 $AC\perp$ 平面 PBC.（平面与平面垂直的性质定理）

而 $PB\subsetneqq$ 平面 PBC，所以 $AC\perp PB$.（直线与平面垂直的定义）

例 2 如图 9-62，平面 $\alpha\perp$ 平面 β，$\alpha\cap\beta=$ 直线 c. 直线 $a\not\subset\beta$，且 $a\perp\alpha$. 求证：$a/\!/\beta$.

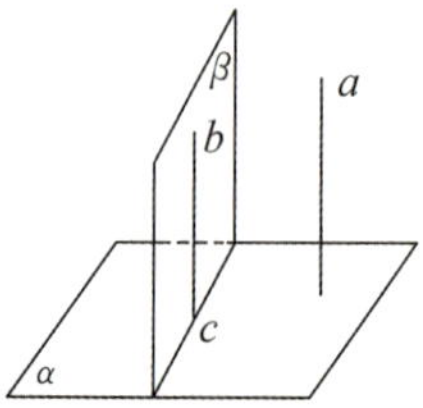

图 9-62

证明 在平面 β 内作直线 $b\perp c$.

因为 $\alpha\perp\beta$，所以 $b\perp\alpha$.

又因为 $a\perp\alpha$，所以有 $a/\!/b$.

由于 $b\subsetneqq\beta$，$a\not\subset\beta$，故有 $a/\!/\beta$.

例 3 如图 9-63，平行四边形 $ABCD$ 的边长分别为 3 和 6，$\angle BAC=90^\circ$，沿对角线 AC 折成直二面角. 求折后两个顶点 B 和 D 间的距离.

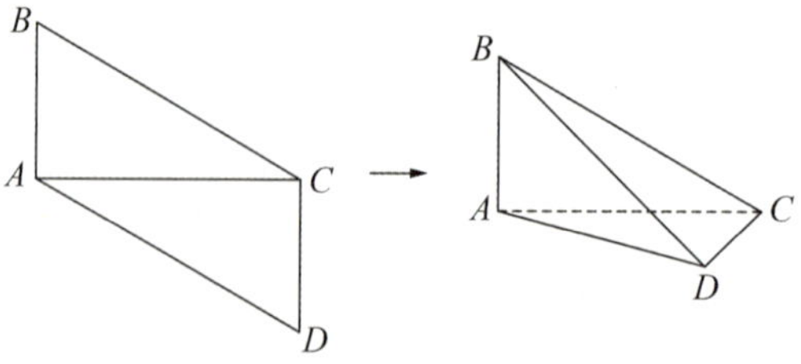

图 9-63

解 因为平面 $ABC\perp$ 平面 ACD，平面 $ABC\cap$ 平面 $ACD=AC$，$BA\perp AC$，所以 $BA\perp$ 平面 ACD. 又因为 $AD\subsetneqq$ 平面 ACD，所以 $BA\perp AD$.

从而 $\angle BAD=90^\circ$. 在 $\mathrm{Rt}\triangle BAD$ 中，

$$BD^2=BA^2+AD^2=3^2+6^2=45,$$

$$BD\approx6.71.$$

所以 B 和 D 间的距离约为 6.71.

同步练习

1. 判断下列说法是否正确.

(1)若直线 $l\perp$平面 α，平面 $\beta\perp\alpha$，则 $l/\!/\beta$.　　(　　)

(2)若平面 $\alpha\perp$平面 β，$\alpha\cap\beta=l$，点 $P\in\alpha$，$P\in$直线 m，$m\perp l$，则 $m\perp\beta$.　　(　　)

(3)若平面 $\alpha\perp$平面 β，直线 $m/\!/\alpha$，则 $m\perp\beta$.　　(　　)

(4)若平面 $\alpha\perp$平面 β，平面 $\gamma\perp\beta$，则 $\alpha/\!/\gamma$.　　(　　)

(5)在平面 α 内和这个平面的斜线 l 垂直的直线可能有 1 条也可能有 2 条.　　(　　)

2. 填空题.

如图，因为直线 $AB\perp$平面 α，垂足为 B，所以平面________$\perp\alpha$.（根据________________）

因为 $CD\perp CB$，$CD\perp AB$，所以 CD ________平面 ABC.（根据________________）

因为平面________$\perp$平面 ABC，所以二面角 D-AC-B 的平面角为________.

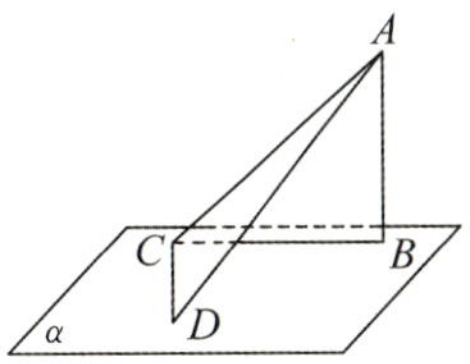

(第 2 题图)

习题 9.4

A 组

1. 如图，在正方体 $ABCD$-$A_1B_1C_1D_1$ 中：

(1)A_1B 所在的直线与平面 DCC_1D_1 的位置关系是________.

(2)A_1D_1 所在的直线与平面 BB_1C_1C 的位置关系是________.

(3)用符号语言描述的命题“直线 $m\subsetneqq$平面 α，直线 $n\subsetneqq\alpha$，且 $m\cap n=A$，直线 $l\perp m$，$l\perp n\Rightarrow l\perp\alpha$”用文字语言可描述为________________________.

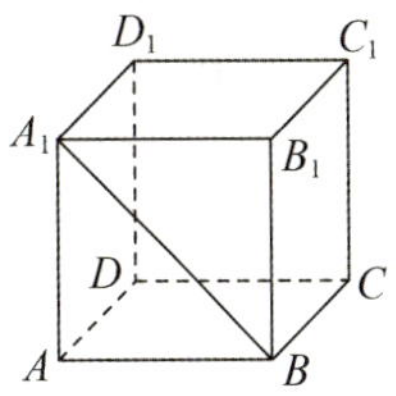

(第 1 题图)

(4)若点 P 为异面直线 a，b 外一点，那么过点 P 与 a，b 同时平行的直线有________条，同时垂直的直线有________条.

(5)长方体的三条棱长分别为 1，2，3，则其对角线长为________.

2. 判断下列说法是否正确.

(1)若平面 $\alpha /\!/$ 平面 γ，平面 $\beta /\!/ \gamma$，则 $\alpha /\!/ \beta$. (　　)

(2)若两个平面平行，则其中一个平面内的任一条直线与另一个平面都没有公共点. (　　)

(3)若平面 $\alpha \cap$ 平面 $\beta=$ 直线 a，直线 $l /\!/ a$，则 $l /\!/ \alpha$，$l /\!/ \beta$. (　　)

(4)若平面 $\alpha \cap$ 平面 $\beta=$ 直线 a，直线 $l /\!/ \alpha$，$l /\!/ \beta$，则 $l /\!/ a$. (　　)

(5)若一条直线垂直于两条平行线中的一条，则它垂直于另一条. (　　)

(6)若一个平面经过另一平面的一条垂线，则这两个平面互相垂直. (　　)

(7)若一条直线垂直于一个平面的一条垂线，则此直线平行于这个平面. (　　)

3. 下列说法中正确的个数有(　　).

(1)若直线 l 平行于平面 α 内的无数条直线，则 $l /\!/ \alpha$；

(2)若直线 a 在平面 α 外，则 $a /\!/ \alpha$；

(3)若直线 $a /\!/$ 直线 b，$b \subsetneqq$ 平面 α，则 $a /\!/ \alpha$；

(4)若直线 $a /\!/$ 直线 b，$b \subsetneqq$ 平面 α，那么直线 a 就平行于平面 α 内的无数条直线.

A. 1个　　B. 2个　　C. 3个　　D. 4个

4. 如图，直线 AA'，BB'，CC' 相交于 O，$AO=A'O$，$BO=B'O$，$CO=C'O$. 求证：平面 $ABC /\!/$ 平面 $A'B'C'$.

5. 如图，已知在空间四边形 $ABCD$ 中，$AB=AD$，$BC=CD$. 求证：$AC \perp BD$.

6. 如图，测量河对岸的塔高 AB 时，可以选与塔底 B 在同一水平面的两个测点 C，D. 现测得 $\angle BCD=60°$，$\angle DBC=45°$，$CD=20$ m，并在点 C 测得塔顶 A 的仰角为 $45°$，求塔高 AB(精确到 0.1，$\sqrt{3}=1.73$)

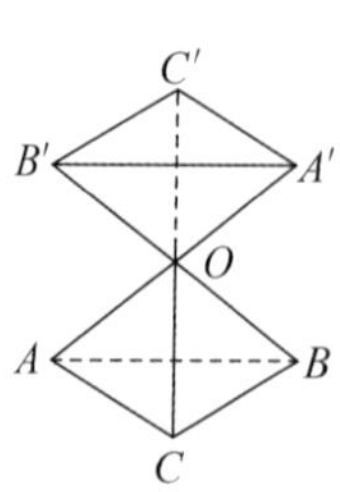

(第4题图)

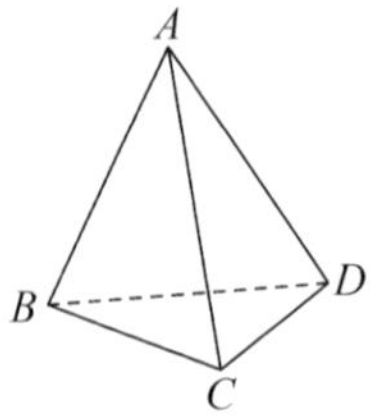

(第5题图)

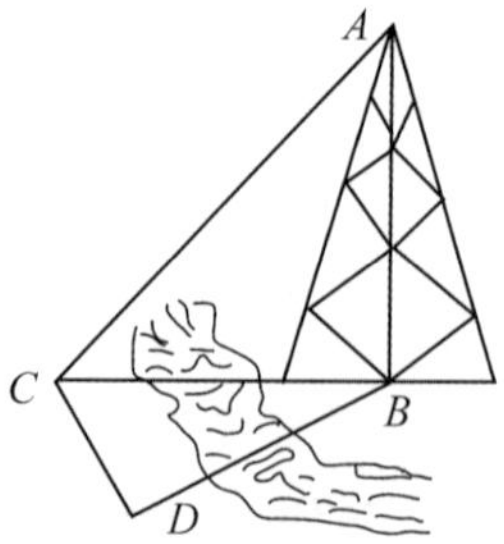

(第6题图)

B 组

1. 过平面外一点能作多少个平面与已知平面垂直？

2. 如图，$\angle BCD=90^\circ$，$AB\perp$平面 BCD，E，F 分别是 AC，AD 的中点．求证：平面 $BEF\perp$平面 ABC.

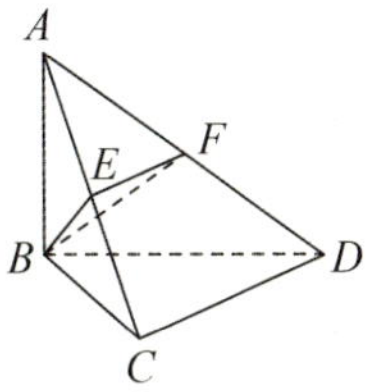

（第 2 题图）

3. 在 Rt$\triangle ABC$ 中，$\angle C=90^\circ$，$PA\perp$平面 ABC，在平面 ABP 内作 $AE\perp PB$ 于点 E，在平面 ACP 内作 $AF\perp PC$ 于点 F．求证：

(1)$AF\perp$平面 PBC；(2)$PB\perp$平面 AEF.

4. 如图，某人在与山坡脚的水平线成 30°角的直路上行走了 60 m，结果升高了 15 m，求山坡面与水平地面所成的角.

5. 如图，点 P 是平行四边形 $ABCD$ 所在平面外的一点，Q 是 PA 的中点．求证：$PC/\!/$平面 BDQ.

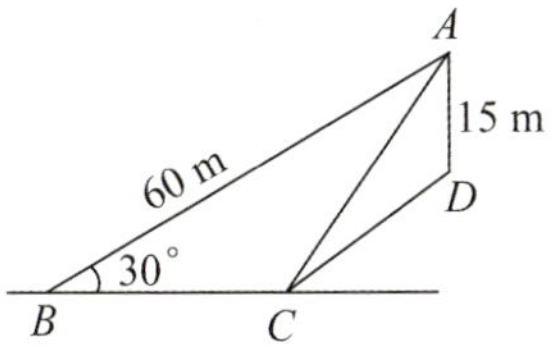

（第 4 题图）

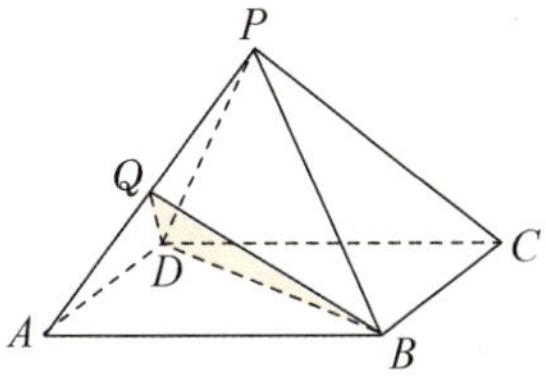

（第 5 题图）

6. 如图，E，F，G 分别是 AD，CD，BD 的中点，BC 上有一点 M．求证：$AM/\!/$平面 EFG.

7. 如图，a 与 b 是异面直线，$a\subsetneqq$平面 α，$a/\!/$平面 β，$b\subsetneqq\beta$，$b/\!/\alpha$．求证：$\alpha/\!/\beta$.

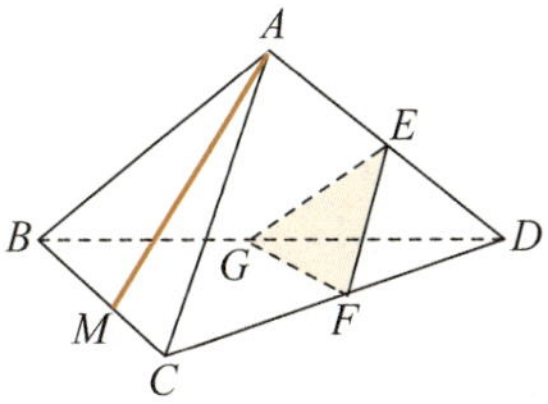

（第 6 题图）

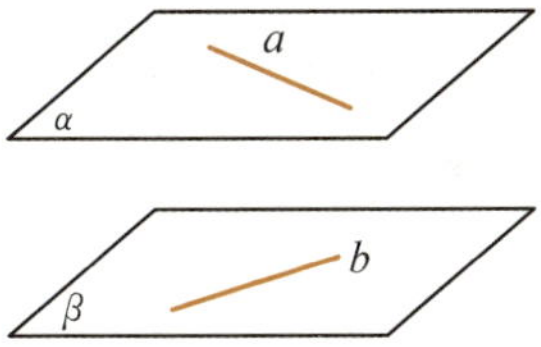

（第 7 题图）

§9.5 空间几何体

9.5.1 几何体的概念及结构特征

一、多面体和旋转体的概念

学习新知

在我们周围存在着各种各样的物体，它们占据着一定的空间，如果只考虑这些物体的形状和大小，不考虑其他因素，那么由这些物体抽象出来的空间图形就叫作**空间几何体**.

观察下面的图片(图 9-64)，这些图片中的物体的形状都有哪些特征？

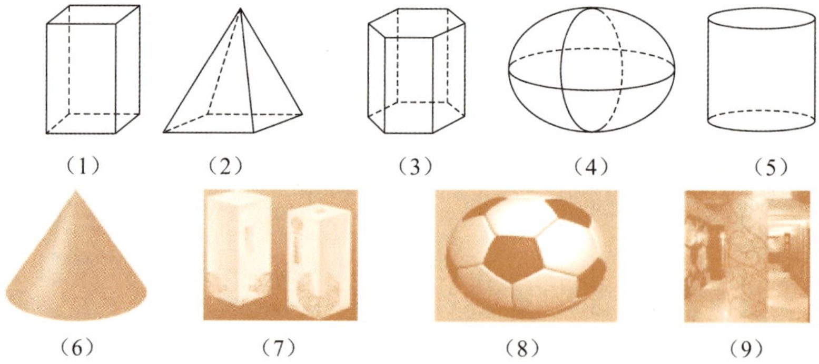

图 9-64

通过观察，我们发现图 9-64 中：(1)(2)(3)(7)具有同样的特点——都是由平面图形围成的．像这样，由若干个平面多边形围成的几何体叫作**多面体**．如图 9-65(1)，围成多面体的各个平面多边形叫作**多面体的面**，如面 $ABCD$；相邻两个面的公共边叫作**多面体的棱**，如棱 AA_1；棱与棱的公共点叫作**多面体的顶点**，如顶点 A，A_1.

图 9-64 中(4)(5)(6)(8)(9)具有同样的特点——组成它们的不全是平面图形，但它们都可以看成是由某一个平面图形旋转而成的．像这样，由一个平面图形绕它所在平面内的一条定直线旋转而成的封闭几何体叫作**旋转体**．如图 9-65(2)，这条定直线叫作**旋转体的轴**.

二、几何体的结构特征

学习新知

1. 棱柱的结构特征

奥运场馆“水立方”的外形是长方体形状的，日常生活中我们也常见长方体形状的包装盒．观察图 9-65(1)中的长方体，它是由平面多边形(矩形)围成的，它的上、下两个面 $A_1B_1C_1D_1$ 和 $ABCD$ 是互相平行的，其余的面都是矩形．

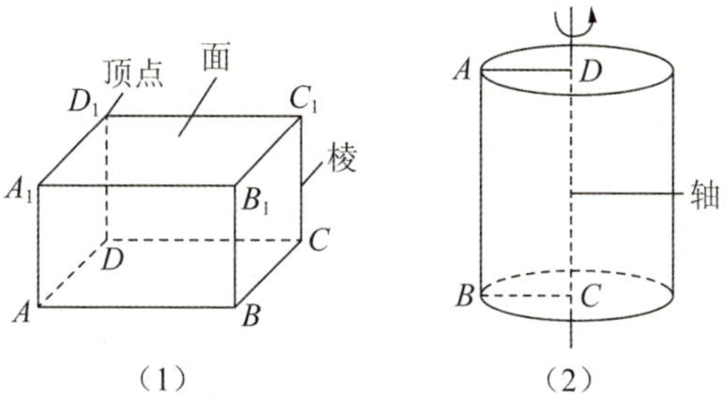

图 9-65

一般地，有两个面互相平行，其余各面都是四边形，并且相邻两个四边形的公共边都互相平行，由这些面所围成的几何体叫作**棱柱**．

在棱柱中，上、下两个互相平行的面叫作**棱柱的底面**；其余各面叫作**棱柱的侧面**，相邻两侧面的公共边叫作**棱柱的侧棱**；侧面与底面的公共顶点叫作**棱柱的顶点**．不在同一个面上的两个顶点的连线叫作**棱柱的对角线**．与棱柱的底面所在的平面都垂直的直线叫作**底面的公垂线**，公垂线夹在两底面之间的线段叫作**棱柱的高**．棱柱的侧棱都是互相平行的，侧面都是平行四边形．(图 9-66)

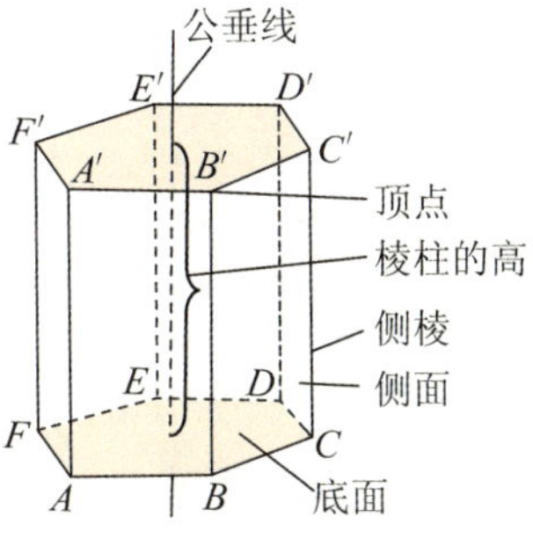

图 9-66

侧棱和底面不垂直的棱柱叫作**斜棱柱**；侧棱垂直于底面的棱柱叫作**直棱柱**．例如，长方体就是直棱柱，直棱柱的各个侧面都是矩形．

底面是正多边形的直棱柱叫作**正棱柱**，正棱柱的各个侧面都是全等的矩形．

底面是三角形、四边形、五边形……的棱柱分别叫作**三棱柱、四棱柱、五棱柱……**

图 9-65(1)中的长方体就是四棱柱．我们常用表示底面各顶点的字母表示棱柱；图 9-65(1)中的四棱柱记为棱柱 $ABCD\text{-}A_1B_1C_1D_1$；图 9-66 的

六棱柱记为棱柱 $ABCDEF\text{-}A'B'C'D'E'F'$.

2. 棱锥的结构特征

观察图 9-67 中的多面体，其中有一个面是多边形，其余各面都是三角形，并且这些三角形有一个公共顶点.

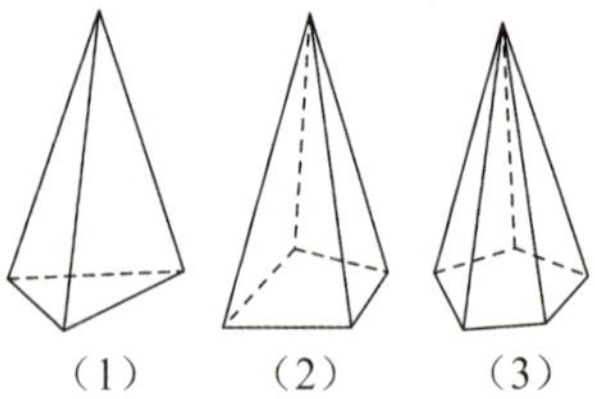

图 9-67

一般地，有一个面是多边形，其余各面都是三角形且有一个公共顶点，这样的几何体叫作**棱锥**.

在棱锥中，多边形所在的面叫作**棱锥的底面**或**底**，有公共顶点的各个三角形面叫作**棱锥的侧面**；各侧面的公共顶点叫作**棱锥的顶点**；相邻侧面的公共边叫作**棱锥的侧棱**；由顶点到底面的垂线段叫作**棱锥的高**.（图 9-68）

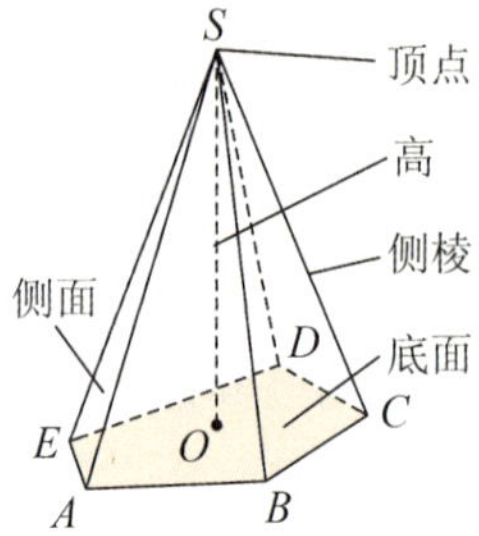

图 9-68

底面是三角形、四边形、五边形……的棱锥分别叫作三棱锥、四棱锥、五棱锥……由于三棱锥只有 4 个面，所以三棱锥又叫四面体.

我们常用表示顶点和底面各顶点的字母表示棱锥，图 9-68 的五棱锥可表示为棱锥 $S\text{-}ABCDE$.

如果棱锥的底面是一个正多边形，并且过顶点向底面作垂线，垂足(也叫顶点在底面上的射影)是底面正多边形的中心，这样的棱锥叫作**正棱锥**. 正棱锥的侧面是全等的等腰三角形，侧面的等腰三角形底边上的高叫作**正棱锥的斜高**，如图 9-69(1)所示.

图 9-69 展示的分别为正四棱锥和正六棱锥.

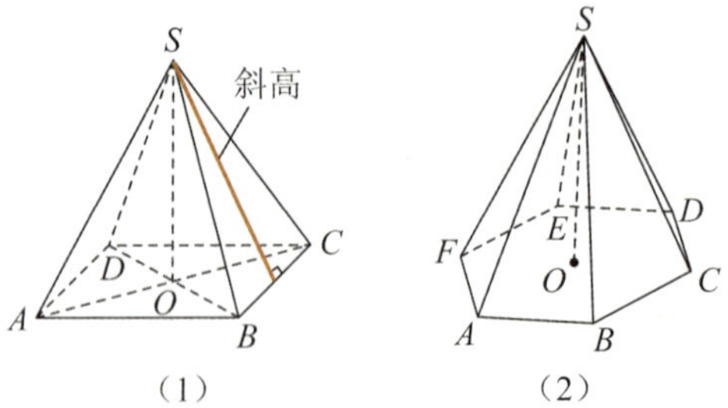

图 9-69

3. 圆柱的结构特征

由一个平面图形绕它所在的平面内的一条定直线旋转而成的封闭几何体叫作**旋转体**. 这条定直线叫作旋转体的**轴**.

如图 9-70，以矩形的一边 AB 所在的直线为旋转轴，由其余三边旋转形成的面围成的旋转体叫作**圆柱**. 旋转轴 AB 叫作**圆柱的轴**；垂直于轴的

边 AD，BC 旋转而成的圆面叫作**圆柱的底面**；平行于轴的边 CD 旋转而成的曲面叫作**圆柱的侧面**(也叫圆柱面)；无论 CD 旋转到什么位置，都叫作**圆柱的母线**.

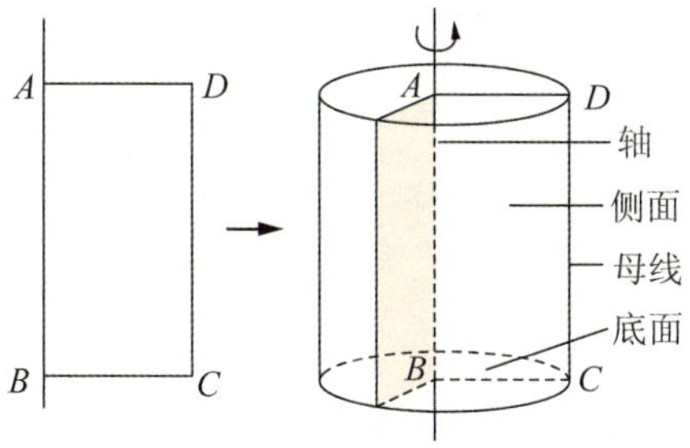

图 9-70

生活中许多容器和物体都是圆柱形的，如易拉罐、桥墩、量筒，等等.

我们常用表示圆柱底面圆的圆心的字母来表示圆柱，图 9-70 中的圆柱表示为圆柱 AB.

圆柱和棱柱统称为柱体.

4. 圆锥的结构特征

与圆柱一样，圆锥也可以看作是由平面图形旋转而成的. 如图 9-71，以直角三角形的一条直角边 AB 所在的直线为旋转轴，由其余两边旋转形成的面围成的旋转体叫作**圆锥**. 旋转轴 AB 叫作**圆锥的轴**；垂直于轴的边 BC 旋转而成的面叫作**圆锥的底面**；斜边 AC 旋转而成的曲面叫作**圆锥的侧面**(也叫圆锥面)；无论 AC 旋转到什么位置，AC 都叫作**圆锥的母线**. 点 A 叫作**圆锥的顶点**.

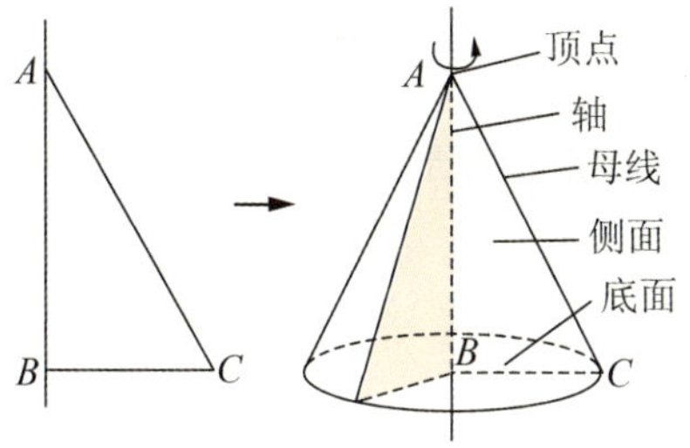

图 9-71

我们常用表示圆锥顶点和底面圆心的字母来表示圆锥，图 9-71 中的圆锥表示为圆锥 AB.

圆锥和棱锥统称为锥体.

5. 球的结构特征

把 1 枚硬币直立在桌面上，然后用力旋转，观察硬币旋转形成的几何体，这个几何体就是我们日常所说的球.

如图 9-72，以半圆的直径所在的直线 AB 为旋转轴，半圆面旋转一周所成的旋转体叫作**球体**，简称**球**. 半圆的圆心叫作**球的球心**，半圆的直径叫作**球的直径**，半圆旋转而成的曲面叫作**球面**.

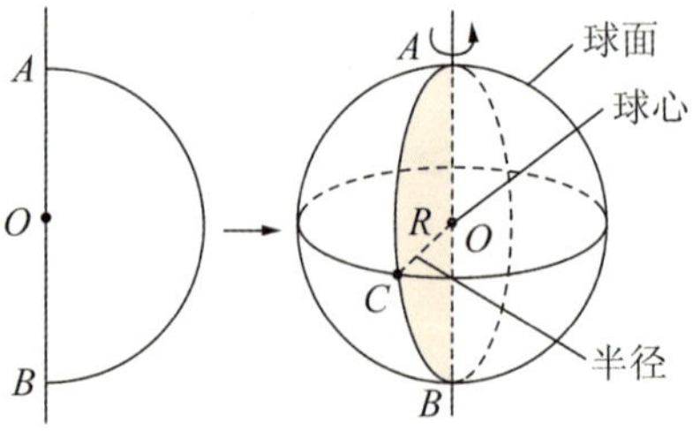

图 9-72

我们常用表示球心的字母来表示球，图 9-72 中的球表示为球 O.

运用新知

例 图 9-73 所示的多面体是不是棱柱，为什么？

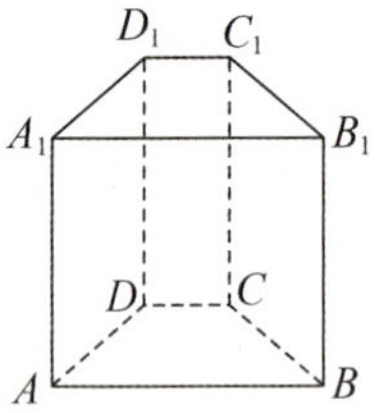

图 9-73

分析 用棱柱的定义判断. 先找两个互相平行的面，这两个面是多边形；再看其余的面是不是平行四边形，还要看相邻两平行四边形的交线是不是都是平行的.

解 图 9-73 所示物体的两个面 $ABCD$ 和 $A_1B_1C_1D_1$ 互相平行，其余的面都是平行四边形，并且相邻两个四边形的公共边都互相平行. 所以这个多面体是棱柱.

同步练习

1. 侧棱和底面边长相等的正三棱锥，叫作正四面体，如何在正四面体上切一刀，使截面(刀口)是正方形？

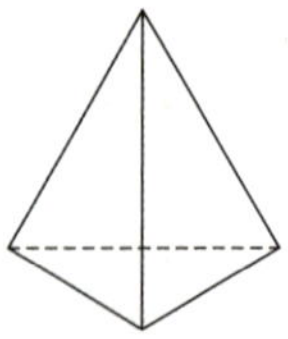

(第 1 题图)

2. 用硬纸制作高相等的长方体、三棱锥、圆柱体、圆锥体各一个.
3. 观察你周围的建筑物，说出它是我们学过的什么几何体.

9.5.2　柱、锥和球的表面积

一、直棱柱、正棱锥的侧面积

学习新知

我们把直棱柱沿着它的一条侧棱剪开，展开后如图 9-74 所示，我们把它叫作直棱柱的侧面展开图．直棱柱的侧面展开图的面积就叫作直棱柱的侧面积．

知识衔接

矩形面积＝长×宽．

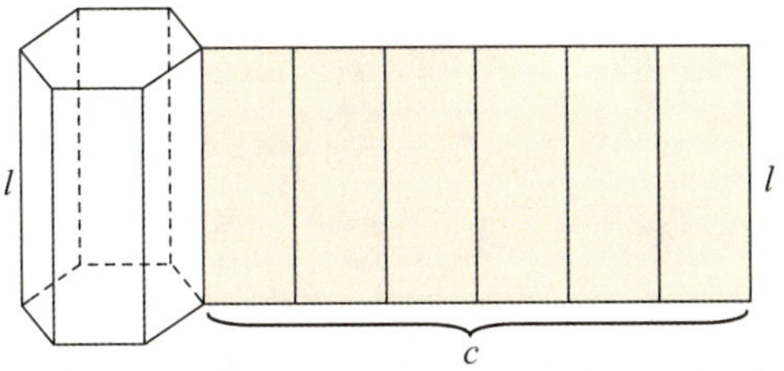

图 9-74

如果直棱柱的底面周长为 c，侧棱的长为 l，则

直棱柱的侧面积为　　$S_{直棱柱侧}=cl$.

正棱锥的侧面展开图如图 9-75 所示．

知识衔接

三角形面积＝$\frac{1}{2}$底×高．

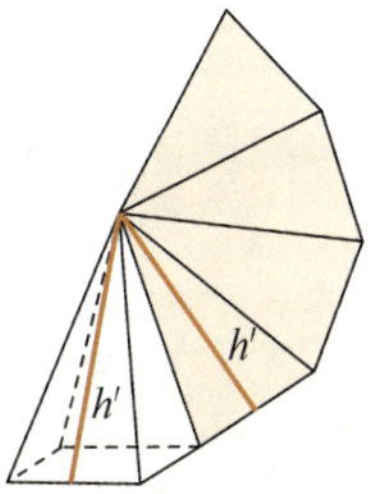

图 9-75

如果正棱锥的底面周长为 c，斜高为 h'，则

正棱锥的侧面积为　　$S_{正棱锥侧}=\frac{1}{2}ch'$.

运用新知

例 1　如图 9-76，正三棱锥 $S\text{-}ABC$ 的底面边长为 2，侧棱长为$\sqrt{2}$，求棱锥 $S\text{-}ABC$ 的表面积．

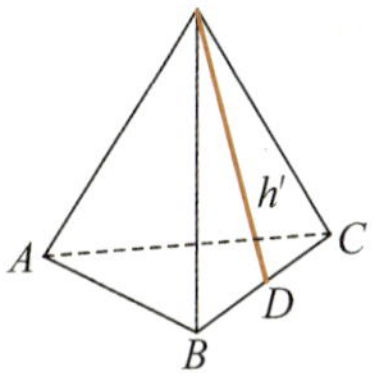

图 9-76

分析　求表面积就是要求侧面积和底面积的和，求侧面积需要知道斜高，即侧面等腰三角形底边上的高．因此，要先在一个侧面内作侧面等腰三角形底边

的高，然后用勾股定理求出斜高.

解 如图 9-76，在侧面 SBC 内过点 S 作 $SD\perp BC$，垂足为 D，则 SD 就是棱锥的斜高.

因为$\triangle SBC$是等腰三角形，所以 D 为 BC 的中点，即 $BD=\frac{1}{2}BC=1$.

在 Rt$\triangle SBD$ 中，$SB=\sqrt{2}$，$BD=1$，则

$$SD=\sqrt{SB^2-BD^2}=\sqrt{2-1}=1,\text{ 即 } h'=1.$$

所以 $S_{正棱锥侧}=\frac{1}{2}\times(3\times2)\times1=3.$

又因为 $S_{底}=\frac{1}{2}\times2\times2\sin 60^\circ=2\times\frac{\sqrt{3}}{2}=\sqrt{3}$，

所以 $S_{正棱锥表面积}=3+\sqrt{3}.$

同步练习

1. 正三棱柱的底面边长为 3 cm，侧棱的长为 2 cm，则表面积是________.

2. 奥运场馆“水立方”从外表来看是一个长方体，其长为 177 m，宽为 177 m，高约为 30 m，试计算其表面积.

（第 2 题图）

3. 正四棱锥 $S\text{-}ABCD$ 的底面边长为 4，侧棱长为$\sqrt{5}$，求棱锥 $S\text{-}ABCD$ 的表面积.

二、圆柱、圆锥的侧面积和球的表面积

学习新知

知识衔接

圆的周长$=2\pi r$(r 是半径).

(1)圆柱的侧面展开图是一个矩形，如图 9-77 所示，如果圆柱的底面半径为 r，圆柱的母线长为 l，则**圆柱的侧面积为** $S_{圆柱侧}=2\pi rl$.

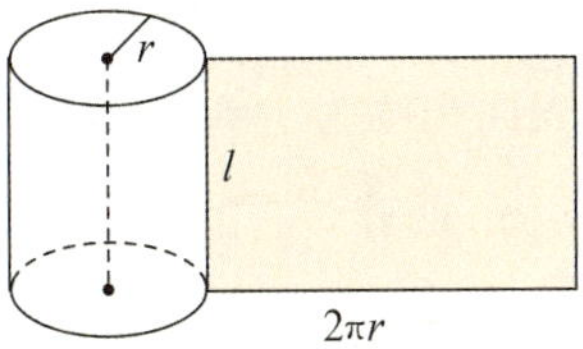

图 9-77

(2)圆锥的侧面展开图是一个扇形，如图 9-78. 如果圆锥的底面半径为 r，母线长为 l，**则圆锥的侧面积为** $S_{圆锥侧}=\pi rl$.

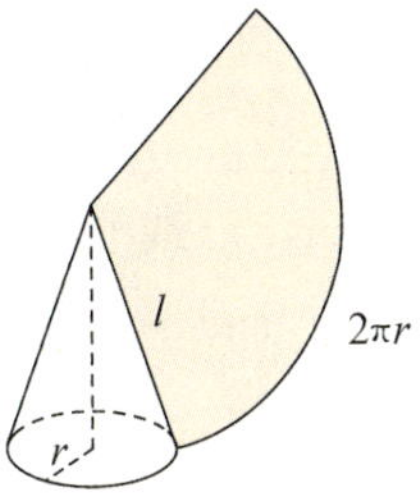

图 9-78

知识衔接

扇形面积$=\frac{1}{2}$半径×弧长.

(3)如果球的半径为 R，**则球的表面积为** $S_{球}=4\pi R^2$.

对比： 半径为 R 的圆的面积为 $S_{圆}=\pi R^2$，半径相同的球的表面积是圆的面积的 4 倍.

运用新知

例 2　一个圆柱形的笔筒，它的底面直径 $d=10$ cm，高 $h=15$ cm，求笔筒的表面积.（精确到 0.1 cm^2）

分析　圆柱的表面积是侧面积加上底面积，且笔筒只有一个底面.

解　$S=S_{圆柱侧}+S_{圆柱底}=2\pi rl+\pi r^2=\pi\times10\times15+\pi\times\left(\frac{10}{2}\right)^2$

$\approx549.5(cm^2)$.

答：笔筒的表面积约为 549.5 cm^2.

例 3　一个用蛋卷做成的圆锥形的冰激凌托如图 9-79 所示，托的底面半径为 4 cm，高是 12 cm. 求这个冰激凌托的表面积.（精确到0.1 cm^2）

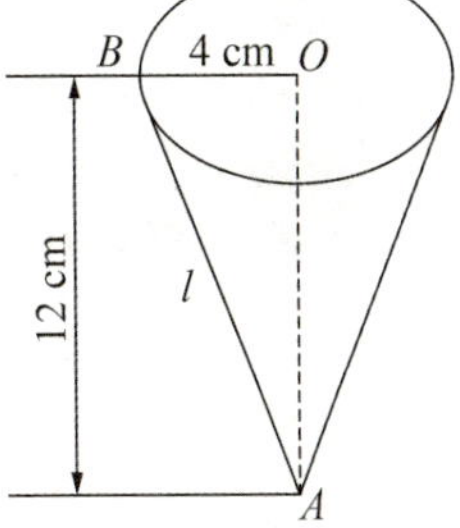

图 9-79

分析　因为冰激凌托是一个圆锥，所以求冰激凌托的表面积就是求圆锥的表面积. 且冰激凌托是没有底的，所以只需要求这个圆锥的侧面积.

解　如图 9-79，

$l=\sqrt{OA^2+OB^2}=\sqrt{4^2+12^2}=4\sqrt{10}$,

$$S=\pi rl\approx 3.14\times 4\times 4\sqrt{10}\approx 158.9(\text{cm}^2).$$

答：这个冰激凌托的表面积约为 158.9 cm^2.

例 4 一个半径为 $2\sqrt{3}$ cm 的球，它的表面积是多少？(精确到 0.1 cm^2)

解 $S=4\pi R^2\approx 4\times 3.14\times(2\sqrt{3})^2\approx 150.7(\text{cm}^2)$

答：它的表面积约为 150.7 cm^2.

同步练习

1. 填空题.

(1)圆柱的底面半径为 4 cm，圆柱的母线长为 8 cm，则圆柱的侧面积为________ cm^2，表面积为________ cm^2.

(2)圆锥的底面半径为 6 cm，母线长为 10 cm，则圆锥的侧面积为________ cm^2，表面积为________ cm^2.

(3)一个半径为 $3\sqrt{2}$ cm 的球，它的表面积是________ cm^2，一个半径为 $3\sqrt{2}$ cm 的圆，它的面积是________ cm^2.

2. 已知木杆铅笔的外形呈圆柱状，底圆直径为 7 mm，长为 175 mm. 要在其表面刷一层保护漆，假设漆料用量为 100 mL/m^2. 试计算刷一支铅笔的用漆量.（精确到 0.01 mL）

3. 法国卢浮宫玻璃金字塔是著名建筑设计大师贝聿铭设计的，他在建筑中借用了古埃及的金字塔造型，采用了玻璃材料，既可以反映城市不断变化的天空，又为地下设施提供了良好的采光. 玻璃金字塔外表呈正四棱锥形状，塔高 21 m，底宽 34 m，那么塔身的表面积是多少呢？(精确到 0.01 m^2)

4. 下图是某建筑物门前的半球状玻璃雨罩，假设其直径为 10 m，试计算做这样一个雨罩需要多少玻璃材料.（精确到 0.01 m^2）

（第 3 题图）

（第 4 题图）

9.5.3　柱、锥和球的体积

学习新知

如图 9-80，建造柱状桥墩需要灌注水泥，假如你是建筑工程师，你会怎样计算所用水泥的数量呢？这就是几何体的体积问题.

图 9-80

1. 棱柱和圆柱的体积

我们知道，长方体的体积等于底面积乘高，类似地，棱柱和圆柱的体积也等于它的底面积乘高. 即

$V_{柱体}=Sh$.（其中 S 为柱体的底面积，h 为柱体的高）

2. 棱锥和圆锥的体积

我们可用下面的公式来计算棱锥和圆锥的体积：

$V_{锥体}=\frac{1}{3}Sh$.（其中 S 为锥体的底面积，h 为锥体的高）

3. 球的体积

如果球的半径为 R，则球的体积为 $V_{球}=\frac{4}{3}\pi R^3$.

运用新知

例 1　一批六角螺母(如图 9-81(1))，尺寸如图 9-81(2)所示(单位：mm)，共重 5.6 kg，若铁的密度为 7.8 g/cm³，则这批螺母大约有多少个？

（1）

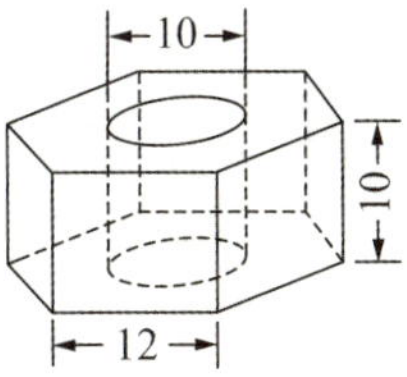

（2）

图 9-81

分析 欲求共有多少个螺母，必须求得单个螺母的体积. 由“体积×密度”可知单个螺母的质量，由“总质量÷单个螺母的质量”，便可求得螺母的个数.

把六角螺母看成是由一个正六棱柱挖去一个中心圆柱构成的，用正六棱柱的体积减去圆柱体的体积即可得一个螺母的体积.

解 由题设知正六棱柱的底面是一个边长为 12 mm 的正六边形(如图 9-82).

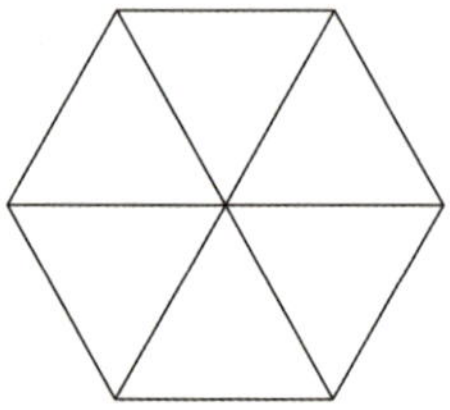

图 9-82

$S_{六边形}=6\times\frac{\sqrt{3}}{4}\times12^2=216\sqrt{3}(mm^2)$；

$V_{棱柱}=S_{六边形}h=216\sqrt{3}\times10=2\ 160\sqrt{3}(mm^3)$；

$V_{圆柱}=S_{圆}\ h=\pi\times5^2\times10=250\pi(mm^3)$；

$V_{螺母}=V_{棱柱}-V_{圆柱}=(2\ 160\sqrt{3}-250\pi)(mm^3)\approx2.96(cm^3)$；

单个螺母的质量$=2.96\times7.8\approx23.1(g)$；

螺母的个数$=5\ 600\div23.1\approx242$(个).

答：这批螺母约有 242 个.

例 2 某单位购置了一批红外半球高速自动对焦一体摄像机，如图 9-83(1)所示，作为安防产品. 在安装及做防护装置时，需要了解单个产品的体积. 产品的数据指标如图 9-83(2)所示(单位：mm)，求该红外半球高速自动对焦一体摄像机的体积. (精确到 $0.01mm^3$)

(1)　　(2)

图 9-83

分析 此产品是由半球和圆柱两个几何体组合而成的，体积应为两个几何体的体积之和.

解 由已知，半球半径 $R_1=50$，圆柱半径 $R_2=\frac{118}{2}=59$，圆柱高 $h=73.5-50=23.5$.

$$\begin{aligned}V&=V_{半球}+V_{圆柱}=\frac{1}{2}\times\frac{4}{3}\pi R_1^3+\pi R_2^2h\\&=\frac{2}{3}\times3.14\times50^3+3.14\times59^2\times23.5\\&\approx518\ 529.66(m^3).\end{aligned}$$

答：该摄像机的体积约为 $581\ 529.66\ mm^3$.

同步练习

1. 如图，在单位正方体 $ABCD\text{-}A_1B_1C_1D_1$ 中，求三棱锥 $B_1\text{-}A_1BC_1$ 的体积.

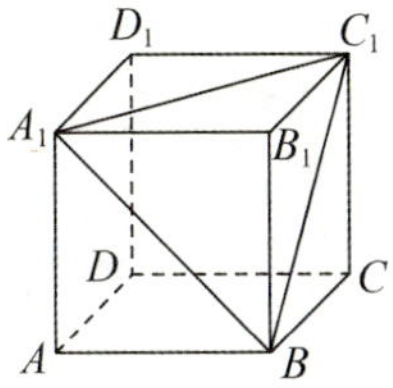

（第 1 题图）

2. 已知木杆铅笔的外形呈正六棱柱状，底面边长为 4 mm，铅笔芯为半径 1 mm 的圆柱，笔杆长为 175 mm. 试计算一支铅笔中木材部分的体积.（精确到 0.1 mm^3）

3. 如图，假设石球的直径是 1 m，试计算其体积.（精确到 0.01 m^3）

（第 3 题图）

4. 埃及著名的胡夫金字塔的形状是一个正四棱锥，高 146.5 m，底面边长约是 230 m. 那么胡夫金字塔的体积是多少呢？（精确到0.01 m^3）

（第 4 题图）

习题 9.5

A 组

1. 下列命题正确的是(　　).

A. 有两个面平行，其余各面都是四边形的多面体叫棱柱

B. 有两个面平行，其余各面都是平行四边形的多面体叫棱柱

C. 有两个面平行，其余各面都是四边形，并且相邻两个四边形的公共边都互相平行的多面体叫棱柱

2. 已知圆锥的底面半径为 2 cm，高为 3 cm，求它的全面积和体积.(精确到 0.01)

3. 已知正三棱锥的底面边长为 6 cm，侧棱长为 5 cm，求它的全面积和体积.(精确到 0.01)

4. 已知某圆柱形桥柱的底面半径为 2 m，高为 10 m，求它的侧面积和体积.(精确到 0.01)

5. 设小球半径是大球半径的一半，则大球表面积是小球表面积的多少倍?

6. 已知圆锥的母线长为 5，底面周长为 6π，求它的体积.

B 组

1. 某机械零件的图片和尺寸如图所示(单位：mm)，试计算零件头部锥体的表面积.(精确到 0.01 mm^3)

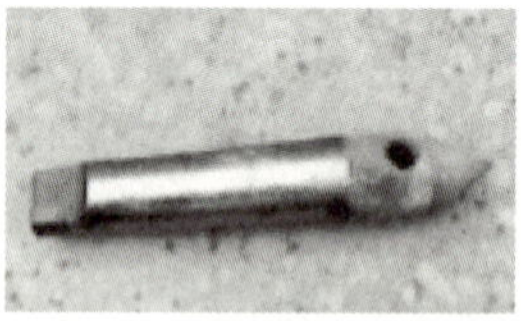

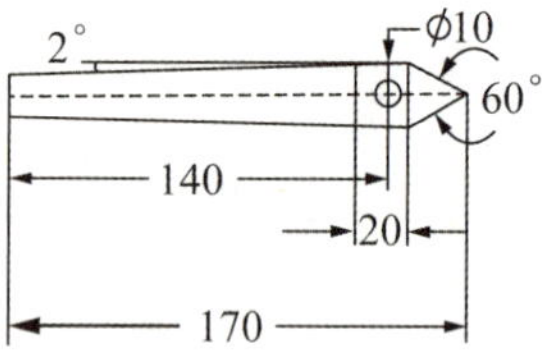

(第 1 题图)

2. 大球表面积是小球表面积的 16 倍，则大球的体积是小球体积的多少倍?

3. 已知某机械的把手如图所示，把手头部小球的半径为 15 mm，把手的手柄是圆柱形，半径为 5 mm，长为 120 mm，试计算把手的体积.(手柄与球面的接口近似看成平面)(精确到 1 mm^3)

(第 3 题图)

数学园地

有多少正多面体

在我们生活的三维空间中，各种各样的物体无处不在．例如，一块岩石，一颗豌豆，一座高楼，一个盒子，等等．数学中的几何体都是从这些物体中抽象出来的．我们学过棱柱、棱锥，这些都是几何体中的简单多面体(表面经过连续变形可变为球面的多面体)，简单多面体可以按照它的面数分为四面体、五面体、六面体……

把简单多面体的任何一个面伸展为平面，如果所有其他各面都在这个平面的同侧，这样的多面体就叫作凸多面体．

在凸多面体中，有一类非常特殊的多面体，它们的各个面都是全等的正多边形，并且各个多面角都是全等的多面角，我们把这类多面体称为正多面体．例如，正方体的六个面都是全等的正方形，每个顶点都有一个三面角，共有八个三面角，可以完全重合，也就是说它们是全等的．因此，正方体就是正六面体．

多面体可以有无数种，但在凸多面体中，正多面体只有 5 种：正四面体、正六面体、正八面体、正十二面体、正二十面体．(图 9-84)

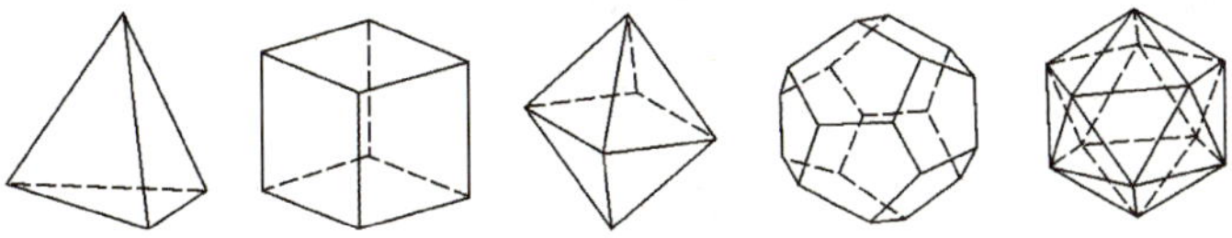

正四面体　正六面体　正八面体　正十二面体　正二十面体

图 9-84

它们的棱数、顶点数和每面边数见表 9-1.

表 9-1

类型	面数	棱数	顶点数	每面边数	每顶点棱数
正四面体	4	6	4	3	3
正六面体	6	12	8	4	3
正八面体	8	12	6	3	4
正十二面体	12	30	20	5	3
正二十面体	20	30	12	3	5

据说首位对正多面体进行系统描述的人是古希腊大哲学家柏拉图，因此，正多面体又称柏拉图体．当时古希腊人认为宇宙中的物质是由火、气、土、水四种元素构成的，于是柏拉图在《蒂迈欧篇》一书中把正多面体与宇宙的结构联系在了一起，做了下列对应：

知识衔接

多面角又称**立体角**——有公共端点、不在同一平面内的几条射线，以及相邻两条射线间的平面部分组成的图形．组成**多面角**的射线叫作**多面角**的棱，公共端点叫作**多面角**的顶点，相邻两条棱间的平面部分叫作**多面角**的面，相邻两条棱组成的角叫作**多面角**的面角，相邻两个面组成的二面角叫作**多面角**的二面角．

火——正四面体；气——正八面体；土——正六面体；水——正二十面体.

开普勒发展了这种神秘思想，他直观地认为正四面体具有某种极小性质，即一定表面积，体积极小，因此代表最干的土；正二十面体体积极大，因此代表最湿的水；正六面体最稳定，因此代表地；正八面体最不稳定，因此代表易流易动的气；而正十二面体恰巧对应黄道十二宫，从而它代表宇宙普遍元素.

柏拉图和开普勒的神秘主义当然是无稽之谈，但从数学的角度来看，他们的论述实际上预示着后来的组合多面体论乃至组合拓扑学. 有关体积与表面积的关系问题，是数学上一个极重要的问题：一方面涉及体积、表面积的计算问题；另一方面涉及极值问题及密堆积问题.

在日常生活中，游戏用的骰子就是正六面体形状的；自然界中一些结晶体的形状也呈正多面体形. 例如，食盐的结晶体是正六面体，明矾的结晶体是正八面体. 正多面体经过削角操作可以得到具有其他对称性的与之类似的结构. 例如，著名的球状分子碳六十的空间结构就是正十二面体经过削角操作得到的(图 9-85)，这是一个非常有趣的现象.

图 9-85

著名的数学家欧拉发现了简单多面体的面数 F、棱数 E 和顶点数 V 之间的关系：

$$V+F-E=2.$$

这就是著名的欧拉公式. 利用这一公式可以证明凸多面体中只有 5 种正多面体，有兴趣的同学可以试一试.

复习小结与巩固提高

复习小结

一、空间直线、平面的关系

1. 平面的基本性质

公理 1　如果一条直线上的两点在一个平面内，那么这条直线上的所有点都在这个平面内.

公理 2　经过不在同一条直线上的三点，有且只有一个平面.

推论 1　一条直线和这条直线外的一点可以确定一个平面.

推论 2　两条相交直线可以确定一个平面.

推论 3　两条平行直线可以确定一个平面.

公理 3　如果不重合的两个平面有一个公共点，那么它们有且只有一条过这个点的公共直线.

2. 空间中两条直线的位置关系

(1)空间中两条直线的位置关系
- 在同一平面内
  - 相交直线(有且只有一个公共点).
  - 平行直线(没有公共点).
- 不同在任何一个平面内——异面直线(没有公共点).

(2)空间平行直线的性质.

公理 4　平行于同一条直线的两条直线相互平行.

定理　如果一个角的两边和另一个角的两边分别对应平行，那么这两个角相等或互补.

3. 空间直线与平面之间的位置关系

(1)空间直线与平面
- 直线在平面内(直线和平面有无数个公共点).
- 直线在平面外
  - 直线与平面平行(直线和平面没有公共点).
  - 直线与平面相交(直线和平面只有一个公共点).

(2)直线与平面平行.

①**直线与平面平行的判定定理：**

若平面外的一条直线与平面内的一条直线平行，则平面外的这条直线与此平面平行.

②**直线与平面平行的性质定理：**

如果一条直线和一个平面平行，那么经过这条直线的平面和已知平面的交线与这条直线平行.

(3)直线与平面垂直.

①**定义**：如果直线 l 和平面 α 内的任意一条直线都垂直，那么称直线 l 和平面 α 互相垂直，记作 $l\perp\alpha$. 这时，直线 l 叫作平面 α 的垂线，平面 α 叫作直线 l 的垂面，直线 l 与平面 α 的唯一的公共点 P 叫作垂足.

②**直线与平面垂直的判定定理：**

如果一条直线垂直于一个平面内的两条相交直线，那么这条直线与这个平面垂直.

③**直线与平面垂直的性质定理：**

垂直于同一个平面的两条直线平行.

(4)直线与平面所成的角.

如果一条直线 l 和一个平面 α 相交但不垂直，我们把这条直线 l 叫作平面 α 的一条斜线，斜线和平面的交点 P 叫作斜足. 在直线 l 上任取一点 A(异于斜足 P)，过 A 向平面 α 作垂线 AO，O 为垂足，则过垂足 O 和斜足 P 的直线 PO 叫作斜线 l 在平面 α 内的射影，我们把 $\angle APO$ 叫作直线 l 与平面 α 所成的角. 也就是：平面的一条斜线和它在平面内的射影所成的锐角，叫作直线与平面所成的角.

当直线与平面垂直时，我们说直线与平面所成的角是直角；当直线和平面平行或直线在平面内时，我们说直线与平面所成的角是 $0°$. 因此，直线与平面所成的角 θ 满足 $0°\leqslant\theta\leqslant90°$.

4. 空间平面与平面之间的位置关系

(1)空间中两个不重合的平面 $\begin{cases}\text{两平面平行(两平面没有公共点)}.\\ \text{两平面相交(两平面有一条公共直线)}.\end{cases}$

(2)平面与平面平行.

①**平面与平面平行的判定定理：**

如果一个平面内的两条相交直线都与另一个平面平行，那么这两个平面平行.

②**平面与平面平行的性质定理：**

如果两个平行平面同时和第三个平面相交，那么它们的交线平行.

(3)平面与平面相交.

①二面角：从一条直线出发的两个半平面所组成的图形叫作**二面角**，这条直线叫作**二面角的棱**，这两个半平面叫作**二面角的面**. 以 CD 为棱、α 和 β 为两个半平面的二面角，记作二面角 α-CD-β.

在二面角的棱 CD 上任取一点 O，以点 O 为垂足，在半平面 α 和半平

面 β 内分别作垂直于棱 CD 的射线 OA，OB，则射线 OA，OB 所成的角 $\angle AOB$ 叫作**二面角的平面角**.

②**平面与平面垂直的定义：**

如果两个相交平面所成的二面角是直二面角，就说这**两个平面互相垂直**.

③**平面与平面垂直的判定定理：**

如果一个平面经过另一个平面的垂线，那么这两个平面垂直.

④**平面与平面垂直的性质定理：**

如果两个平面垂直，那么一个平面内垂直于交线的直线与另一个平面垂直.

二、空间几何体

(一)空间几何体的概念及分类

1. 多面体

由若干个平面多边形围成的几何体叫作多面体. 围成多面体的各个平面多边形叫作多面体的面，相邻两个面的公共边叫作多面体的棱，棱与棱的公共点叫作多面体的顶点.

(1)**棱柱**：有两个面互相平行，其余各面都是四边形，并且相邻两个四边形的公共边都互相平行，由这些面所围成的几何体叫作**棱柱**. 在棱柱中，上、下两个互相平行的面叫作棱柱的**底面**；其余各面叫作棱柱的**侧面**，相邻两侧面的公共边叫作棱柱的**侧棱**；侧面与底面的公共顶点叫作棱柱的**顶点**. 不在同一个面上的两个顶点的连线叫作棱柱的**对角线**. 与棱柱的底面所在的平面都垂直的直线叫作底面的**公垂线**，公垂线夹在两底面之间的线段叫作**棱柱的高**. 棱柱的侧棱都是互相平行的，侧面都是平行四边形.

侧棱和底面不垂直的棱柱叫作**斜棱柱**.

侧棱垂直于底面的棱柱叫作**直棱柱**.

底面是正多边形的直棱柱叫作**正棱柱**.

(2)**棱锥**：有一个面是多边形，其余各面都是三角形且有一个公共顶点，这样的几何体叫作**棱锥**. 在棱锥中，多边形所在的面叫作**棱锥的底面或底**，有公共顶点的各个三角形面叫作**棱锥的侧面**；各侧面的公共顶点叫作**棱锥的顶点**；相邻侧面的公共边叫作**棱锥的侧棱**；由顶点到底面的垂线段叫作**棱锥的高**. 底面多边形是三角形、四边形、五边形……的棱锥分别叫作**三棱锥、四棱锥、五棱锥**……由于三棱锥只有 4 个面，所以三棱锥又叫**四面体**.

正棱锥：如果棱锥的底面是一个正多边形，并且过顶点向底面作垂线，垂足(也叫顶点在底面上的射影)是底面正多边形的中心，这样的棱锥叫作**正棱锥**．正棱锥的侧面是全等的等腰三角形，侧面的等腰三角形底边上的高叫作**正棱锥的斜高**．

2．旋转体

由一个平面图形绕它所在的平面内的一条定直线旋转而成的封闭几何体叫作**旋转体**．这条定直线叫作旋转体的**轴**．

(1)**圆柱**：以矩形的一边所在的直线为旋转轴，由其余三边旋转形成的面围成的旋转体叫作**圆柱**．旋转轴叫作**圆柱的轴**；垂直于轴的边旋转而成的圆面叫作**圆柱的底面**；平行于轴的边旋转而成的曲面叫作**圆柱的侧面**(也叫圆柱面)；平行于轴的边无论旋转到什么位置，都叫作**圆柱的母线**．

圆柱和棱柱统称为**柱体**．

(2)**圆锥**：以直角三角形的一条直角边所在的直线为旋转轴，由其余两边旋转形成的面围成的旋转体叫作**圆锥**．旋转轴叫作**圆锥的轴**；垂直于轴的边旋转而成的圆面叫作**圆锥的底面**；斜边旋转而成的曲面叫作**圆锥的侧面**(也叫圆锥面)；无论斜边旋转到什么位置，都叫作圆锥的母线．轴与母线的交点叫作**圆锥的顶点**．

圆锥和棱锥统称为锥体．

(3)**球**：以半圆的直径所在的直线为旋转轴，半圆面旋转一周所成的旋转体叫**球体**，简称**球**．半圆的圆心叫作**球的球心**，半圆的直径叫作**球的直径**，半圆旋转而成的曲面叫作**球面**．

现阶段学习的空间几何体
- 多面体
  - 棱柱
  - 棱锥
  - (棱台)
- 旋转体
  - 圆柱
  - 圆锥
  - (圆台)
  - 球

(二)柱、锥和球的表面积

①$S_{\text{直棱柱侧}}=cl$．(c 为底面周长，l 为侧棱长)

②$S_{\text{正棱锥侧}}=\frac{1}{2}ch'$．($c$ 为底面周长，h' 为斜高)

③$S_{\text{圆柱侧}}=2\pi rl$．(r 为底面半径，l 为母线长)

④$S_{\text{圆锥侧}}=\pi rl$．(r 为底面半径，l 为母线长)

⑤$S_{\text{球}}=4\pi R^2$．(R 为半径)．

(三)柱、锥和球的体积

①$V_{\text{柱体}}=Sh$．(S 为底面积，h 为高)

②$V_{\text{锥体}}=\frac{1}{3}Sh$．($S$ 为底面积，h 为高)

③$V_{球}=\frac{4}{3}\pi R^3$.（R 为球的半径）

三、观念、思想、方法

(1)关于空间观念：本章主要学习的是空间中的点、直线、平面的关系和简单几何体，通过对空间图形的学习来培养大家的空间想象能力．可借助长方体中的点、线、面，或矩形纸板加木棍来学习点、线、面之间的关系；对几何体，要能在生活中找到它的实物原型.

(2)关于转化思想：转化思想是立体几何的基本思想．立体几何的问题如果转化到平面上，平面几何的知识就都可以用了，因此，在解决立体几何问题时，常常考虑将它们转化到平面上来思考．例如，直线与平面所成的角常转化为两条相交直线(直线和它在平面内的射影)的夹角.

(3)有时在求组合体的体积或表面积时我们需要采取分割的方法.

巩固提高

例 1　如图 9-86(1)所示，正方体 $ABCD\text{-}A_1B_1C_1D_1$ 中，侧面对角线 AB_1，BC_1 上分别有两点 E，F，且 $B_1E=C_1F$.

求证：EF∥平面 $ABCD$.

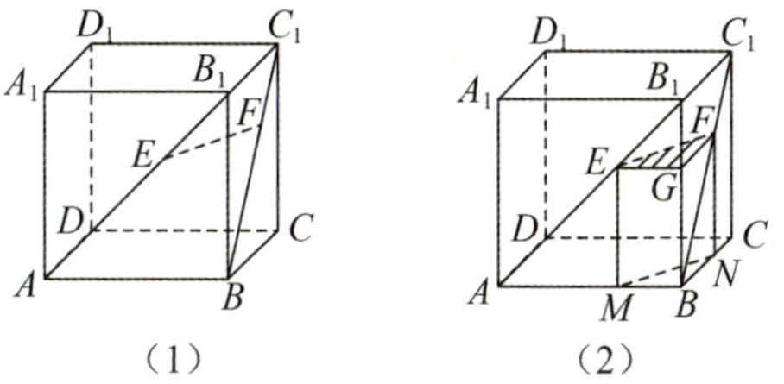

图 9-86

证法一　如图 9-86(2).

分别过 E，F 作 $EM\perp AB$ 于 M，$FN\perp BC$ 于 N，连接 MN.

因为 $BB_1\perp$平面 $ABCD$，所以 $BB_1\perp AB$，$BB_1\perp BC$，所以 $EM/\!/BB_1$，$FN/\!/BB_1$，所以 $EM/\!/FN$.

又因为 $B_1E=C_1F$，所以 $EM=FN$，故四边形 $MNFE$ 是平行四边形，所以 $EF/\!/MN$.

又因为 $MN\subsetneqq$平面 $ABCD$，$EF\not\subset$平面 $ABCD$，所以 EF∥平面 $ABCD$.

证法二　如图 9-86(2).

过 E 作 $EG/\!/AB$ 交 BB_1 于 G，连接 GF，则 $\frac{B_1E}{B_1A}=\frac{B_1G}{B_1B}$，

因为 $B_1E=C_1F$，$B_1A=C_1B$，所以 $\frac{C_1E}{C_1B}=\frac{B_1G}{B_1B}$，所以 $FG/\!/B_1C_1/\!/BC$.

又因为 $EG\cap FG=G$，$AB\cap BC=B$，

所以平面 EFG//平面 $ABCD$，而 $EF\subsetneqq$平面 EFG，

所以 EF//平面 $ABCD$.

例 2 如图 9-87(1)，在直三棱柱 $ABC\text{-}A_1B_1C_1$ 中，$AA_1=AC$，$AB\perp AC$，求证：$A_1C\perp BC_1$.

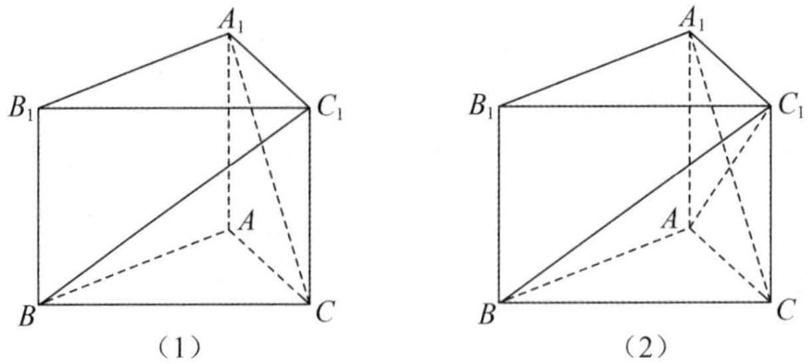

图 9-87

分析 要证明“线线垂直”，可通过“线面垂直”进行转化，因此设法证明 A_1C 垂直于经过 BC_1 的平面即可.

证明 如图 9-87(2)，连接 AC_1.

因为 $ABC\text{-}A_1B_1C_1$ 是直三棱柱，所以 $AA_1\perp$平面 ABC，

所以 $AB\perp AA_1$.

又因为 $AB\perp AC$，所以 $AB\perp$平面 A_1ACC_1，

所以 $A_1C\perp AB$. ①

又因为 $AA_1=AC$，所以侧面 A_1ACC_1 是正方形，

所以 $A_1C\perp AC_1$. ②

由①②得 $A_1C\perp$平面 ABC_1，

所以 $A_1C\perp BC_1$.

例 3 如图 9-88，在三棱锥 $P\text{-}ABC$ 中，平面 $PAB\perp$平面 ABC，$AB\perp BC$，$AP\perp PB$，求证：平面 $PAC\perp$平面 PBC.

分析 要证明“面面垂直”，可通过“线面垂直”进行转化，而“线面垂直”又可以通过“线线垂直”进行转化.

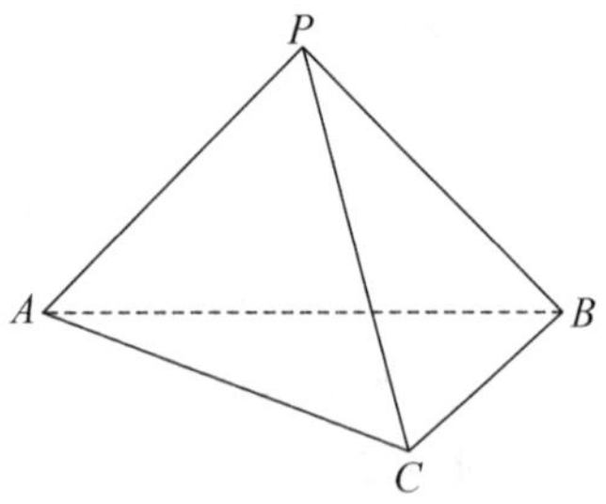

图 9-88

证明 因为平面 $PAB\perp$平面 ABC，平面 $PAB\cap$平面 $ABC=AB$，且 $AB\perp BC$.

所以 $BC\perp$平面 PAB，

所以 $AP\perp BC$.

又因为 $AP\perp PB$，所以 $AP\perp$平面 PBC，

又因为 $AP\subsetneqq$平面 PAC，所以平面 $PAC\perp$

平面 PBC.

例 4　如图 9-89(1)，在四棱锥 $P\text{-}ABCD$ 中，平面 $PAD\perp$ 平面 $ABCD$，$AB/\!/DC$，$\triangle PAD$ 是等边三角形，已知 $BD=2AD=8$，$AB=2DC=4\sqrt{5}$.

(1)设 M 是 PC 上的一点，证明：平面 $MBD\perp$ 平面 PAD；

(2)求四棱锥 $P\text{-}ABCD$ 的体积.

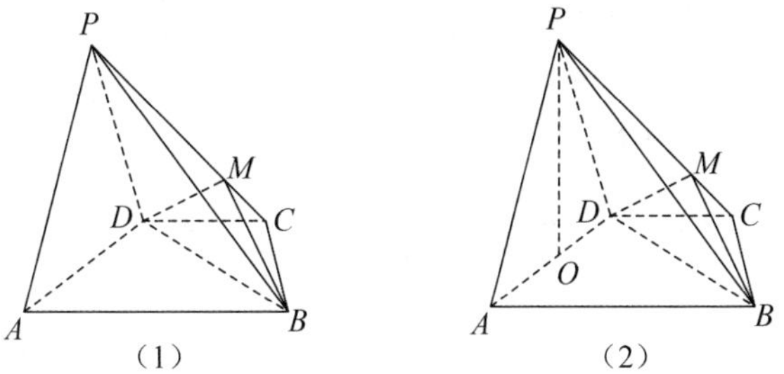

图 9-89

(1)**证明**　在$\triangle ABD$ 中，由于 $AD=4$，$BD=8$，$AB=4\sqrt{5}$，

所以
$$AD^2+BD^2=AB^2.$$

故 $AD\perp BD$.

又因为平面 $PAD\perp$ 平面 $ABCD$，平面 $PAD\cap$ 平面 $ABCD=AD$，$BD\subsetneqq$ 平面 $ABCD$，所以 $BD\perp$ 平面 PAD.

又因为 $BD\subsetneqq$ 平面 MBD，故平面 $MBD\perp$ 平面 PAD.

(2)**解**　如图 9-89(2)，过点 P 作 $PO\perp AD$ 交 AD 于点 O，由于平面 $PAD\perp$ 平面 $ABCD$，所以 $PO\perp$ 平面 $ABCD$.

因此 PO 为四棱锥 $P\text{-}ABCD$ 的高，

又$\triangle PAD$ 是边长为 4 的等边三角形，因此 $PO=\dfrac{\sqrt{3}}{2}\times 4=2\sqrt{3}$.

在底面四边形 $ABCD$ 中，$AB/\!/DC$，$AB=2DC$，

所以四边形 $ABCD$ 是梯形，在 $\mathrm{Rt}\triangle ADB$ 中，斜边 AB 边上的高为 $\dfrac{4\times 8}{4\sqrt{5}}=\dfrac{8\sqrt{5}}{5}$，即为梯形 $ABCD$ 的高，

所以四边形 $ABCD$ 的面积为 $S=\dfrac{2\sqrt{5}+4\sqrt{5}}{2}\times\dfrac{8\sqrt{5}}{5}=24$. 故

$$V_{P\text{-}ABCD}=\frac{1}{3}\times 24\times 2\sqrt{3}=16\sqrt{3}.$$

复习题九

A组

1. 选择题.

(1)直线与平面平行是指(　　).

A. 直线与平面内的无数条直线都无公共点

B. 直线与平面无公共点

C. 直线与平面内无数条直线平行

D. 直线不在平面内

(2)以下命题中正确的是(　　).

A. 两个相交平面不垂直，则其中一个平面内的任意一条直线与另一个平面都不垂直

B. 过平面 α 的一条斜线的平面与 α 一定不垂直

C. a，b 是异面直线，过 a 必能作一个平面与 b 垂直

D. 同垂直于一个平面的两个平面平行

(3)正方体 $ABCD\text{-}A_1B_1C_1D_1$ 的各面上的对角线与体对角线 AC_1 垂直的有(　　)条.

A. 3　　　　B. 4　　　　C. 5　　　　D. 6

2. 判断下列说法是否正确.

(1)若直线 $a/\!/b$，则 a 与过 b 的任何平面都平行.　　(　　)

(2)若直线 $a/\!/$平面 α，则 a 与 α 内的所有直线都不相交.　　(　　)

(3)若直线 $a/\!/$平面 α，直线 $b/\!/\alpha$，则 $a/\!/b$.　　(　　)

(4)若直线 $a\perp b$，$a\perp$平面 α，则 $b/\!/\alpha$.　　(　　)

(5)若直线 $a/\!/b$，$a\subsetneqq$平面 α，$b\subsetneqq$平面 β，则 $\alpha/\!/\beta$.　　(　　)

3. Rt$\triangle ABC$ 中，$\angle C=90°$，$AC=6$ cm，$BC=8$ cm，$PC\perp$平面 ABC，$PC=12$ cm，D 是 AB 的中点. 求 PA，PD，PB 的长.

4. 如图，已知 $PO\perp$平面 α，直线 $a\subsetneqq$平面 α，PA 与 α 相交于点 A，$a\perp PA$. 求证：$a\perp AO$.

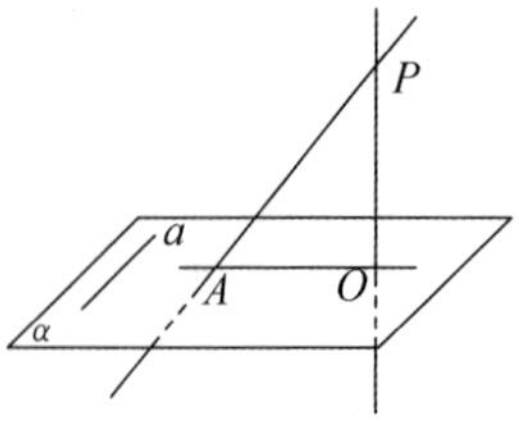

(第4题图)

5. 如图，点 P 是平行四边 $ABCD$ 外一点，O 是 AC 与 BD 的交点，E，F 分别是 PB，PC 的中点. 求证：

(1)$OE /\!/$ 平面 PDC；(2)$OF /\!/$ 平面 PAB；(3)平面 $EFO /\!/$ 平面 PAD.

6. 如图，PA 垂直于圆 O 所在的平面，AB 是圆 O 的直径，C 是圆周上异于 A，B 的任意一点. 求证：平面 $PAC \perp$ 平面 PBC.

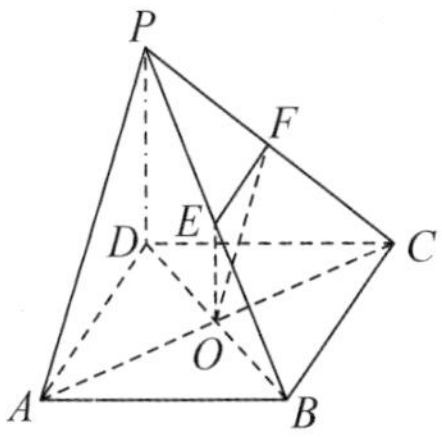

（第 5 题图）

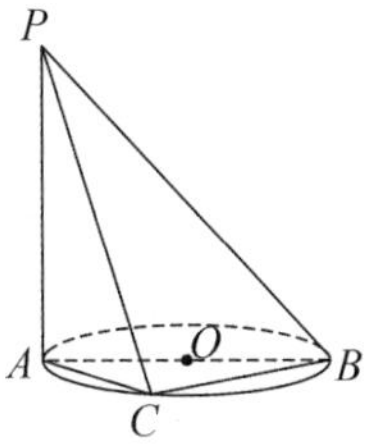

（第 6 题图）

7. 设正六棱锥的底面边长为 1，侧棱长为 $\sqrt{5}$，求它的表面积和体积.

8. 给一个大金属球表面涂漆，需油漆 2.4 kg，若把这个金属球熔化，制成 64 个半径相等的小金属球(设损耗为零)，给这些小金属球表面涂漆需用多少油漆？(精确到 0.1 kg)

B 组

1. 已知正三棱柱 $ABC\text{-}A_1B_1C_1$ 的底面边长为 1，高为 8，一只小蚂蚁从 A 点出发，沿着三棱柱的侧面爬行，绕行两周到达 A_1 点，小蚂蚁如何爬行，才能使它爬行的路线最短？

2. 如图，PA 垂直于等腰三角形 ABC 所在的平面，D 是等腰三角形底边 BC 的中点. 求证：平面 $PAD \perp$ 平面 PBC.

3. 如图，平面 $\alpha /\!/$ 平面 β，AB，CD 是夹在平面 α，β 间的异面线段，点 M，N 分别为 AB，CD 的中点. 求证：$MN /\!/ \beta$.

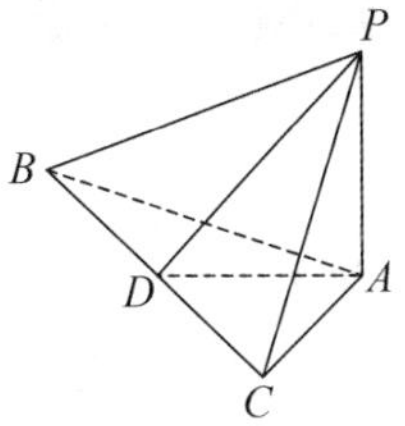

（第 2 题图）

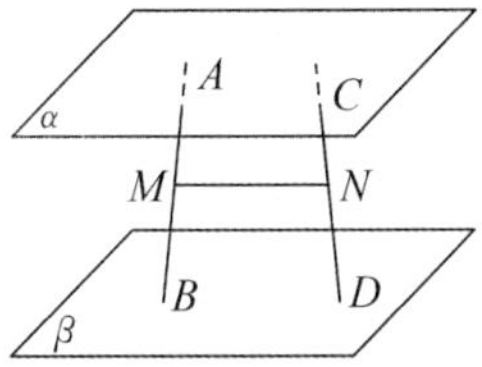

（第 3 题图）

4. 证明：一条直线与两平行平面所成的角相等.

第 10 章 · 概率与统计初步

章前序语

你买过足球彩票吗？中国足球彩票单场竞猜胜平负游戏是以体彩中心选定的足球比赛为游戏媒介，由购票人对指定的比赛中主队与客队的胜负结果进行投注的. 每一场比赛共有 3 种预测结果：“3”，表示主队胜，客队负；“1”，表示主队与客队平；“0”，表示主队负，客队胜. 如果你购买一注足球彩票，试想中奖的可能性有多大呢？

工厂要检查灯泡的使用寿命，电视台要调查某节目的收视率，研究机构要分析吸烟与肺癌的关系、中等职业学校学生每天上网时间等，解决类似上述问题，都要用到本章要学习的统计学相关知识.

概率论是现代数学的重要组成部分. 它在自然科学、社会科学、工程技术、经济管理等诸多领域中都有着广泛应用. 统计学是一门关于数据资料的收集、整理、分析和推断的科学，与社会生活、科学技术紧密相关.

本章我们将从两个计数原理开始，学习随机事件的有关概念、概率的定义和性质、统计分布表与频率分布直方图、抽样的常用方法、用样本均值和标准差估计总体等内容.

学习向导

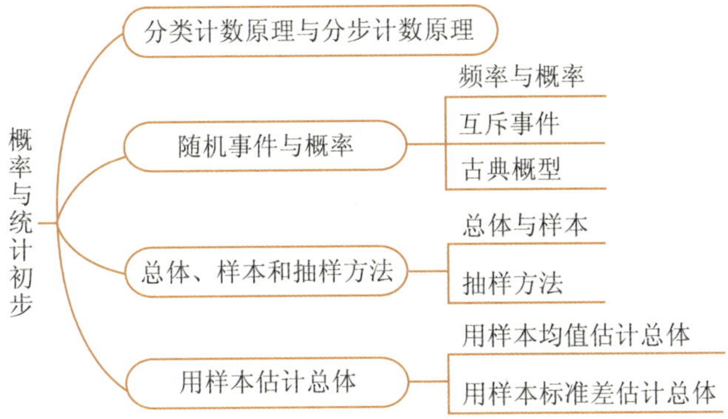

§10.1　计数原理

10.1.1　分类计数原理

学习新知

小明放暑假时来北京旅游，他从北京站下火车后，要去参观国家体育场——鸟巢. 出发前他已了解到，从北京站到鸟巢，可以乘地铁，可以乘公交车，当然还可以乘出租车. 已知地铁换乘有 2 种方法，公交车换乘有 10 种方法. 那么小明乘车从北京站到鸟巢共有多少种不同的方法？

图 10-1

从北京站到鸟巢可以使用三种交通工具，即有三类方式：一类是乘地铁，有 2 种方法；一类是乘公交车，有 10 种方法；一类是乘出租车，有 1 种方法. 每一种方法都可以从北京站到达鸟巢，所以共有

$$2+10+1=13$$

种不同的方法，如图 10-2 所示.

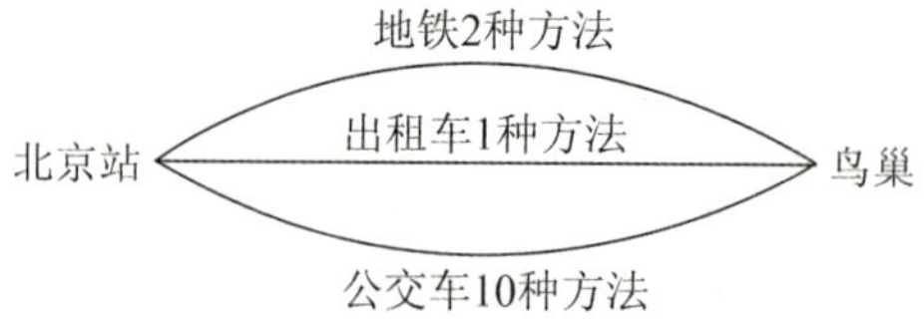

图 10-2

由上述例子我们可以归纳出如下计数原理：

分类计数原理 完成一件事，有 n 类方式，在第 1 类方式中有 m_1 种不同的方法，在第 2 类方式中有 m_2 种不同的方法……在第 n 类方式中有 m_n 种不同的方法，任选其中一种方法都可以完成这件事．那么完成这件事共有

$$N=m_1+m_2+\cdots+m_n$$

种不同的方法．

分类计数原理也叫作**加法原理**．

运用新知

例 1 中俄两国学生开展学习交流联欢活动，其中俄罗斯学生代表 50 名，中国学生代表 30 名，如果要从中选择一名学生表演节目，有多少种选法？

分析 选择一名学生表演节目，有两类不同的方式，第 1 类方式是从 50 名俄罗斯学生中选择一名，有 50 种方法；第 2 类方式是从 30 名中国学生中选择一名，有 30 种方法．故可应用分类计数原理来计算．

解 由分类计数原理可知，共有

$$N=50+30=80$$

种不同的选法．

例 2 张亮同学要购买一款智能手机，手机营业厅中符合张亮需求的手机如下：甲品牌手机有 8 款，乙品牌手机有 5 款，丙品牌手机有 6 款，那么张亮一共有几种选择方法呢？

分析 从三种品牌手机中任选一款，有 3 类不同的方式，第 1 类方式是在 8 款甲品牌手机中任选一款，有 8 种选法；第 2 类方式是在 5 款乙品牌手机中任选一款，有 5 种选法；第 3 类方式是在 6 款丙品牌手机中任选一款，有 6 种选法．故可应用分类计数原理来计算．

解 根据分类计数原理可知，共有

$$N=8+5+6=19$$

种不同的选法．

同步练习

1. 衣橱里放有不同颜色的 T 恤 2 件，不同颜色的衬衫 4 件．现从中任选一件，有几种不同选法？

2. 音乐播放器里存有 10 首中文歌曲，8 首英文歌曲，5 首日文歌曲，任选一首歌曲进行播放，有多少种不同选法？

3. 某人从重庆去成都出差，可以乘火车，可以乘汽车，也可以乘飞机．一天中火车有 4 班，汽车有 1 班，飞机有 6 班，那么此人一天中乘坐这些交通工具从重庆到成都共有多少种不同的方法？

10.1.2　分步计数原理

学习新知

小明从北京站到鸟巢的途中想去参观雍和宫．已知从北京站到雍和宫乘地铁去有 1 种方法，乘公交车去有 10 种方法，也可以乘出租车去；从雍和宫再到鸟巢乘地铁去有 1 种方法，乘公交车去有 2 种方法，还可以乘出租车去．那么小明从北京站经雍和宫到鸟巢共有多少种不同的方法？

从北京站到鸟巢分为两个步骤：

第 1 步　从北京站到雍和宫，可以乘地铁、公交车或出租车，共有 12 种不同的方法；

第 2 步　从雍和宫到鸟巢，可以乘地铁、公交车或出租车，有 4 种不同的方法．

对于第 1 步的每一种方法，第 2 步都有 4 种方法相对应，如图 10-3 所示．

所以从北京站到鸟巢共有

$$12\times 4=48$$

种不同的方法．

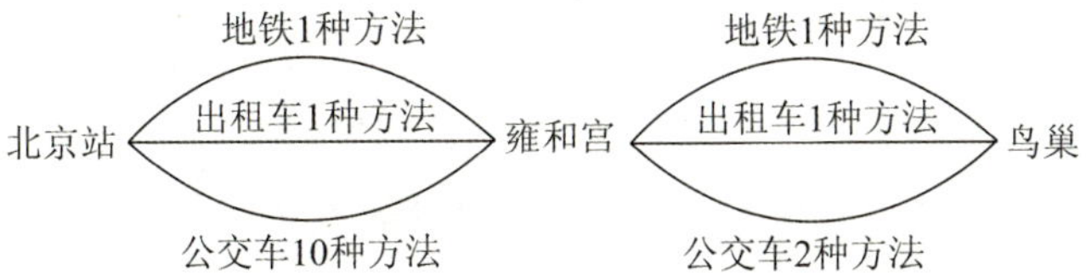

图 10-3

由上述例子我们可以归纳出如下计数原理：

分步计数原理　完成一件事，需要 n 个步骤：第 1 步有 m_1 种不同的方法，第 2 步有 m_2 种不同的方法……第 n 步有 m_n 种不同的方法，依次完

成这 n 个步骤，这件事才算完成．那么完成这件事共有

$$N=m_1\cdot m_2\cdot\cdots\cdot m_n$$

种不同的方法．

分步计数原理也叫作**乘法原理**．

运用新知

例1 某电信公司重庆分公司在2018年6月发放一批手机号码，手机号码由11位数字构成，要求前7位是统一的，后4位每位都是0～9中的一个数字，那么本次一共可以发放多少个不同的号码？

分析 由于前7位已确定，我们只需分4步来确定后4位数字，这样11位手机号码才能最终确定．所以，要用分步计数原理来进行计算．

解 后4位中的每一位都可以从0～9这10个数字中任选一个，都有10种选法．因此，根据分步计数原理，可依次确定手机号码的第8位、第9位、第10位、第11位，那么这一号段共有

$$10\times10\times10\times10=10^4=10\ 000$$

个不同的号码．

例2 在某校确定的优秀毕业生候选人中，一班的有3人，二班的有5人，三班的有2人．

(1)从三个班中评选出一名优秀毕业生，有多少种不同的选法？

(2)从三个班中各评选出一名优秀毕业生，有多少种不同的选法？

分析 (1)从三个班中评选出一名优秀毕业生，有3类方式：第1类方式是从一班中选，有3种选法；第2类方式是从二班中选，有5种选法；第3类方式是从三班中选，有2种选法．每种选法都可完成选出一名优秀毕业生这件事，故应用分类计数原理来计算．

(2)从三个班中各选出一名优秀毕业生，分3步：第1步从一班中选出一名，有3种不同的选法；第2步从二班中选出一名，有5种不同的选法；第3步从三班中选出一名，有2种不同的选法．当3步都完成时才完成了各选出一名优秀毕业生这件事，因此应用分步计数原理来计算．

解 (1)根据分类计数原理，所有不同的选法种数为

$$3+5+2=10.$$

(2)根据分步计数原理，所有不同的选法种数为

$$3\times5\times2=30.$$

同步练习

1. 学校食堂中午有6个荤菜、4个素菜，一学生要选一荤一素，有多少种不同的搭配方案？

2. 旅行箱的密码锁由 3 个可旋转数字拨号轮构成，每个数字拨号轮上有 0～9 共 10 个数字. 这 3 个数字拨号轮可以组成多少个三位数字的密码?

3. 某服装旗舰店里有 10 种不同的上衣和 8 种不同的裤子，

(1)若顾客只买 1 件上衣或 1 条裤子，共有多少种不同的购买方法?

(2)若顾客买上衣和裤子各 1 件，有多少种不同的购买方法?

习题 10.1

A 组

1. 某电器商场销售某种型号的液晶电视，其中国产的有 3 种，进口的有 5 种. 要买 1 台这种型号的液晶电视，有多少种不同的选法?

2. 某职业学校财会专业有 4 个班，营销专业有 2 个班，计算机专业有 3 个班. 现要从三个专业中选出 1 个班去参加社区活动，有几种不同的选法?

3. 警方在追查一辆肇事逃逸车辆，根据现场目击群众举报，车号为 A2＊＊＊6，是本地车号，＊＊＊是多少则没看清，问警方最多需要调查多少辆车就一定能追查到肇事车辆?

4. 某班有 50 名学生，要从中选出正、副班长各一名，有多少种不同的选法?

B 组

1. 5 名学生准备报考 4 所高等院校，每人只能报 1 所，有多少种不同的报名方法?

2. 你在网上注册 QQ 号码了吗? 我们在注册时通常要设置 QQ 密码，如果：

(1)密码为 6 位，每位均为 0～9 这 10 个数字中的 1 个数字，这样的密码共有多少个?

(2)密码为 6 位，每位均为 0～9 这 10 个数字中的 1 个数字，或为从 A 到 Z 这 26 个英文字母中的 1 个字母，这样的密码共有多少个?

(3)密码为 6～8 位，每位均为 0～9 这 10 个数字中的 1 个数字，这样的密码共有多少个?

§10.2 随机事件和概率

10.2.1 随机事件

学习新知

观察下列各种现象，思考前3个现象与后3个现象有什么区别?

(1)边长为 a 的正方体，体积为 a^3.

(2)今天星期三，再过7天仍为星期三.

(3)方程 $x^2+1=0$ 有实数解.

(4)你购买的一期彩票能中奖.

(5)抛掷一颗骰子，出现的点数为6.

(6)抛掷两枚质地均匀的硬币，两枚都是正面向上(图10-4).

图 10-4

上面的(1)(2)(3)类现象，在一定条件下结果是确定的，我们把这类现象称为"**确定性现象**". 而(4)(5)(6)类现象，有可能发生，也有可能不发生. 我们把这类在一定条件下，具有多种可能的结果，而究竟发生哪一种结果事先不能确定的现象叫作**随机现象**. 为了对随机现象加以研究，人们所进行的观察或试验，叫作**随机试验**，简称**试验**. 随机现象的结果叫作**随机事件**，简称**事件**，常用大写字母 A，B，C 等表示.

上面的(1)(2)两种现象是一定会发生的，像这样，在一定条件下，必然会发生的事件叫作**必然事件**，用 Ω 表示.

上面的(3)现象是一定不可能发生的，像这样，在一定条件下，一定不会发生的事件叫作**不可能事件**，用 $\varnothing$ 表示.

运用新知

例1 指出下列事件中，哪些是必然事件，哪些是不可能事件，哪些是随机事件.

(1)掷一枚硬币，出现正面;

(2)没有水，种子能发芽;

(3)如果 $a>b$，那么 $a-b>0$;

(4)某人射击一次，中靶;

(5)从分别标有号数 1，2，3，4，5 的 5 张标签中任取一张，得到 4 号签.

解 (3)是必然事件，(2)是不可能事件，(1)(4)(5)是随机事件.

例 2 甲、乙两队进行一场足球比赛，思考比赛可能出现的结果.

(1)列出比赛的所有随机事件；

(2)列出事件“甲队不败”所包含的随机事件.

解 (1)比赛所有可能出现的结果有 3 个，即有 3 个事件：

“$A=\{$甲胜$\}$”“$B=\{$乙胜$\}$”“$C=\{$平局$\}$”.

(2)“$D=\{$甲队不败$\}$”包含以下 2 个事件：

“$A=\{$甲胜$\}$”“$C=\{$平局$\}$”.

从例 2 我们可以看出，A，B，C 都是随机事件，这 3 个事件在每次试验(观察)中必有一个发生，且仅有一个发生，这样的事件称为**基本事件**. 像事件 D 那样，可以用基本事件 A，C 来描绘的随机事件叫作**复合事件**(包含若干个基本事件的事件).

同步练习

1. 指出下列事件中，哪些是必然事件，哪些是不可能事件，哪些是随机事件.

(1)在标准大气压下，水加热到 100℃一定沸腾；

(2)任买一张电影票，座位号是偶数；

(3)某人射击一次，未中靶；

(4)任取一个两位数是 120；

(5)学校门口在 1 分钟内通过 10 辆汽车.

2. 一个口袋里有大小、材质完全相同的 3 个白球和 2 个黑球，从中任取两个球，观察取出的球的颜色.

(1)列出这个试验的所有基本事件.

(2)“至少有一个黑球”这一复合事件包含哪几个基本事件？

10.2.2 频率与概率

学习新知

观察以下试验并思考：从一个装有 1 个白球、3 个黑球的袋中任意摸出 1 个球，观察其颜色，则结果可能是黑球，也可能是白球.

(1)“摸到黑球”与“摸到白球”这两个随机事件哪个出现的可能性大？

(2)“摸到白球”这一事件出现的可能性是多少？

对于问题(1)，人们直观上应该觉得“摸到黑球”的可能性要大于“摸到白球”的可能性. 这是因为袋中的黑球多于白球.

而对于问题(2)，同学们可以先猜测再相互交流结果，答案是不是$\frac{1}{4}$?理由是什么?

怎样度量一个随机事件发生的可能性大小呢? 我们可以通过观察大量重复试验中这个事件发生的规律来确定.

在相同的条件下进行 n 次试验，如果事件 A 发生了 m 次，则称 m 为事件 A 发生的**频数**，称比值$\frac{m}{n}$为事件 A 发生的**频率**，记作 $f_n(A)$.

做一做：摸球试验.

将大小、材质完全相同的 1 个白球和 3 个黑球装进一个袋子里，从中随机地摸出 1 个球，记下球的颜色，然后把球放回袋子里.

将全班同学分成 10 组，每组做 100 次摸球试验. 观察摸出白球的次数. 然后把试验数据记录在表 10-1 中.

表 10-1

小组编号	摸球次数 n	“摸出白球”的频数 m	“摸出白球”的频率 $\frac{m}{n}$

各组相互交流对试验结果的体会.

观察事件“摸出白球”的频率有什么变化规律?

表 10-2 是利用计算机进行摸球模拟试验，并分别进行 10 次、100 次、1 000 次、10 000 次，得到的数据.

表 10-2

试验序号	$n=10$		$n=100$		$n=1\ 000$		$n=10\ 000$	
	m	$\frac{m}{n}$	m	$\frac{m}{n}$	m	$\frac{m}{n}$	m	$\frac{m}{n}$
1	6	0.6	23	0.23	239	0.239	2 504	0.250 4
2	1	0.1	28	0.28	254	0.254	2 515	0.251 5
3	1	0.1	23	0.23	245	0.245	2 456	0.245 6
4	1	0.1	22	0.22	254	0.254	2 539	0.253 9
5	3	0.3	30	0.30	254	0.254	2 563	0.256 3
6	2	0.2	28	0.28	233	0.233	2 484	0.248 4
7	1	0.1	29	0.29	253	0.253	2 528	0.252 8
8	1	0.1	20	0.20	235	0.235	2 487	0.248 7
9	4	0.4	19	0.19	218	0.218	2 471	0.247 1
10	4	0.4	24	0.24	280	0.280	2 527	0.252 7

从表 10-2 中可以看出，当进行大量重复摸球试验时，“摸出白球”的频率在 0.25 附近摆动，随着试验次数的增多，频率偏离常数 0.25 较远的情形出现的可能性会减小，即随机事件发生的频率呈现出“稳定性”——在一个“常数”附近摆动.

一般地，在相同条件下，当大量重复地进行同一试验时，事件 A 发生的频率总是在某个常数附近摆动，我们就把这个常数叫作事件 A 发生的**概率**，记作 $P(A)$.

频率与概率是两个不同的概念，随机事件的频率与试验次数有关，而概率与试验次数无关，因为事件发生的可能性的大小是客观存在的.

因为在 n 次重复试验中，事件 A 发生的次数 m 总是满足 $0\leqslant m\leqslant n$，所以 $0\leqslant \frac{m}{n}\leqslant 1$. 由此可以推出概率有如下基本性质：

(1)对于任一事件 A，有 $0\leqslant P(A)\leqslant 1$.

(2)必然事件的概率为 1，即 $P(\Omega)=1$.

(3)不可能事件的概率为 0，即 $P(\varnothing)=0$

通常我们通过计算频率来估计概率，并利用概率来刻画事件 A 发生的可能性大小.

运用新知

例 1　对某批植物种子进行 5 次发芽试验，结果如下(表 10-3).

表 10-3

种子数 n	10	80	120	180	310
发芽的频数 m	8	63	95	146	249
发芽的频率 $\frac{m}{n}$					

(1)计算表中各组种子发芽的频率(精确到 0.001)；

(2)这批植物种子发芽的概率是多少？

解　(1)利用发芽的频率 $f_n(A)=\frac{m}{n}$计算，结果如下：

0.800，0.788，0.792，0.811，0.803.

(2)这批植物种子发芽的概率约是 0.8.

同步练习

1. 天气预报说“每天降水概率为 80%”，是指(　　).

A. 每天该地区约 80%的地方会降水，其余地方不降水

B. 每天该地区约 80%的时间会降水

C. 气象台的专家中，有 80%的人认为明天会降水

D. 每天该地区降水的可能性为80%

2. 一个射击运动员在同一条件下进行8组射击训练，结果如下表所示.

组别	1	2	3	4	5	6	7	8
射击次数 n	10	25	40	55	70	80	100	150
击中靶心的频数 m	8	20	34	45	58	63	81	123
击中靶心的频率 $\frac{m}{n}$								

(1)计算表中各组击中靶心的频率(精确到0.001).

(2)这个射击运动员射击一次，击中靶心的概率是多少?

10.2.3 互斥事件

学习新知

有不同的中文书10本，英文书8本，法文书5本，从三种不同语言的图书中任取1本，事件A="取到英文书"与事件B="取到法文书"能同时发生吗?

任取一本书，如果取到的是英文书，就不可能取到法文书，反之亦然，所以事件A和事件B不可能同时发生.

我们把在一次试验中不可能同时发生的两个事件叫作**互斥事件**.

一般地，如果事件A_1，A_2，…，A_n中任意两个都是互斥事件，那么就说事件A_1，A_2，…，A_n两两互斥.

显然，一个随机试验的基本事件是两两互斥的事件.

上例中，事件A="取到英文书"，事件B="取到法文书"，事件C="取到外文书"，即任取一本书，不论取到的是英文书还是法文书，都表示事件C这个事件发生，我们把事件C记作$A+B$.

一般地，把"事件A与B至少有一个发生"的事件称为事件A与B的和，记作$A+B$.

如果已知$P(A)$和$P(B)$，那么事件$A+B$的概率等于多少呢?

假设A，B是互斥事件，在n次试验中，事件A发生了m_1次，事件B发生了m_2次，则事件"$A+B$"发生了m_1+m_2次. 于是

$$f_n(A+B)=\frac{m_1+m_2}{n}=\frac{m_1}{n}+\frac{m_2}{n}=f_n(A)+f_n(B).$$

由频率与概率的关系，可知

$$P(A+B)=P(A)+P(B).$$

此公式称为**互斥事件的概率加法公式**.

一般地，如果事件 A_1，A_2，…，A_n 两两互斥，那么事件“$A_1+A_2+\cdots+A_n$”发生的概率，等于这 n 个事件分别发生的概率之和，即

$$P(A_1+A_2+\cdots+A_n)=P(A_1)+P(A_2)+\cdots+P(A_n).$$

运用新知

例 1　甲、乙、丙三个人站成一排照相，观察排列顺序．判断下列每组事件是不是互斥事件．

(1)A=“甲乙丙”，B=“乙丙甲”；

(2)C=“甲站在中间”，D=“乙站在中间”；

(3)E=“丙站在中间”，F=“甲丙乙”．

解　(1)中的事件 A 与 B 不能同时发生；

(2)中的事件 C 与 D 也不能同时发生，因此 A 与 B，C 与 D 这两对事件都是互斥事件．

(3)事件 E 是由 B 和 F 这两个基本事件组成的复合事件，事件 F 发生必然导致事件 E 发生，因此事件 E，F 不是互斥事件．

例 2　在交通路口信号灯中，黄灯是红、绿灯变换的警示信号．司机驾车行至十字路口，遇到红灯的概率为 0.4，遇到黄灯的概率是 0.1，遇到绿灯的概率为 0.5，则遇到红灯或黄灯的概率是多少？（图 10-5）

图 10-5

分析　设事件 A=“遇到红灯”，事件 B=“遇到黄灯”，则 $A+B$=“遇到红灯或黄灯”．因为在十字路口，红灯和黄灯不可能同时遇到，所以事件 A，B 互斥．因此可用互斥事件的概率加法公式来求 $P(A+B)$．

解　依题意，$P(A)=0.4$，$P(B)=0.1$，则

$$P(A+B)=P(A)+P(B)=0.5.$$

同步练习

1. 一个射击运动员进行一次射击，试判断下列事件哪些是互斥事件．

事件 A：命中环数大于 7 环．　　　事件 B：命中环数为 10 环．

事件 C：命中环数小于6环.

2. 射箭比赛中一名选手射中10环，9环，8环，7环的概率依次为0.15，0.3，0.42，0.12，求他射中8环以上(含8环)的概率.

10.2.4 古典概型

学习新知

做一做：抛掷试验.

试验一：抛掷一枚质地均匀的硬币.

试验二：抛掷一枚质地均匀的骰子.

在试验一中，可能出现的结果有两个，即“正面朝上”和“反面朝上”，且它们出现的可能性是相等的. 在试验二中，可能出现的结果有6个. 即“出现的点数是1”“出现的点数是2”“出现的点数是3”“出现的点数是4”“出现的点数是5”和“出现的点数是6”，且这些事件出现的可能性是相等的.

以上两个试验有两个共同的特征.

(1)有限性：在一次试验中基本事件的总数是有限的(出现的结果有限个).

(2)等可能性：每个基本事件发生的可能性相等.

我们把具有这两个特征的概率模型称为**古典概率模型**，简称**古典概型**.

在古典概型中，每一个基本事件发生的概率是多少呢？复合事件的概率又应该怎样来求呢？

以掷骰子试验为例，我们分别用 A_1，A_2，…，A_6 表示“出现1点”“出现2点”……“出现6点”这6个基本事件，则由互斥事件的概率加法公式可知，

$$1=P(\Omega)=P(A_1+A_2+\cdots+A_6)=P(A_1)+P(A_2)+\cdots+P(A_6).$$

于是 $$P(A_1)=P(A_2)=\cdots=P(A_6)=\frac{1}{6}.$$

对于复合事件 $B=$“出现奇数点”，它是由基本事件 A_1，A_3，A_5 组成的，应用互斥事件的概率加法公式，有

$$\begin{aligned}P(B)&=P(A_1+A_3+A_5)=P(A_1)+P(A_3)+P(A_5)\\&=P(A_1)+P(A_3)+P(A_5)\\&=\frac{1}{6}+\frac{1}{6}+\frac{1}{6}=\frac{3}{6}\\&=\frac{B\text{所包含的基本事件数}}{\text{基本事件总数}}.\end{aligned}$$

一般地，在古典概型中，如果基本事件的总数为 n，而事件 A 包含 m

个基本事件，则事件 A 的概率为

$$P(A)=\frac{m}{n}=\frac{\text{事件 } A \text{ 包含的基本事件数}}{\text{基本事件总数}}\quad (m\leqslant n).$$

运用新知

例 1　9 把钥匙中有 2 把能打开门，今任取 1 把，求能打开门的概率.

分析　从 9 把钥匙中任取 1 把共有 9 种结果，并且这 9 种结果出现的机会均等，所以属于古典概型.

解　基本事件总数 $n=9$. 记事件 $A=$“任取 1 把钥匙能打开门”，因为能打开门的钥匙有 2 把，所以事件 A 包含 2 个基本事件，即 $m=2$. 故事件 A 发生的概率为

$$P(A)=\frac{m}{n}=\frac{2}{9}.$$

例 2　抛掷两颗质地均匀的骰子，求向上点数和为 8 的概率.

解　在抛掷两颗质地均匀的骰子的试验中，每颗骰子均可出现 1 点、2 点……6 点 6 种不同的结果，由于两颗骰子分别各有 6 种不同的结果，因此同时掷两颗骰子的结果共有 $6\times6=36$ 种. 在所有结果中，向上的点数之和为 8 的结果有(2，6)，(3，5)，(4，4)，(5，3)，(6，2)共 5 种，所以所求事件的概率为 $\frac{5}{36}$.

同步练习

1. 在中央电视台《开心辞典》节目中，某选手在做一道四选一的单项选择题时，先让电脑去掉了一个错误选项，然后从其余选项中随机选择了一个，那么这个选手答对的概率是多少？

2. 现有 6 名国际级裁判，9 名国家级裁判，要从中选择一名去负责一场比赛，求这名裁判是国家级裁判的概率.

3. 储蓄存折的密码由 6 位数字组成，每个数字都可以是 0，1，2，…，9 这 10 个数字中的任意一个，如果一个人完全忘记了自己的存折密码，那么他到银行随机试一次密码就能取到钱的概率是多少？

4. 同时掷两颗质地均匀的骰子，计算：

(1)一共有多少种不同的结果？

(2)其中向上的点数之和是 5 的结果有多少种？

(3)向上的点数之和是 5 的概率是多少？

习题 10.2

A 组

1. 判断下列事件哪些是必然事件，哪些是不可能事件，哪些是随机事件.

(1)抛一石块，石块下落.

(2)在标准大气压下且温度低于0℃时，冰融化；

(3)导体通电后，发热；

(4)在常温下，焊锡熔化；

(5)某电话机在1分钟内收到2次呼叫；

(6)从分别标有号数1，2，3，4，5的5张标签中任取一张，得到5号签.

2. 一枚硬币掷两次，观察出现正反面的情况.

(1)列出试验的所有基本事件；

(2)“恰有一次正面朝上”这一复合事件包含哪几个基本事件?

3. 已知在一商场收银台处排队等候的人数及其概率如下：

排队人数	0	1	2	3	4	5人以上
概率	0.1	0.15	0.3	0.3	0.1	0.05

试求：

(1)至少2人排队的概率是多少?

(2)恰有3人或4人排队的概率是多少?

4. 一口袋内装有大小一样的4只白球与4只黑球，从中一次任意摸出2只球. 记摸出2只白球为事件A，摸出1只白球和1只黑球为事件B. 问事件A和B是否为互斥事件?

5. 某国际科研合作项目成员由8位中国人、5位美国人和4位法国人组成，现从中随机选出一位作为成果发布人，求此人是中国人的概率.

6. 某医院要从甲、乙、丙、丁4位医生和小李、小王、小张3名护士中，随机抽调一位医生和一名护士参加抗震救灾医疗队，那么恰好抽调到医生丙和护士小王的概率是多少?

B 组

1. 甲、乙两人下棋，若和棋的概率是0.5，乙获胜的概率是0.2，求：(1)甲获胜的概率；(2)甲不输的概率.

2. 某城市的电话号码由8位数字组成，每位上的数字可以是0～9这

10 个数字中的任意一个，计算电话号码由 8 个不同数字组成的概率.

3. 将一颗质地均匀的骰子先后抛掷两次，观察向上的点数，求

(1)共有多少种不同的结果?

(2)两数的和是 3 的倍数的结果有多少种?

(3)两数和是 3 的倍数的概率是多少?

§10.3　总体、样本与抽样方法

10.3.1　总体与样本

学习新知

某职业学校共有 3 000 名学生，对全校学生进行综合能力测试，并随机抽取 50 名学生的测试成绩，具体如下(满分为 5 分)：

3	5	1	4	5	3	2	5	1	5
4	1	5	2	1	3	5	2	5	3
1	1	3	5	3	5	4	1	3	5
2	1	1	1	4	5	5	3	5	1
1	2	3	2	5	1	3	4	5	1

利用这些数据，我们可以估计全校 3 000 名学生的测试平均成绩及成绩的稳定情况.

在统计学中，把所研究对象的数量指标取值的全体称为**总体**. 总体中的每一研究对象的数量指标取值称为**个体**. 上述例子中 3 000 名学生的测试成绩可组成总体，每一名学生的测试成绩称为个体.

我们把从总体中抽取一部分个体的过程称为**抽样**，被抽取的部分个体叫作总体的一个**样本**，样本所含个体的个数叫作**样本容量**. 在上述例子中，从 3 000 名学生的测试成绩中所抽取的 50 名学生的成绩就是总体的一个样本，样本容量是 50.

运用新知

例 1　某学校团委会要求学生参加一项社会调查活动. 李军同学想了解他所居住的小区中居民的家庭收入情况，他随机调查了 60 户居民家庭的收入情况. 指出其中的总体、个体、样本、样本容量.

解　该小区所有居民的家庭收入是总体，每一户居民的家庭收入是个体，被抽取的 60 户居民的家庭收入是样本，样本容量是 60.

例 2　重庆市某区为了掌握某学校高一年级学生的体重状况，随机抽

取了200名学生测试体重，请指出其中的总体、个体、样本、样本容量.

解 该区某学校高一年级所有学生的体重是总体，每一个高一年级学生的体重为个体，被抽取的200名高一年级学生的体重是样本，样本容量是200.

同步练习

1. 某学校为了调查本校学生早餐就餐情况，从中随机抽取了50名同学做问卷调查，指出其中的总体、个体、样本、样本容量.

2. 要检查一批酒店刚购买的餐具的尺寸，随机抽取40套进行现场测量，请指出其中的总体、个体、样本、样本容量.

10.3.2 抽样方法

学习新知

用样本来估计总体，样本的选择至关重要. 样本必须能充分地代表总体，现在给大家介绍几种常用的抽样方法.

(一)简单随机抽样

为了检查某售水处出售的某品牌桶装饮用水的矿物质含量是否达标，决定从80桶饮用水中抽取10桶进行检验，应该如何抽取呢?

下面我们分别介绍两种方法来解决这个问题.

1. 抽签法

抽签法也叫抓阄法，是我们生活中最熟悉的一种抽样方法. 它的步骤如下.

做签：先将总体中的所有个体(共有 N 个)编号，并把号码写在形状、大小相同的号签上(号签可以用纸条、卡片、小球等来制作).

抽签：将号签放在同一容器里搅拌均匀，每次从中抽出一个号签，连续抽取 n 次，这样就得到一个容量为 n 的样本.

当总体中个体数不太多时，使用抽签法比较方便.

2. 随机数表法

当总体中个体数比较多时，可以采用“随机数表法”. 利用随机数表(见附录)抽取样本的方法称为随机数表法.

随机数表是由0，1，2，…，9这10个数字组成的表，并且表中每一个位置出现各个数字的可能性相同. 通过随机数生成器，可生成一张随机数表，根据实际需要，将几个数组成一组，如4个数一组，然后通过随机数表抽取样本.

随机数表(节选)

1306	1189	5731	3968	5606	5084	8947	3897	1636	7810
0422	2431	0649	8085	5053	4722	6598	5044	9040	5121
6597	2022	6168	5060	8656	6733	6364	7649	1871	4328
7965	6541	5645	6243	7658	6903	9911	5740	7824	8520
7695	6937	0406	8894	0441	8135	9797	7285	5905	9539
5160	7851	8464	6789	3938	4197	6511	0407	9239	2232
2961	0551	0539	8288	7478	7565	5581	5771	5442	8761
1428	4183	4312	5445	4854	9157	9158	5218	1464	3634
3666	5642	4539	1561	7849	7520	2547	0756	1206	2033
6543	6799	7454	9052	6689	1946	2574	9386	0304	7945
9975	6080	7423	3175	9377	6951	6519	8287	8994	5532
4866	0956	7545	7723	8085	4948	2228	9583	4415	7065

一般地，使用随机数表抽样的步骤如下.（以上面抽取 80 桶桶装水为例）

(1)编号：将总体中的所有个体编号，如 00，01，02，…，79.

(2)选号：根据问题的需要，我们选取各个 4 位数的前 2 位，任选一个小于或等于 79 的数作为起始数字. 例如，从第一行第一个数开始，取出 13 作为样本中的第一个个体代号，继续往右读，读到 11 把它作为第二个代号，继续往右读，前 2 位不大于 79 且不与前面取出的数重复，我们就将这个数取出，否则就跳过不取，如此下去就得到介于 00 至 79 的 10 个数.

同样地，我们可以从左往右读，也可以从上往下读或者采用其他有规律的读数方法.

目前，很多计算机软件都可以方便地生成随机数列. 大家都可以使用它们抽取样本.

运用新知

例 1　某班有 60 名同学，学号为 1～60，试利用随机数表从中抽取 15 名同学去参加学校教学质量抽测.

解　将所有学生分别编号，01，02，…，60. 根据随机数表，我们选取各个 4 位数的前 2 位，大于 60 或者重复的数都跳过. 由此得到的 15 个学号为 13，11，57，39，56，50，38，16，04，24，06，47，51，20，18.

同步练习

1. 老师有 10 张电影票，现要将它随机地分给班上的 10 位同学. 为了保证公平，你能设计出一个方案帮老师做出决定吗？

2. 某工厂某日生产一种型号的轴200件，为了检验这批轴的直径是否符合设计要求，要从中抽取20件在同一条件下进行测量．如何采用简单随机抽样的方法抽取样本？

(二)系统抽样

学校准备在全校1 000名学生中，选出100名进行体检，如何抽样选取？

可以先将1 000名学生编号，然后分段，分成100段，每段10人，然后规定抽取每段的第3个顺序号的学生(也可以规定抽取其他的)，即第3号、第13号、第23号……第993号，组成样本，这样的样本比较有代表性．这样的抽样方法叫作系统抽样．

一般地，用系统抽样方法抽样的步骤如下．

(1)编号：将总体的N个个体编号．

(2)确定间隔：可以考虑用$\frac{N}{n}$(取整数)作间隔来分段，将总体分成n段．

(3)抽样：按照一定规则抽取样本，如抽每段的第k个顺序号的个体(k为小于$\frac{N}{n}$的整数)，得到容量为n的样本．

运用新知

例1 某学校为了了解2016级学生的视力情况，从全年级600名学生中抽取容量为30的样本，请你用系统抽样来完成．

解 由于将600名学生进行标号，由于

$$\frac{600}{30}=20.$$

所以取每段间隔为20，将编号分成30段，规定各段抽取第10个学生，得到容量为30的样本，其学生号码为：10，30，50，70，…，590．

同步练习

欲从某厂生产的703辆轿车中随机抽取70辆测试某种性能，请你设计一个抽样方案．

(三)分层抽样

某地区共有中、小学生9 000人，其中小学生4 700人，初中生3 200人，高中生1 100人．为了解中、小学生假期作业负担情况，打算抽取一个容量为90的样本．应当采用怎样的抽样方法？

由于不同阶段的学生作业负担不同，所以采用简单随机抽样可能抽到

的全是小学生或者初中生、高中生，会使情况分析不具有代表性，所以宜将全体学生分成小学、初中、高中三部分分别抽样．为了更好地反映总体的实际情况，我们应使抽取的学生中各个教育阶段学生所占比例与所有学生中各个教育阶段学生所占比例相同．

所以，应抽取的小学生人数为 $90\times\frac{4\ 700}{9\ 000}=47$，应抽取的初中生人数为 $90\times\frac{3\ 200}{9\ 000}=32$，应抽取的高中生人数为 $90\times\frac{1\ 100}{9\ 000}=11$．对这三部分分别进行抽样时，可采取简单随机抽样方法．抽得的样本总数为

$$47+32+11=90.$$

一般地，若总体是由差异明显的几部分组成的，则为使样本更充分地反映总体的情况，通常将总体分成互不重叠的几部分，然后按照各部分所占的比例进行抽样，这种方法叫分层抽样，其中所分的各个部分称为“层”．

运用新知

例 3 某农场准备对两片果林进行估产，其中苹果林 100 亩（1 亩均 666.67 m^2），广柑林 50 亩，一共 150 亩，现需要对 9 亩地的果林进行估产，应该如何抽取样本？

解 由于苹果林的种植比例为$\frac{100}{150}=\frac{2}{3}$，广柑的种植比例为$\frac{50}{150}=\frac{1}{3}$.

所以，抽取的 9 亩地中，苹果林需要抽取 $9\times\frac{2}{3}=6$（亩），广柑林需要抽取 $9\times\frac{1}{3}=3$（亩）.

同步练习

某校高一、高二和高三年级分别有学生 400 名、360 名和 240 名，为了了解全校学生的视力情况，用分层抽样法从中抽取一个容量为 50 的样本．

习题 10.3

A 组

1. 为了了解全国人口超过 300 万的城市一天产生生活垃圾的总量，从中抽取了 10 个这样的城市对其一天产生的生活垃圾量进行调查．在这个问题中，总体、个体、样本、样本容量各指什么？

2. 为了了解某小区居民的用水情况，欲从 500 户居民中随机抽取 50

户居民进行调查，请用系统抽样方法设计抽样方案.

3. 某快餐店在甲、乙、丙、丁四个地区分别有 140 个、120 个、80 个、60 个连锁店. 为了调查经营的情况，需从这 400 个连锁店中抽取一个容量为 100 的样本，这四个地区分别应抽取多少个连锁店?

4. 设计一个抽样方案，调查全班同学网上购物的情况.

B 组

针对你所在的学校学生每月消费支出的情况，设计一个抽样调查方案.

§10.4 用样本估计总体

一、用样本的频率分布估计总体

学习新知

某职业学校对全校学生进行综合能力测试，随机抽取了 50 名学生的测试成绩，具体成绩如下(满分为 5 分).

3	5	1	4	5	3	2	5	1	5
4	1	5	2	1	3	5	2	5	3
1	1	3	5	3	5	4	1	3	5
2	1	1	1	4	5	5	3	5	1
1	1	3	2	5	1	3	4	5	1

根据上面这些数据，你能看出这 50 名同学的成绩分布情况吗? 成绩在 3 分以上的学生有多少? 我们将以上数据按每个数据出现的频数和频率做成表 10-4.

表 10-4

分数	5	4	3	2	1
频数	15	5	10	5	15
频率	0.3	0.1	0.2	0.1	0.3

如表 10-4 所示，将一组数据按照数值大小的顺序排列，每个值为一类，记录各类中数值出现的频数和频率，制成表格，这个表就是**统计分布表**.

为了得到更为直观的信息，我们在平面直角坐标系中，用横半轴表示学生分数，纵半轴表示频率，作出如下的**频率分布直方图**. (图 10-6)

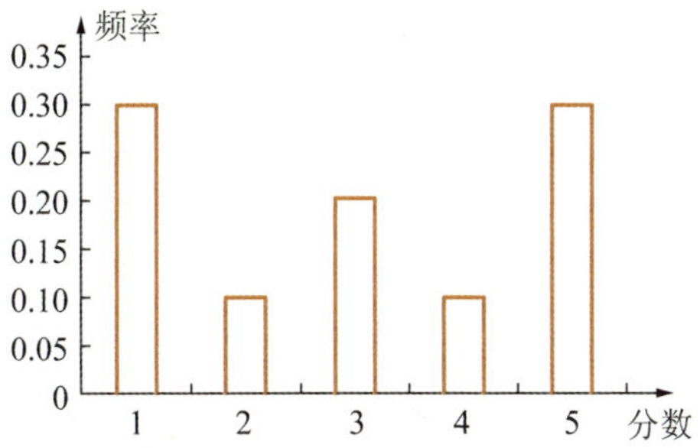

图 10-6

从图 10-6 中我们可以直观地看出数据整体的频率分布情况，各类频率的差异在频率分布直方图中也直观地反映出来了.

由于样本中分数在 3 分以上的学生约占 60%，可以推测，全校分数在 3 分以上的学生约占总人数的 60%.

同步练习

114 咨询台的 60 位接线员 1 分钟内受理的客户数如下：

2	3	5	6	4	1	3	2	4	2	4	2	1	6	1	3	2	3	6	3
1	5	3	2	2	4	3	5	4	3	5	1	6	2	1	5	6	3	2	5
3	2	4	1	2	5	4	5	1	3	2	6	1	5	2	4	6	2	4	4

列出 1 分钟内受理的客户数的统计分布表，并画出频率分布直方图.

二、用样本的均值、标准差估计总体

实际生产生活中，我们除了用样本数据作出统计分布表和频率分布直方图来估计某事件发生的概率外，还可以利用样本的均值、标准差来估计总体.

学习新知

请计算表 10-3 中 50 名学生的平均成绩

分析：

$$\frac{5\times15+4\times5+3\times10+2\times5+1\times15}{50}$$

$$=5\times\frac{15}{50}+4\times\frac{5}{50}+3\times\frac{10}{50}+2\times\frac{5}{50}+1\times\frac{15}{50}$$

$$=5\times0.3+4\times0.1+3\times0.2+2\times0.1+1\times0.3$$

$$=3(分).$$

从上面的计算过程可以看出，50 名同学的平均成绩就是各个成绩与相应频率的乘积之和. 如果我们将这 50 名同学的成绩看作样本，那么所求的平均值 3 就称为**样本均值**.

观察某个样本，得到一组数据 x_1，x_2，x_3，…，x_n，那么这个样本的均值为

$$\bar{x}=\frac{x_1+x_2+x_3+\cdots+x_n}{n}.$$

样本均值反映出了样本的平均水平. 我们可以用样本的均值来估计总体的平均水平，样本抽取的容量越大，这种估计的可信程度就越高. 在上例中，如果随机抽取 500 名学生的测试成绩作为样本来计算平均成绩，则估计出的总体平均成绩的可信度会更高.

运用新知

例 1 为了解某班男生的平均身高，现抽选该班 10 名男生对其身高(单位：m)进行统计，分别是 1.60，1.63，1.72，1.68，1.76，1.80，1.83，1.67，1.77，1.66，求该班男生的平均身高.

解 由于每名男生身高均不相同，故我们也可以利用求算术平均数的方式来求：

$$\mu=\frac{1.60+1.63+1.72+1.68+1.76+1.80+1.83+1.67+1.77+1.66}{10}=1.712(\text{m}).$$

(此处用字母 μ 取代 $\bar{x}$ 来表示平均值.)

同步练习

某公司 50 名员工的月工资统计如下：

月工资/元	10 000	8 000	4 000	3 000	2 000	1 500
频数	2	4	10	22	8	4
频率	0.04	0.08	0.20	0.44	0.16	0.08

请估计该公司员工的月平均工资.(精确到 0.01 元)

学习新知

学校数学提高班每班 50 人，现有 A，B 两班参加统一考试，每班抽取 15 人，其成绩如表 10-5 所示.

表 10-5

A 班学生成绩/分	73	62	93	69	96	94	45	67	89	90	91	66	94	90	53
B 班学生成绩/分	84	85	83	76	86	68	78	76	63	70	80	87	80	79	77

试问哪个班的成绩相对较好些？

将本次成绩作为样本，分别计算均值，得

$\bar{x}_A=\frac{1}{15}(73+62+93+69+96+94+45+67+89+90+91+66+94+90+53)\approx 78.13.$

$\bar{x}_B=\frac{1}{15}(84+85+83+76+86+68+78+76+63+70+80+87+80+79+77)\approx 78.13.$

两个班的平均成绩相同，也就是均值相同.

因此仅根据均值，是不能区分出两个班级成绩的高低的. 进一步比较A班学生成绩和B班学生成绩，可以看出：A班学生成绩存在“两极分化”的现象，与平均成绩的偏离程度较大，说明成绩波动较大；而B班学生的成绩大部分都分布在平均成绩左右，与平均成绩的偏离程度小，说明成绩比较稳定. 由此看来，B班的成绩比A班的更稳定.

因此，对于一个总体，我们不仅要了解它的均值，还要了解总体对均值的偏离程度. 一般情况下，我们可以用偏差平方的均值来描述这种偏离程度，即样本的方差.

假设一个总体是一组数据，分别为 x_1，x_2，…，x_m，$\bar{x}$ 表示这组数据的均值，则称

$$\sigma^2=\frac{1}{m}[(x_1-\bar{x})^2+(x_2-\bar{x})^2+\cdots+(x_m-\bar{x})^2]$$

为这个总体的方差.

而实际生活中，总体的平均值一般难以求得，一般用样本的情况来推算总体的情况，若样本为 x_1，x_2，…，x_n，$\bar{x}$ 为样本的均值，则可得样本的方差公式为

$$s^2=\frac{1}{n}[(x_1-\bar{x})^2+(x_2-\bar{x})^2+\cdots+(x_n-\bar{x})^2].$$

我们分别计算两个班级成绩的方差，得到

$$s_A^2=\frac{1}{15}[(73-78.13)^2+\cdots+(53-78.13)^2]\approx 250.12.$$

$$s_B^2=\frac{1}{15}[(84-78.13)^2+\cdots+(77-78.13)^2]\approx 44.12.$$

由于 $s_A^2>s_B^2$，可估计B班的学生成绩比A班的波动小，因此B班同学的学习成绩更稳定.

方差刻画了样本与均值的平均偏离程度. 我们称 s^2 为**样本的方差**. 由于样本方差的单位是数据单位的平方，使用起来不太方便，因此我们常使用它的算术平方根来表示偏离程度，并称其算术平方根 s 为**样本的标准差**，即

$$s=\sqrt{\frac{1}{n}[(x_1-\overline{x})^2+(x_2-\overline{x})^2+\cdots+(x_n-\overline{x})^2]}.$$

样本的标准差(方差)反映了样本的波动情况，标准差(方差)越大，样本的离散程度越大；标准差(方差)越小，样本的离散程度越小．因此，我们可以用样本的标准差(方差)来估计总体的波动性．

运用新知

例 2 表 10-6 是甲、乙两位跳远运动员 10 次跳远成绩的统计表，你觉得哪位运动员的成绩比较稳定呢?

表 10-6

序号	1	2	3	4	5	6	7	8	9	10
甲	6.3	7.8	8.1	6.1	7.5	7.9	6.1	7.3	7.4	6.5
乙	6.9	7.0	7.4	7.3	7.2	7.3	7.0	7.2	6.9	6.9

分析 首先，求出他们平均成绩，再来计算两个样本的标准差．

解 依表中数据可求得两人的平均成绩

$$\overline{x}_{甲}=\frac{1}{10}(6.3+7.8+8.1+6.1+7.5+7.9+6.1+7.3+7.4+6.5)$$
$$=7.1.$$

$$\overline{x}_{乙}=\frac{1}{10}(6.9+7.0+7.4+7.3+7.2+7.3+7.0+7.2+6.9+6.9)$$
$$=7.11.$$

由于甲、乙两位运动员的平均成绩相差较小，还需计算其方差(或标准差)来判断成绩的稳定性．

$$s_{甲}^2=\frac{1}{10}[(6.3-7.1)^2+\cdots+(6.5-7.1)^2]\approx 0.54.$$

$$s_{乙}^2=\frac{1}{10}[(6.9-7.11)^2+\cdots+(6.9-7.11)^2]\approx 0.03.$$

由 $s_{甲}^2>s_{乙}^2$ 可知，运动员乙的跳远成绩相对更稳定．

同步练习

甲、乙两支仪仗队部分队员的身高(单位：cm)如下：

甲队 179 177 178 179 178 177 178 179 177 178

乙队 176 178 179 177 178 180 178 176 180 178

你认为哪支仪仗队的身高更整齐?

习题 10.4

A 组

1. 青少年视力水平的下降已经引起了全社会的关注，下面是对某职业学校三年级一班 50 名学生的视力进行调查所得到的数据：

4.9 4.6 5.2 4.4 4.9 5.0 4.7 4.2 4.8 4.3

4.7 4.6 4.2 4.8 4.3 4.4 5.0 4.7 5.1 4.5

5.0 4.9 4.5 4.7 5.1 4.7 4.5 4.8 4.9 4.6

4.6 5.1 4.6 4.7 4.5 4.1 4.6 4.9 4.7 4.8

4.7 4.9 4.5 5.3 4.7 4.0 4.8 4.4 5.0 4.7

(1)列出统计分布表，并画出频率分布直方图(精确到 0.01)；

(2)指出这个问题中的总体和个体.

2. 某省某日 11 个地区的最高气温统计如下：

最高气温/℃	9	13	20	21	22	23	24
频数	1	1	3	1	2	2	1

用计算器求该日这 11 个地区最高气温的均值与标准差.（精确到 0.01)

3. 某车间工人日加工零件数的统计分布表如下：

日加工零件数	4	5	6	7	8	9
频数	5	6	8	12	5	4
频率	0.125	0.150	0.200	0.300	0.125	0.100

求该车间工人日加工零件数的均值和标准差.（精确到 0.01)

B 组

全市学生职业技能大赛某赛项决赛成绩如下：

91 75 66 78 66 75 72 68 65 84

68 54 84 65 78 68 65 75 66 72

(1)求决赛成绩的平均分；

(2)列出统计分布表；

(3)绘出频率分布直方图.

数学园地

一个抽样调查的典型案例

为了解普通居民对某种新产品的接受程度，某调查公司接受委托，需要在一个城市中抽选 1 000 户居民开展市场调查，在每户居民中，选择 1 名家庭成员作为受访者.

1. 总体抽样设计

由于一个城市中居民的户数可能多达数百万，除了一些大型的市场研究机构和国家统计部门之外，大多数企业都不具有这样庞大的居民户名单. 这种情况决定了抽样设计只能采取多阶段抽选的方式. 根据调查要求，抽样分为两个阶段进行，第一阶段是从全市的居委会名单中抽选出 50 个样本居委会；第二阶段是从每个被选中的居委会中，抽选出 20 户居民.

2. 对居委会的抽选

从统计或者民政部门，我们可以获得一个城市的居委会名单. 将居委会编上序号后，用计算机生成的随机数表，利用随机数表法可以简单地抽选出所需要的 50 个居委会.

如果居委会名单中还包括了居委会户数等资料，则在抽选时可以采用不等概率抽选的方法. 如果能够使一个居委会被抽中的概率与居委会的户数规模成正比，则这种方法就是所谓 PPS(Probability Proportional to Size)抽样方法. PPS 抽样是一种“自加权”的抽样方法，它保证了在不同规模的居委会中抽选 20 户样本的情况下，每户样本的代表性是相同的，从而对最终的结果可以直接进行平均值计算. 当然，如果资料不充分，无法进行 PPS 抽样，那么利用事后加权的方法，也可以对调查结果进行有效推断.

3. 在居委会中的抽样

在选定了居委会之后，对居民户的抽选将使用居委会地图来进行操作. 此时，需要派出一些抽样员，到各居委会绘制居民户的分布图，抽样员需要了解居委会的实际位置、实际覆盖范围，并计算每一幢楼中实际的居住户数. 然后，抽样员根据样本量的要求，采用等距或者其他方法，抽选出其中的若干户，作为最终访问的样本.

4. 确定受访者

访问员根据抽样员选定的样本户，进行入户访问. 以谁为实际的受访者，是抽样设计中的最后一个问题. 如果调查内容涉及的是受访户的家庭情况，则对受访者的选择可以根据成员在家庭生活中的地位确定. 例如，可以选择使用计算机最多的人、收入最高的人、实际负责购买决策的人，等等.

如果调查内容涉及的是个人行为，则家庭中每一个成年人都可以作为受访者，此时就需要进行第二轮抽样，因为如果任凭访问员人为确定受访者，最终受访者就可能会偏向某一类人，如家庭中比较好接触的老人、妇女等.

在家庭中进行第二轮抽样的方法是由美国著名抽样调查专家莱斯利·基什(Leslie Kish)发明的，一般称为KISH表方法. 访问员入户后，首先记录该户中所有符合调查条件的家庭成员的人数，并按年龄大小进行排序和编号. 随后，访问员根据受访户的编号和家庭人口数的交叉点，在表中找到一个数，并将这个数所对应的家庭成员作为受访者.

上述案例是一个典型的两阶段入户调查的现场抽样设计案例，从整个设计过程可以看到，随机性原则分别在选择居委会、选择居民户和入户后选择受访者等环节中得到了体现. 在任何一个环节中，如果随机原则受到破坏，都有可能使调查结果出现无法估计的偏差. 调查中的抽样设计是一个复杂的技术环节，非专业的研究人员对此问题进行研究时需要相关人员给予特殊关注.

（本文由北京宇江信息咨询有限责任公司供稿）

复习小结与巩固提高

复习小结

1. 计数原理

(1)**分类计数原理**：完成一件事，有 n 类方式，在第1类方式中有 m_1 种不同的方法，在第2类方式中有 m_2 种不同的方法……在第 n 类方式中有 m_n 种不同的方法，任选其中一种方法都可以完成这件事．那么完成这件事共有 $N=m_1+m_2+\cdots+m_n$ 种不同的方法．

分类计数原理也叫作加法原理．

(2)**分步计数原理**：完成一件事，需要 n 个步骤：第1步有 m_1 种不同的方法，第2步有 m_2 种不同的方法……第 n 步有 m_n 种不同的方法，依次完成这 n 个步骤，这件事才算完成．那么完成这件事共有 $N=m_1\cdot m_2\cdot\cdots\cdot m_n$ 种不同的方法．

分步计数原理也叫作乘法原理．

2. 随机现象、随机事件

在一定条件下，具有多种可能的结果，而究竟发生哪一种结果事先不能确定的现象叫作**随机现象**．随机现象的结果称为**随机事件**，简称事件，常用大写字母 A，B，C 等表示．研究随机现象所进行的观察或试验，称为**随机试验**，简称**试验**．

3. 频率、概率

在相同的条件下进行 n 次试验，如果事件 A 发生了 m 次，则称 m 为事件 A 发生的频数，称比值 $\frac{m}{n}$ 为事件 A 发生的**频率**，记作 $f_n(A)$．

在相同条件下，大量重复地进行同一试验时，事件 A 发生的频率总是在某个常数附近摆动，我们就把这个常数叫作事件 A 发生的**概率**，记作 $P(A)$．

4. 概率的基本性质

(1)对于任一事件 A，有 $0\leqslant P(A)\leqslant 1$．

(2)必然事件的概率为1，即 $P(\Omega)=1$．

(3)不可能事件的概率为0，即 $P(\varnothing)=0$．

5. 互斥事件

(1)我们把在一次试验中不可能同时发生的两个事件叫作**互斥事件**．

如果事件 A_1，A_2，…，A_n 中任意两个都是互斥事件，那么就说事件 A_1，A_2，…，A_n 两两互斥．

(2)互斥事件的概率加法公式：$P(A+B)=P(A)+P(B)$.

6. 古典概型

(1)古典概型的特征如下.

有限性：在一次试验中基本事件的总数是有限的.

等可能性：每个基本事件发生的可能性相等.

(2)古典概型的概率：

$$P(A)=\frac{m}{n}=\frac{\text{事件 }A\text{ 包含的基本事件数}}{\text{基本事件总数}}\quad (m\leqslant n).$$

7. 总体与个体

在统计学中，把所研究对象的数量指标取值的全体称为**总体**. 总体中每一研究对象的数量指标取值称为**个体**.

8. 抽样、样本、样本容量

我们把从总体中抽取一部分个体的过程称为**抽样**，被抽取的部分个体叫作总体的一个**样本**. 样本所含个体的个数叫作**样本容量**.

9. 抽样方法

简单随机抽样、系统抽样、分层抽样是三种常用的抽样方法.

10. 样本均值

观察某个样本，得到一组数据 x_1，x_2，x_3，…，x_n，那么这个样本的均值为

$$\bar{x}=\frac{x_1+x_2+x_3+\cdots+x_n}{n}.$$

11. 样本方差、标准差

假设一个总体是一组数据，分别为 x_1，x_2，…，x_m，$\bar{x}$ 表示这组数据的均值，则称

$$\sigma^2=\frac{1}{m}[(x_1-\bar{x})^2+(x_2-\bar{x})^2+\cdots+(x_m-\bar{x})^2]$$

为这个总体的方差.

实际生活中，假设一个样本为 x_1，x_2，…，x_n，$\bar{x}$ 为样本均值，则样本的方差为 $s^2=\frac{1}{n}[(x_1-\bar{x})^2+(x_2-\bar{x})^2+\cdots+(x_n-\bar{x})^2]$.

我们称方差的算术平方根 s 为**样本的标准差**，即

$$s=\sqrt{\frac{1}{n}[(x_1-\bar{x})^2+(x_2-\bar{x})^2+\cdots+(x_n-\bar{x})^2]}.$$

巩固提高

例 1　在某高校确定的优秀学生候选人中，一班有 6 人，二班有 5 人，三班有 7 人.

(1)从三个班中评选出一名优秀学生，有多少种不同的选法？

(2)从三个班中各评选出一名优秀学生，有多少种不同的选法？

解 (1)根据分类计数原理，所有不同的选法种数为

$$6+5+7=18.$$

(2)根据分步计数原理，所有不同的选法种数为

$$6\times5\times7=210.$$

例 2 某厂生产的产品分为一等品、二等品、三等品和次品四种，若在一批产品中，任取 1 件，取到一、二、三等品的概率分别为 0.60，0.25，0.12，求该批产品的合格率及次品率.

分析 分别用 A_1，A_2，A_3 及 A 表示取出 1 件是一等品、二等品、三等品及合格品的事件，则 $\overline{A}$ 表示取出 1 件是次品的事件，显然 A_1，A_2，A_3 彼此互斥，且 $A=A_1+A_2+A_3$.

解 按题意有

$$\begin{aligned}P(A)&=P(A_1+A_2+A_3)=P(A_1)+P(A_2)+P(A_3)\\&=0.60+0.25+0.12=0.97,\end{aligned}$$

$$P(\overline{A})=1-P(A)=1-0.97=0.03.$$

例 3 某地发行体育彩票“七星彩”，每注由 7 位 0～9 中的数字组成，当 7 位数号码与开奖号码排列相同时，可获得百万大奖. 求买一注彩票，中百万大奖的概率.

分析 买一注彩票，就是按顺序从 0，1，2，…，9 这 10 个数字中可重复地每次选取一个数字，连选 7 个数字即构成一注彩票. 由于每选一个数字都有 10 种选法，所以由分步计数原理，“七星彩”可共有 10^7 注彩票，且每注彩票的出现是等可能的，因此属于古典概率型问题.

解 基本事件总数 $n=10^7$. 设事件 A=“中 500 万大奖”，则事件 A 只包含一个基本事件，即 $m=1$，从而

$$P(A)=\frac{m}{n}=\frac{1}{10^7}.$$

可见，买一注彩票中大奖的概率是很小的.

例 4 在学校机械加工技能大赛集训中，比赛规则要求加工零件的长度(单位：cm)在 0.90～10.10 的范围内方为合格. 甲、乙、丙三位同学的加工记录如下.

表 10-7 单位：cm

序号	1	2	3	4	5	6	7	8	9	10
甲	10.10	9.99	9.98	9.94	10.03	10.10	9.98	10.03	9.90	9.95
乙	10.10	9.96	9.99	9.99	9.99	10.03	10.03	9.97	9.97	9.97
丙	10.10	9.90	10.10	10.10	9.90	9.90	9.90	9.90	10.10	10.10

试用样本均值、样本方差判断谁加工的零件质量好？

解　分别求出甲、乙、丙的样本均值为：

$$\bar{x}_{甲}=\frac{1}{10}(10.10+9.99+\cdots+9.95)=10.$$

$$\bar{x}_{乙}=\frac{1}{10}(10.10+9.96+\cdots+9.97)=10.$$

$$\bar{x}_{丙}=\frac{1}{10}(10.10+9.90+\cdots+10.10)=10.$$

再求他们的样本方差是

$$s_{甲}^{2}=\frac{1}{10}[(10.10-10)^{2}+\cdots+(9.95-10)^{2}]\approx 0.0039.$$

$$s_{乙}^{2}=\frac{1}{10}[(10.10-10)^{2}+\cdots+(9.98-10)^{2}]\approx 0.0016.$$

$$s_{丙}^{2}=\frac{1}{10}[(10.10-10)^{2}+\cdots+(10.00-10)^{2}]=0.01.$$

综上所述，乙加工的零件质量最稳定、最好，其次是甲，最后是丙.

复习题十

A 组

1. 加工一种零件分三道工序，做第一道工序的有 5 人；做第二道工序的有 3 人；做第三道工序的有 2 人. 每道工序各选一人来完成零件的加工任务，共有(　　)种选法.

A. 10　　B. 15　　C. 6　　D. 30

2. 从某班级中随机抽出一名学生，测量他的身高，记事件 A=“身高在 1.70 m 以上”，B=“身高为 1.60 m”，则事件 A 与 B 的关系是(　　).

A. 互斥事件　　B. 对立事件　　C. 相等　　D. 以上都不正确

3. 若某种试验进行了 8 次，得到试验数据分别为 28，32，30，29，31，30，29，31，则样本均值和样本标准差分别为(　　).

A. 28　1.250　　B. 30　1.309

C. 30　1.225　　D. 31　1.309

4. 已知事件 A，B 互斥，$P(A)=0.2$，$P(B)=0.4$，则 $P(A+B)=$ ________.

5. 任意选择一人，他惯用左手吃饭的概率是 $\frac{7}{10\ 000}$，那么任选一人，他惯用右手吃饭的概率是多少?

6. 某单位有职工 140 名，其中业务人员 105 名，管理人员 14 名，后勤人员 21 名. 为了解职工的某种情况，要从中抽取一个容量为 20 的样本. 若用分层抽样的方法，抽取的业务人员、管理人员、后勤人员的人数应分别是多少?

B 组

某打印机销售处现有 A，B，C 三种型号的甲品牌打印机和 D，E 两种型号的乙品牌打印机. 某单位要从甲、乙两种品牌打印机中各选购一种型号的打印机. 如果各种型号的打印机在各种选购方案中被选中的可能性相同，那么 D 型打印机被选中的概率是多少?

附　录 · 随机数表

1306	1189	5731	3968	5606	5084	8947	3897	1636	7810
0422	2431	0649	8085	5053	4722	6598	5044	9040	5121
6597	2022	6168	5060	8656	6733	6364	7649	1871	4328
7965	6541	5645	6243	7658	6903	9911	5740	7824	8520
7695	6937	0406	8894	0441	8135	9797	7285	5905	9539
5160	7851	8464	6789	3938	4197	6511	0407	9239	2232
2961	0551	0539	8288	7478	7565	5581	5771	5442	8761
1428	4183	4312	5445	4854	9157	9158	5218	1464	3634
3666	5642	4539	1561	7849	7520	2547	0756	1206	2033
6543	6799	7454	9052	6689	1946	2574	9386	0304	7945
9975	6080	7423	3175	9377	6951	6519	8287	8994	5532
4866	0956	7545	7723	8085	4948	2228	9583	4415	7065
8239	7068	6694	5168	3117	1586	0237	6160	9585	1133
8722	9191	3386	3443	0434	4586	4150	1224	6204	0937
1330	9120	8785	8382	2929	7089	3109	6742	2468	7025
2296	2952	4764	9070	6356	9192	4012	0618	2219	1109
3582	7052	3132	4519	9250	2486	0830	8472	2160	7046
5872	9207	7222	6494	8973	3545	6967	8490	5264	9821
1134	6324	6201	3792	5651	0538	4676	2064	0584	7996
1403	4497	7390	8503	8239	4236	8022	2914	4368	4529
3393	7025	3381	3553	2128	1021	8353	6413	5161	8583
1137	7896	3602	0060	7850	7626	0854	6565	4260	6220

7437	5198	8772	6927	8527	6851	2709	5992	7383	1071
8414	8820	3917	7238	9821	6073	6658	1280	9643	7761
8398	5224	2749	7311	5740	9771	7826	9533	8800	4553
0995	8935	2939	3092	2496	0359	0318	4697	7181	4035
6657	0755	9685	4017	6581	7292	5643	5064	1142	1297
8875	8369	7868	0190	9278	1709	4253	9346	4335	3769
8399	6702	0586	6428	7985	2979	4513	1970	1989	3105
6703	1024	2064	0393	6815	8502	1375	4171	6970	1201
4730	1653	9032	9855	0957	7366	0325	5178	7959	5371
8400	6834	3187	8688	1079	1480	6776	9888	7585	9998
3647	8002	6726	0877	4552	3238	7542	7804	3933	9475
6789	5197	8037	2354	9262	5497	0005	3986	1767	7981
2630	2721	2810	2185	6323	5679	4931	8336	6662	3566
1374	8625	1644	3342	1587	0762	6057	8011	2666	3759
1572	7625	9110	4409	0239	7059	3415	5537	2250	7292
9678	2877	7579	4935	0449	8119	6969	5383	1717	6719
0882	6781	3538	4090	3092	2365	6001	3446	9985	6007
0006	4205	2389	4365	1981	8158	7784	6256	3842	5603
4611	9861	7916	9305	2074	9462	0254	4827	9198	3974
1093	3784	4190	6332	1175	8599	9735	8584	6581	7194
3374	3545	6865	8819	3342	1676	2264	6014	5012	2458
3050	9676	1436	4374	4716	5548	8276	6235	6742	2154
7292	5749	7977	7602	9205	3599	3880	9537	4423	2330
2353	8319	2850	4026	3027	1708	3518	7034	7132	6903
1094	2009	8919	5676	7283	4982	9642	7235	8167	3366
0568	4002	0587	7165	1094	2006	7471	0940	4366	9554
5606	4070	5233	4339	6543	6695	5799	5821	3953	9458
8285	7537	1181	2300	5294	6892	1627	3372	1952	3028